［増補新装版］

政治哲学へ

現代フランスとの対話

宇野重規

東京大学出版会

Pour la philosophie politique
Édition augmentée et renouvelée
Shigeki UNO
University of Tokyo Press, 2019
ISBN 978-4-13-030167-1

はしがき

本書は現代フランス政治哲学について展望すると同時に、「政治」、「デモクラシー」、「権力」、「人権と市民権」、「国制」、「共和主義と自由主義」といった政治哲学の重要な基礎概念について、新たな視座を獲得することを課題としている。本書を通じての一般的な見通しについては、第一部において展開される。第一章では現代世界におけるフランス政治哲学の意味を、第二章ではフランス政治哲学の発展の歴史的経緯をそれぞれ検討する。第二部においては、右にあげた諸概念を個別的に論じていき、最後に「結び」で、あらためて現代フランス政治哲学の持つ意味を検討する。

現代フランス政治哲学という主題について一言しておきたい。

まず政治哲学である。これまで日本においては、政治哲学とは耳慣れない用語であった。政治哲学とはいったい何を課題とする学問なのか。政治学一般の中で、どのような位置を占めているのだろうか。政治哲学によって、世界を、時代をどのように読み解くことができるのか。政治哲学の持つ可能性を探るのが、本書の第一のねらいである。

次に現代フランスの政治哲学であることを強調しておきたい。というのも、現代の世界において圧倒的な影響力を持つのは英米の政治哲学であり、あたかもそれ以外の政治哲学は存在しないかのように見えるからである。しかしながら、現代フランスの政治哲学は、英米の政治哲学に対抗しうるきわめて重要な意義を持っている。現代世界についての政治哲学的考察を、より多様で、より豊かにすることが本書の第二のねらいである。

最後にフランスの現代哲学の中でも、本書は政治に重点を置いている。フランスの現代思想の日本への紹介においては、これまで圧倒的に文学・批評分野の比重が大きかった。もちろん文学・批評分野だからといって、そこに政治性がなかったり、政治的視点が欠けているわけではない。むしろ、この分野における著作の多くに、『〜の政治』、『〜の政治学』というタイトルがつけられている。また特に近年は法、正義、倫理などの諸側面に注目が集まりつつある。とはいえ、本書は、政治という視点をより正面から採用し、現代世界における政治哲学の一般的動向との関係でフランス政治哲学を論じている点に特徴がある。したがって、現代フランス哲学の中で今まで十分に光のあてられてこなかった部分の理解に寄与することが、本書の第三のねらいとなる。

現代フランス政治哲学は、私たちのものの見方、私たち自身のあり方を、どのように変えてくれるのだろうか。

目　次

第二部　諸概念の検討

序

政治哲学とは何か

政治哲学について考えてみたい。

というと、すぐさま「政治哲学とは何か」という問いが返ってくるであろう。政治哲学というと何か堅苦しいもの、重苦しいものを想像しがちであるし、人によっては教条的、抽象的、空想的といった言葉を連想するかもしれない。そもそも「政治」といい「哲学」といい、現代日本において必ずしも肯定的なイメージを持たれていないのだから、それが二つ重なったら、なおさらである。

しかしながら、少しだけ待って欲しい。

人はしばしば「今の政治家には哲学がない」と口にする。そんなとき、人は「哲学」という言葉で、政治家にいったい何を求めているのだろうか。おそらくは、信念、世界観、歴史観、一貫した原則といったものを漠然とイメージしているのであろう。そうだとしたら、人は今の政治に何かしらそういったものが欠けており、そのような事態は本来望ましくないと考えていることになる。

「哲学（フィロソフィー）」という言葉は、よく知られているように、元々「知（ソフィア）」を愛することを意味した。古代地中海世界のネットワークを背景に、古代ギリシアのイオニアの植民市で生まれた言葉である。地中海世界の各地域の出身者がもたらした多様な情報の出会い、異なる世界観の遭遇こそが、哲学の母胎であった。それでは、哲学、すなわち知を愛するとは、いったい何を意味するのか。哲学とは、人が知っているとはどういうことかをあらためて問題にすることにほかならない。それまで自分たちが当たり前だと思い込んでいた知識を検討し直そうとしたときに、哲学は生まれたのである。

そのために必要なものは、まず言葉である。言葉なくして、思考は成り立たないからである。言葉によって、人ははじめて自分の考えを整理し、他者に伝えることができる。ここには言葉の二つの役割が見て取れるだろう。一つは反省の手段であり、自分が考えていることを自分自身に対して明らかにする働きである。もう一つは伝達の手段であり、ある認識を他者と共有する働きである。この第二の働き、すなわち他者と認識を共有するための手段としての言葉の働きによって、ある集団はその集団に固有な考え方、思考の型を持つようになる。あるいはむしろ、ある思考の型が成立し、それを共有することで、一つの集団が形成されると言ってもいい。いずれにせよ、このような集団が持つ思考の型は、それがいったん成立すると、時間を越えて持続し、人々の思考を規制するようになる。場合によっては、硬直した思考の型が人々を支配することもありえよう。これに対し、古代イオニアの植民市で起きたことは、複数の、相異なる思考の型が出会い、ぶつかり、その結果として、言葉の第一の働き、すなわち反省作用が高度に活性化したということであった。ある思考の型は、それ自体で完結しているとき、自らを疑うことはない。自らと異なる思考と遭遇したとき、はじめて「知っているとはどういうことなのか」という問いと向き合うのである。哲学とは、そのような反省的意識の産物にほかならない。

　このように、哲学とは言葉の反省作用を介して、人が自己を振り返り、自己の知識を振り返ることを意味する。すなわち、それまで無反省に自明視していたことをあらためて吟味し直し、単なる思い込み――臆見《ドクサ》――を越えた真の知識を得ようとする営みである［Strauss 1959:11, 邦訳 6］。そうだとすれば、政治哲学もまた、哲学である限り、そのような言葉の力を借りた自己反省の営みの一翼を担っている。(1) したがって、政治家に「哲学」を求める人もまた、単なる日々の利益配分や権力闘争を越えた、何かしら高次な知の反省的営みを求めているのである。この場合、高次というのは必ずしも価値的により高いというわけではない。日々の通常の思考そのものを自覚的に問い直すということを意味するに過ぎない。しかしながら、このような知の営みが、人間精神の高度な能力を必要とすることは言うまでもない。

　もちろん、このような知的営みについて、その過大評価はつねに厳しく戒められねばならない。というのは、言葉と現実の間に、つねに距離があり緊張があるように、政治哲学によって政治的現実のすべてを理解できるわけではないし、政治哲学が政治的現実を決定しているというわけでもないからである。政治的現実の多くが利害関係や力関係によって動かされていることは否定できない。しかしながら、だからこそ、そのような政治的現実を言葉で評価し、それを再検討し続けることが重要なのである。この評価自体が直ちに現実を動かすことはないとしても、言葉なくしては思考が成り立ちえない以上、長期的には言葉による評価が一定範囲内で現実を律し、やがて現実の一部となっていくからである。言葉が即現実であると考えるのは観念論であるとしても、そのような言葉の力を信じるこ

（1）政治と言葉の持つ反省的作用との関係を探った理論的研究として、［森 1997］を参照。

となくしては人は現実に対して無力である。

日本における政治哲学の無力

もし政治哲学がこのようなものであるとしたら、なぜ日本において政治哲学の評判が、かくもおもわしくないのであろうか。

いくつかの仮説が考えられよう。一つの仮説は、そもそも哲学や思想といったものが、日本の政治においては大きな役割を果たしていないとするものである。たしかに、欧米の政治や政策の動きを見る際には、その思想的背景の分析が欠かせない（例えば［佐々木 1993:252］）としても、こと話を日本に限って見た場合、その有効性はかなり限定されるのではないか。むしろいわゆる主義や理念に過度に重きを置いて政治を見た場合、その動きを見誤ってしまう危険性すらあるのではないか。これらの疑念こそが、政治哲学への期待を大きく損なっている可能性がある。

もう一つの仮説は、使用する言葉の問題である。というのも、政治や哲学にまつわる用語のほとんどは翻訳語であり、翻訳語特有の抽象性が、政治や哲学の語りのアクチュアリティの障害となっている側面は否定しがたいからである。その結果として、現代日本に生きる人間が、自分たちの社会について原理的に省察し、その結果を言葉に置き換えようとするとき、どうしても政治哲学には満足できない、ということがあるかもしれない。

これらの二つの仮説はともにかなりの説得力を持っており、完全に否定することは難しいが、本書にとって検討するにはあまりに巨大な問題である。したがって、ここでは、これらの問題について本格的に議論することは避け、いくつかの指摘をするにとどめたい。

第一の仮説については、もし日本の政治が欧米の政治と本質的に異なるというのならば、少なくとも、その違いの原因を十分に解明する必要がある。日本が特殊であるというならば、その特殊性をもたらした背景についての普遍的説明、すなわち誰にでも理解可能な仕方での説明が必要である。また仮に現在の日本政治において、原則や立場の果たす役割が小さいとしても、過去もつねにそうであったし、今後も不変であるという保証はない。

第二の仮説については、たしかに政治的な原則や立場について、誰にでもわかり、意見を異にする人の間でも対話を可能にする言葉が、現代日本語において十分に発達しているとは言いがたいかもしれない。福沢諭吉が「演説」という言葉を考案して、公の場における政治的議論の経験を積む必要性を強調して以来、この課題は未完なままにとどまっている。いわゆる「永田町言葉」はともかく、政治学や政治評論の言葉にしても、日常の言葉とのずれは無視しがたい。しかしながら、日本語もまた日々変化している。平易でありながら、リアリティのある政治的言語を一歩一歩鍛えていくしかあるまい（本書もまた、言葉と現実の間により有効な緊張関係を生み出す一助になりたいと思う）。

しかしながら、本書がさらに重視したいのは次の仮説である。日本の政治において、思想や哲学がつねに軽視されてきたわけではない。主義や理念、原則や立場といったものが、政治の場において役割を果たしてこなかったわけでもない。時代ごとに、様々な問題への取り組みにおいて、重要な理念的追求がなされたことは、言うまでもない。ある時代においてはむしろ、過剰な理念的追求が社会を大きく揺さぶったこともある。しかしながら、もし日本における特殊事情があるとすれば、それは、このようなその時々において重要な役割を果たした諸理念が、必ずしも次の世代へと継承されなかった点にあるのではないか。これらの諸理念は多くの人々によって共有される明確な言語によって表現されることがないまま、その結果として、時の経過と世代の交代とともに忘却され、一つの伝統として積み上げられることがなかったのではないか。丸山眞男はかつて、次のように指摘している。「あらゆる時代の観念や思想に否応なく相互連関性を与え、すべての思想的立場がそれとの関係で――否定を通じてでも――自己を歴史的に位置づけるような中核あるいは座標軸に当る思想的伝統はわが国には形成されなかった」［丸山 1961:5］。このような思想的座標軸の欠如の結果、日本の各時代の様々な知や議論は、蓄積されて座標軸を形成することがなく、時代ごとにつねに新しい動向が追い求められた。ある時代の議論はしばしば前の時代の議論を無意識に繰り返しているにもかかわらず、そのつながりは必ずしも十分意識されず、したがって有効な批判もなければ発展も生じない(2)。

この仮説が正しいとすれば、日本の政治哲学の無力さの一つの原因は、各時代の政治的議論が積み上げられず、したがって、新たに問題が生じた際に、いかなる理念に基づいてこれに対処すべきかについて、つねに議論を最初からやり直さなければならない点にあることになる。どこまで遡って問題を検討すべきか、どの原則が参照されるべきか、また修正されるべきか、その手続きはつねに不明瞭なままである。諸問題について、これをどのように理解し、どのように対応すべきかについての公共的合意の積み重ねを仮に政治文化と呼ぶならば、日本における政治哲学の無力は、このような意味での文化の未成熟と関係があるのではなかろうか(3)。この未成熟は、物事の処理が順調に進み、あらため

(2) 皮肉なことにこのように語る丸山自身の議論が、肯定されるにせよ批判されるにせよ、正確に理解されたうえで論じられることが少ない。［小熊 2002］が説得的に示しているように、丸山の議論は「戦後民主主義」の名の下にくくられることが多いが、その場合の「戦後」的なるものは、戦後もかなり後の時期になって形成されたものであり、戦後の議論の状況を適切に捉えたものではない可能性がある。

(3) これに対し、西洋政治思想史の一つの特徴は、そこでのヴォキャブラリーの強固な連続性、そしてその背景にある問題意識の強固な連続性にある。この点について［Wolin1960］および［半澤 2003］を参照。

て原則や理念を問い直す必要が生じない時期にはさほど目につかないが、一度現行の制度や枠組みがうまくいかなくなったとき、問題は突如顕在化する。一方にはひどく部分的・技術的修正を唱えるものもいれば、他方には抽象的・観念的にその全否定を唱えるものもいる。多様な議論は、自らの立場を他との関係においてうまく位置づけることができず、しばしば議論は迷走し、不毛に陥る。その原因は、参照すべき、規準となるべき原則がいったいどこにあるのか、合意が存在しないことにある。その原現在に合意がないとしても、過去を振り返って、ある時代になされた合意に遡って、議論をたて直せば問題がより明らかになることもある。ところが、過去からの議論の積み重ねがないと、そのような遡行も不可能である。あるのは過去の漠然としたイメージだけであり、念頭に置かれる過去も論者によってまったく異なるということになりかねない。思想的座標軸の不在こそが、現在の混迷を生み出すのである。遅まきながら、今こそ政治哲学の議論の積み重ねのための営みを、開始すべきなのではなかろうか。

フランスの政治哲学

本書は、以上のような問題意識に基づいて、現代フランスの政治哲学を検討するものである。しかし、なぜフランスなのであろうか。

後で触れるように、今日のフランスにおける政治哲学の活性化ぶりには目を見張るものがあるが、このような盛り上がりは比較的近年の現象である。しかしながら、ここまで活性化したのは最近のことであるにせよ、それが可能になったのは、過去において分厚く蓄積された政治的議論の結果であることを忘れるわけにはいかない。本書で詳しく検討していく諸問題のうち、まったくのゼロから議論が始まったものは存在しない。すなわち、「政治」、「デモクラシー」、「権力」、「人権と市民権」、「国制」、「共和主義と自由主義」のいずれも、過去の議論の蓄積を前提に、しかしながら今日的な革新が試みられている諸問題である。そこでたえず古典や過去の議論が参照されていることに、読者は驚かれるであろう。しかしながら、そのことは今日の議論が過去の繰り返しであることを意味しない。むしろ古典や過去の議論の持つ時代性が、今日的課題とぶつかりあい、鮮やかに現代という時代を照らし返していることに気づかれるはずである。

元々、フランスの政治哲学は英米の政治哲学と比較して顕著な特性を持っていた。すなわち、その著しい原理的性格、抽象的性格である。デカルト的伝統は別にしても、その一因はフランス革命に求められるであろう。革命という激しい事件によって、フランス社会は過去とのより明確な断絶を経験することになった。新生フランスは、意図的に過去を「アンシャン・レジーム（旧体制）」として性格づけ、新しい社会の基礎を過去と切り離そうとした。とくにそれまで王国の一体性と歴史的連続性を保障する存在であった王権を打倒することで、新生フランスは否応なく、人権や人民主権をはじめとする抽象的な諸理念に依拠せざるをえなくなった。この結果、フランスの政治哲学は、原理的・抽象的な諸理念への強い傾斜を持つようになったのである。

また、フランスの政治哲学にとって、強力な隣国の存在、すなわち英米の存在が重要であったことも指摘しておく必要がある。モンテスキューやアレクシ・ド・トクヴィルのように、フランスは、英米の政治についての良き理解者を多く輩出した。彼らは等しく英米の政治制度や政治慣習を高く評価し、時にはフランス以上の政治的自由の成熟をそこに見いだした。しかしながら、そのような英米の政治制度や政治慣習の最善の解説者が、当の英米人ではなく、フランス人である彼らであったことは興味深い。人は自分自身については良き観察者になれない、という一般的な理由以上の理由がそこにはありそうである。すなわち、歴史的な発展の中で漸進的に形成された英米の諸制度について、英米人自らは多くを所与の前提と見なす傾向があるため、必ずしもその秘密を十分に自覚してこなかった。これに対し、英米人の最も身近な隣人でありながら、異なる政治的伝統に属し、かつきわめて原理的な考察への志向を持ったフランス人こそが、その秘密を明らかにしてきたということは十分ありえよう。その意味で、英米の諸制度がなぜ実際に有効に機能しているのか、その社会的基礎は何かということについて、英米人以上に原理的に追究してきたのが、フランス政治哲学の伝統であるとも言える。

そもそも、いったいいかなる条件に置かれたとき、ある社会において政治哲学は活性化するのか。まず内部的条件としては、激しい変化によって過去との断絶が生じ、あらためて自らの基礎を原理的に考える必要にせまられることがあげられる。他方、外部的条件としては、異なる政治的伝統との接触が密になり、それとの関係において自らの伝統を振り返ることが考えられる。この二つの条件に照らして考えてみると、フランス社会は一方において、革命の前後で激しい歴史的断絶を経ることになったし、他方において、英米を一つのモデルとしてつねに強く意識せざるをえなかった（その背景にはもちろん、英米への、若干の劣等意識を伴ったライヴァル意識があった）。その際、歴史的断絶をより原理的な考察によって克服し、英米モデルの卓越性を念頭に置きつつ、しかしそれとは異なる政治的伝統を築こうとした点に、フランスの政治哲学の発展の一因を見いだせるだろう。そしてこのような諸条件は、形を変えて今日フランスの政治哲学を再活性化させつつある。

政治哲学の仕事

残された問題は、そのような特徴を持つ現代フランスの政治哲学から、日本の政治哲学（あるいはその不在）が何を学びうるか、ということである。問題はもちろん、フランスでは政治哲学が発展しているから、日本でもこれに倣うべきであるというような単純な話には終わらない。

現在のフランスには、ある意味で日本以上に、困難な諸問題が山積している。国民戦線のジャン＝マリ・ルペン*の二〇〇二年大統領選挙における躍進に見られるような極右勢力の台頭。その背後にある、失業と犯罪の増加や移民問題。グローバリゼーションが進む中での、新しい社会的格差の拡大と、伝統的な社会保障政策の行きづまり。さらには、欧州統合に向けての迷いや、コルシカやバスクのしばしば流血を伴う独立運動。そしてアルジェリアとの関係に顕著なような、過去の植民地政策の負の遺産。このような諸問題の山積に対し、フランスの伝統的な政治的・知的枠組みは揺らぎ始めている。すなわち、フランス政治を伝統的に特徴づけてきた左右対立の構図は相対化され始め、これまで左派が持っていた知的優位性も失われつつある。そして、従来の枠組みが動揺し、知の重心がぐらついている状況を撃つがごとく、アングロサクソン発の新自由主義イデオロギーがフランスにおいても勢力を持ちつつある。

ジャン＝マリ・ルペン(Jean-Marie Le Pen 1928-)　移民排斥を主張する極右「国民戦線」の党首。二〇〇二年四月のフランス大統領選挙で決選投票に残り、フランスのみならず世界に衝撃を与えた。過去には第二次世界大戦中のナチスによるガス室のことを「些末なこと」と呼んで批判を浴びたこともある。

　このような状況の下、フランス社会は、山積する問題と向き合うために、自らの歴史的・文化的な基本的枠組みを再確認しようと苦闘している。それは、自らの社会の伝統や文化を普遍的であると誇る独善的なものではない。伝統的に〝中華意識〟を持っていると批判されることの多いフランスではあるが、むしろ今日のフランスにおいて目につくのは、自国や自国の文化、自国の言語が、ローカルなものでしかないという意識である。そのようなローカル性の意識を前提に、しかしながら、あらためて自国の伝統を反省的に見つめ直し、そこから普遍的な意味を再度見つけ出そうとしているのがフランスの現状ではなかろうか。伝統を、一つの社会において、様々な領域において現われる精神的定型であるとするならば、自らの精神的定型がけっして普遍的なものではありえず、さらに言えば、それが今や根底的な動揺にさらされているという自覚の上に、かといってそれを否定するのではなく、自らを特殊なものとして居直るのでもなく、深く掘り下げ再検討に付すことで、苦境を乗り越えていこうという試みが今フランスでなされている。政治哲学が今日再活性化しているのも、そのような試みの重要な一環としてである。自らの社会の基本的な枠組み、その基礎にある合意を再確認するために、政治哲学が問い直されているのである。

　このような現代フランス政治哲学から学びうるものがあるとすれば、次のことではなかろうか。政治哲学とは、単なる政治的理想ではない。ましてや理想社会の恣意的な空想とはまったく別のものである。社会の現実についてのリアリスティックな認識に基づき、現在ある社会が過去からのいかなる原理の上に形成されているのかを反省する営みこそ、政治哲学である。当然のことながら、政治哲学は過去そのままの追認ではない。むしろ、自らの社会の基本的枠組みを構成する諸原理を自覚的に問い直すことによって、現状と一定の批判的距離を持つことこそが、政治哲学の精髄であると言ってもよい。この距離を持つことによって、はじめて規範的な評価が可能になり、また現実を変えていく可能性も生まれてくる。既存の状況への追随や既存のものの考え方への埋没から脱するためにこそ、現実についての原理的根拠を問うこと、それが政治哲学の仕事である。

政治哲学の存在は、その社会におけるデモクラシーの存立とも深くかかわる。いかなる社会にも問題は山積している。その点については、例外は存在しない。しかしながら、もし各社会に違いが生じうるとすれば、そのような諸問題に取り組む姿勢において、市民が自らの社会に対し基本的な信頼感を持っている社会と、そうでない社会の違いであろう。そのような信頼感はどのようにして生まれるか。どれだけ問題があるとしても、自分たちは自らそれを克服するために努力しているし、どれだけ遅々としていても、長い目で見れば問題解決に向けて一歩一歩進んでいると思えることからのみ、社会への本質的な信頼感は醸成される。ある社会の精神的な尊厳性も、このような信頼感とは無縁でない。このような自己への信頼感を持つために、自らの社会の基本的枠組みの絶えざる検証と確認が必要なのである。

自らの社会を自らの力で変革していくために必要なもの、それは自らの社会の基本的枠組みについての公共的合意であり、それを作り出し確認するための思想的座標軸である。これはまさしく、政治哲学の営みである。現代フランス政治哲学の検討は、このような政治哲学のあり方を知るために、またとない実例を示してくれるであろう。したがって、現代フランス政治哲学との対話は、日本社会において真に自らの政治哲学を築いていくための、第一歩なのである。

第一部　現代フランス政治哲学の位置づけ

第一章　現代世界の中のフランス政治哲学

政治的無関心

序で検討したように、政治哲学とは、自らの社会のあり方、より抽象的に言えば、社会の基本的枠組みを構成する諸原理を、自覚的に対象化すること、日常の意識の流れをいったん遮断し、自明とされていた諸前提をあらためて問題化することである。そうだとすれば、政治哲学とは、人々にとって当然かつ自然な営為ではありえない。むしろ人々に不自然な緊張を強いることにもなりかねない営為である。というのも、人間にとって、いったん確立されたあり方を、死ぬまで繰り返していくことの方が、より自然だからである。

したがって、ある社会に暮らす人々が、このような意味における政治哲学につねに熱心であるとは限らない。社会が安定していて、権力や制度の正当性が広く承認されており、各人が自らのつとめを果たしている限り社会は自ずと調整され発展していくという確信が共有されている場合には、あらためて政治を語ることへの欲求が高まることは稀かもしれない。これに対し変動期には、これまでの仕組みの限界性の意識が広まり、政治を自覚的に問い直そうとする動きが高まる。今日の世界において顕著なのは、このような意味における政治哲学への潜在的な欲求の高まりである。人々は明らかに自らの社会の根底にある原理についてより自覚的になりつつあるし、それを語ることへの欲求を持ち始めている。

他方、このように政治をより根源的に語ることへの欲求を持ちつつある人々を妨げている要因もまた強力である。いわゆる政治的無関心がそれである。今日、政治的無関心は先進国に共通の現象となっており、すべての政治ではないにせよ、少なくともある種の政治は負の表象となり、単に無関心という以上に、はっきりとした拒絶の対象となっている。したがって、人々の政治を語ることへの欲求と、それを妨げる政治への忌避感との間には大きなギャップがあるということを認めないわけにはいかない。そのようなギャップの一つの原因は、政治という言葉によって喚起されるイメージの混乱にあろう（この混乱を解くために、第三章において、より詳細に政治の概念を検討したい）。しかし同時に、単なる概念上の混乱に帰せない部分があることもまたたしかである。そこで本章では、現代社会を特徴づける政治への拒絶感についてまず考えてみたい。それによって、現代フランスにおける政治哲学の再活性化の意味もさらに明らかになるであろう。

一九世紀と二〇世紀という時代は、アメリカとフランスにおける二つの革命によって始まり、様々な民主化運動や労働運動、革命と戦争、各種のイデオロギーとそれに基づく運動、政党、体制に彩られ、最後はマルクス-レーニン主義を正統的イデオロギーとした体制の崩壊によって終わりを告げた。人類史上、かつてないほど多数の民衆の政治参加が進むと同時に、かつてないほど大量の人間が殺された時代でもあった。この時代を「政治の世紀」と呼び、人間の諸問題の解決にあたって最も重要な役割が政治に委ねられた二世紀であったとする評価もある。そうだとすれば、今日ある種の歴史の終わりが感じられているとすれば、それはそのような「政治の世紀」の終わりということになる。あるいは、政治が他のあらゆる諸活動より優先された時代、なんらかのイデオロギーや理論によって人類の疎外や非人間性の克服が可能であると信じられた時代の終わりと言ってもよいかもしれない。

しかしながら、今日、そのような派手な政治の反動として、ひどく退屈な政治が横行している。政治は日々の利益配分に還元され、保守的な現状維持主義、職業政治家たちの腐敗、官僚制の拡大が、その主たるイメージとなっている。このイメージがマス・メディアによって広く流布され、さらには国境を越えて展開し各国の政府の意図を翻弄するグローバル・エコノミーの発展とあいまって、政治の信用の失墜に一役買っている。そして何よりも、将来についての展望の消滅が、政治の持つ魅力、動員力を大きく損なっている。今日における政治とは、多くの人々にとって、薄汚れた利益の取引、操作やコントロール、飽くなき権力追求しか意味しない。

人々は今や自らの行動の有効な規準を政治に見いだそうとはしていない。むしろ、政治とは、できるだけ無関係であることさえ願っているかに見える。それでは、もはや政治に期待を持たない人々は、いったいどこに自らの生を律する規準を見いだしているのであろうか。

私的領域と個人の強調

現代という時代を特徴づけるのは、かつてない私的領域と個人の強調である。第二次世界大戦以降、多くの先進諸国において福祉国家化が進んだ。個人の自由の実現にあたって、国家が積極的な役割を果たすべきであるとされ、各種の再配分政策や社会福祉政策を通じて、労働・雇用・教育・住宅に至る、個人の幸福追求のための条件整備が進められた。その結果、もはや古典的な公的・私的という二分法には属さない、いわば社会的とでも呼ぶべき巨大な領域が発展することとなった。この領域を規定するのは労働法や社会法であり、所有権を中心とする個人の諸権利は、国家の自由裁量による制度設計によって相対化された。

これに対し、一九七〇年代頃から、オイルショックに端を発する経済危機によって、福祉国家の限界が語られるようになる。この際、日本や旧西ドイツなどが、従来の枠組みを大幅に変更することなく、いわば既存の枠組みの改良・発展によって相対的に短期間のうちに危機を脱したのに比べ、他の欧米諸国は長い停滞の時期を経験することになった。この停滞への克服を目指し、主に英米などアングロサクソン諸国を中心に登場したのが、新保守主義のイデオロギーである(1)。肥大化した福祉国家を批判し、政治的には国家の役割を軍事や外交に絞り込むことで「強い国家」の再建を目指すとともに、経済的には市場メカニズムと民間のイニシアチヴを強調する新自由主義《ネオ・リベラル》的改革を進めることが、その主な内容であった。このイデオロギーにおいては、一方において、それまであまりに多くの分野に手を出すことでむしろ危機に陥っていた国家の統治能力の回復が主張されたが、それとの対照において、それまで相対化される傾向にあった私的領域と個人の諸権利が強調されることになった。新保守主義と新自由主義という奇妙な組み合わせは、ここから生じる。この場合重要なのは、巨大化した社会的領域が実際にどれだけ解体されたのか、ということではない。それ以上に注目すべきなのは、公的と

(1)　現代アメリカの新保守主義については、[佐々木 1993] が詳しい。また [宇野 2002] も参照されたい。

私的という二分法があらためて純化された形で再導入され、イデオロギー的に強調されたということである。

このことは、統治能力の危機に苦しむ国家の側から見れば、個人の権利を強調することで、自らの権限や任務を個人や非国家的な諸組織に委譲し、むしろ責任と負担を軽減することを意味した。非効率的な部分を切り離すことで、むしろ統治のパフォーマンスの質を高め、国家の権威を増大させることこそが改革の目的であった。民営化や分権化がむしろ国家の側のイニシアティヴによって進められたことが、この事情をよく示している。このような改革は、けっして国家を弱体化させるものではなく、反対に再強化するための梃子としての役割が期待されたのである。

したがって、現代における私的領域と個人の強調には、明らかにイデオロギー的な背景がある。それは国家による社会変革への希望が潰えたかに見える時代において、選択や判断の責務を個人に委ねようとするものである。そこにおいて強調される個人の諸権利は、必ずしも個人の尊重を意味するのではない。むしろ問題が生じても、責任の所在は国家をはじめとする公的諸組織ではなく、個人にあるということを強調するためのイデオロギーという側面が大きい。

倫理学の時代

現在、このような意味での「政治の世紀」が終焉する中、倫理学の復活という現象が見られる。*コルネリュウス・カストリアディスは、『意味を見失った時代』[Castoriadis 1996] 所収の「倫理学とい

*コルネリュウス・カストリアディス (Cornelius Castoriadis 1922-97)
ギリシア出身の政治哲学者。パリ大学(ソルボンヌ)で哲学の国家博士号を取得し、その後フランスで活躍。OECDの経済官僚をつとめた後、社会科学高等研究院で教鞭をとった。クロード・ルフォール、エドガール・モランらと「社会主義か野蛮か」のグループを結成し、グループの解散後もマルクス主義批判を続け、独自の哲学を展開した。イマジネール(想像的なもの)の力を社会的歴史的存在の基本に据え、その視角から西洋形而上学の再検討を行ったことで知られる。主著に『想念が社会を創る』(一九七五)などがある。

うぼろ隠し」という論文の中で、このことをやや皮肉な口調で論じている[2]。思えばカント以後の二〇〇年、倫理学をめぐる議論は、大学の講壇を除いては、必ずしも活発ではなかった。もちろん、この間に倫理をめぐる真摯な問いかけがなかったというわけではない。キェルケゴールから実存主義へと至る系譜もあれば、ベルグソンの『道徳と宗教の二源泉』のような重要な著作もある。功利主義のように一九世紀において大きく発展した倫理学説の存在を指摘することもできよう。とはいえ、この時期、マルクス、ニーチェ、ハイデガーのような思想家たちは、あえて倫理学を語らなかった。彼らは倫理に無関心であったわけではないが、自らの考える倫理を、倫理学という形では提示しようとしなかった。倫理学そのものということで言えば、あるいは各種の革命的ユートピアの構想、あるいは階級対立の言説、あるいは存在論哲学などに統合され、その影に隠れがちであったことを否定できない。

ところが、一九七〇年頃から状況は大きく変わってくる。アメリカでは、*ジョン・ロールズの『正義論』が一九七一年に出版され、規範哲学の復活を告げるものとして受け止められた[Rawls 1971]。伝統的な社会契約論の抽象化・形式化によって、正義の二原理を抽出したロールズは、「公正としての正義」によって、法実証主義と功利主義の双方を克服する、法の倫理的基礎づけを目指した。また西ドイツの教育改革や新左翼運動にも大きな影響を与えた*ユルゲン・ハーバーマスは、六〇年代末頃からいわゆるコミュニケーション論的転回をはかり、記述的であると同時に規範的であることを目指すコミュニケーション倫理学を展開し、その成果は一九八一年に出版された大著『コミュニケイション的行為の理論』に結実した[Habermas 1981]。この倫理学を通じてハーバーマスは、道具的理性の一面性を克服した新たな合理性の回復を目指し、真理を合意に基礎づけ、討議的なコミュニケーショ

(2)　以下本節の議論は、カストリアディスの考察に従いつつ、筆者なりに自由に論じている。したがって、カストリアディスの議論の厳密な紹介ではないことを断っておきたい。

ジョン・ロールズ
(John Rawls 1921-2002)
現代アメリカを代表する政治哲学者、倫理学者。功利主義の内在的な克服を目指して社会契約論を現代の視点から再構成し、正義の二原理、すなわち基本的自由の平等な権利である第一原理と、最も不遇な人々の不平等の救済を図る第二原理を提唱した。主著である『正義論』(一九七一)は現代倫理学の復興を告げるものとして評価され、いわゆる「自由主義-共同体主義論争」を引き起こした。

ユルゲン・ハーバーマス
(Jürgen Habermas 1929-)
フランクフルト学派第二

ンによる倫理の再建を構想した。ロールズとハーバーマスは後に、現代におけるカント倫理学の再生者という評価を受けるようになるが、この二人の仕事が同じ時期に発展し、脚光を浴びたのは、単なる偶然ではないはずである。また*アラスデア・マッキンタイヤの『美徳なき時代』が出版されたのも、この時期である［MacIntyre 1981］。マッキンタイヤのこの著作は、現代におけるアリストテレス主義、さらには*トマス主義の倫理学の復興を告げるものであった。

それではなぜ、この時期に倫理学の目覚ましい復活が見られたのだろうか。間違いないのは、ここまで検討してきた「政治の世紀」の終わりや政治的無関心の時代の到来と、倫理学の復活とが、無関係ではないことである。すなわち政治による問題解決、国家をはじめとする集団による問題解決能力に対する重大な疑念が生まれ、それと同時に、個人と個人、個人と社会との関係が、伝統的な枠組みとは大きく変化し始めた時代に、倫理学の復活が告げられたのである。一面からいえば、これはきわめて自然な展開であったと言える。もはや個人の生や行動を律する諸規準を政治に見いだせない以上、人々はそれらを倫理学の中に見いだそうとしたと理解できるからである。国家や他の集団が駄目なら、残されるのは、各人の調整能力しかない。政治学の不振こそ倫理学への熱い視線の原因であった。反面、はたして政治学の不振を倫理学の発展によって完全に補いきれるのか、という疑問は残る。アリストテレスは政治学と倫理学を不可分のものと考えた。諸個人の個人としての生と、ポリスにおける市民としての生を不可分であると考えたからである。今日、個人の存在をある政治的共同体の一員としての役割に収斂させることはできないとしても、はたして倫理学を、政治学と完全に切り離した上で、その代替物として捉えることができるのかといえば、やはり疑問が残る。

世代の哲学者・社会学者。『公共性の構造転換』（一九六二）では、近代西欧における公共圏の出現とその変質の過程を分析し、その後の公共性をめぐる議論に多大な影響を与えた。七〇年代以降、いわゆる「言語論的転回」をへて、コミュニケーション倫理学を展開する。一方でシステムによる「生活世界の植民地化」に警鐘をならしつつ、他方で合理化としての西欧近代については擁護の立場を崩さない。近年は特に憲法的愛国主義や欧州統合をめぐって、活発な議論を展開している。

アラスデア・マッキンタイヤ（Alasdair MacIntyre 1929-）

スコットランドに生まれ、イングランドで古典学・哲学を修めた後、オックスフォード大学などで倫理学を講じた。一九七〇年にアメリカ移住。西欧近代の自由主義的個人主義を批判し例えば、「人を殺してはいけない」という最も基本的な倫理的命題が真剣に問われる一方で、戦争やジェノサイドによって今日世界の各地でなお大量の殺人がなされている現実をどう受け止めればいいのだろうか。しばしば言われてきたように、人一人を殺すことは犯罪で、戦場で犯される殺人は政治的目的によって正当化されるのであろうか。先進国で胎児の権利や臓器移植といった生命倫理が問われているのと同じ瞬間、地球の別の場所では、基本的な食料や医療すら与えられず多くの人々が死んでいる現実をどのように考えることができるだろうか。また、アウシュヴィッツや強制収容所を経験してしまった後で、諸個人の誠実や友情の問題を、政治体制、とくに全体主義的な政治体制とのかかわり抜きに論じることはできるだろうか。倫理を問う上で、その土台ともなるべき基本的な諸条件を根こそぎ変えてしまう政治を視野の外に置くことができるだろうか。

もちろん逆のことも言える。倫理学はけっして政治学に還元できない。政治がつねに個人の倫理に優位するわけではなく、集団的な意志決定によって解決できない問題はつねに残される。問題は倫理学の政治的次元、あるいは政治と倫理の境界線の問題である。倫理学を限定づける政治的条件について無関心であったり、政治と倫理との間の断絶に立ち止まってしまうことが問題なのである。現代において、政治から倫理へ、政治学から倫理学へと、関心の移動が見られるとしたら、そこで問い直されなければならないのは、この点にほかならない。政治学と倫理学の断絶を前提にした上で、政治学が退潮したから、今度は倫理学、というわけにはいかないのである。

て、徳の伝統を重視する共同体論を展開する。主著に『美徳なき時代』（一九八一）などがある。

トマス主義
中世の神学者トマス・アクィナス自身の思想と、その影響下に展開されてきた哲学的立場を指す。特に二〇世紀においては、無神論、唯物論、科学万能主義などとの対決の中で、新たな思想的発展を示している。マッキンタイヤの場合、特にニーチェのニヒリズムに対抗する思想的立場として位置づけられている。

アメリカの知的優位

ここで、あらためて現在におけるアメリカの知的優位の意味について考えてみたい。今日のアメリカの世界的な知的影響力の高まりは、たしかにその軍事力・経済力の発展と無関係ではない。とはいえ、単にその所産とも言い切れない。ここまで見てきた範囲内においても、新保守主義、あるいは新自由主義のイデオロギーは、アメリカもしくはアングロサクソン諸国に生れたが、今日それ以外の国々においても多大な影響力を持っている。またロールズの『正義論』によって喚起された、いわゆる*「自由主義《リベラル》-共同体主義《コミュニタリアン》論争」も他の多くの国々で紹介され、そこでの議論の行方に影響を及ぼしている。[(3)]

新保守主義や「自由主義-共同体主義論争」の持つ、きわめてアメリカ的な特質は明らかである。両者はともに、アメリカ固有の歴史的条件、すなわち、封建制の経験を持たず、その結果として、強固な伝統主義や保守主義も、逆に活発な社会主義運動も存在してこなかったアメリカの政治的風土を前提に、成立・発展したものである。[(4)]人工的なイデオロギー国家として成立したアメリカにおいて、自由主義こそが正統的なイデオロギーの地位を占め、政治的、経済的、知的な対立は自由主義の内部において展開され、表現された。例えば、アメリカにおいて、個人の自由の実現にあたって国家の積極的役割を主張する立場をとくに「リベラリズム」と呼ぶが、新保守主義とは、この「リベラリズム」に対抗する、あくまで個人の自由を重視する古典的な自由主義を中核とした、広範な連合にほかならなかった。すなわち、新保守主義とは、自由主義内部の本家争いという側面を持っていたのであ

（3）「自由主義-共同体主義論争」についての論考は枚挙にいとまがないが、その一つとして[宇野 1999]も参照。

（4）このようなアメリカの歴史的特性を論じた古典的著作として、[Hartz 1955]が依然重要である。

「自由主義-共同体主義論争」

ジョン・ロールズの『正義論』に対して、マイケル・サンデル、チャールズ・テイラー、マイケル・ウォルツァー、アラスデア・マッキンタイヤといった、後に「共同体主義者」と呼ばれることになる一連の論者たちからなされた批判を指す。批判点は論者によって異なるが、ロールズの自由主義が、共同体から遊離した原子論的な個人を想定しているとする点においては共通している。

る。また「自由主義-共同体主義論争」にしても、諸個人の平等な自由と弱者の救済という前提を共有した上での、正義の抽出の仕方や、そこで前提とされる個人の理解をめぐる論争であり、あくまで自由主義的な諸原理が大前提の上での、その内部の論争であった。したがって、新保守主義や「自由主義-共同体主義論争」が前提とするのは、あくまで自由主義が正統的な位置を占めるアングロサクソン的な政治的伝統であり、この伝統は、一方において非自由主義的な保守主義、他方において社会(民主)主義的な伝統が強い、ヨーロッパ諸国や日本といった国々の政治風土とは大きく異なると言わざるをえない。それゆえ、このような前提条件への配慮を欠いたまま、英米の議論をそれ以外の政治的文脈を持つ国々にそのまま適用することは、場合によってはむしろ混乱や思わぬ政治的な偏向をもたらす危険性さえある。

しかしながら、それにもかかわらず、これらアメリカ発のイデオロギーや論争が、現在多くの非アングロサクソン諸国に紹介され、そこで知的な影響力を持っているとしたら、それは単にアメリカの軍事的・経済的優位にのみ、その原因を帰することができないことを示している。それでは、これらのイデオロギーや論争は、いかなる理由があって広く普及することとなったのであろうか。

その一つの要因として、一九七〇年代以降の政治的、経済的、あるいは知的な状況に最も適したのが、これらアメリカ発のイデオロギーや言説であった、ということがあげられよう。すなわち、政治への幻滅と無関心、その結果としての私的領域と個人の強調、および倫理学の時代の到来、といった時代の要請に最も適応したのが、実は新保守主義や新自由主義のイデオロギー、あるいは「自由主義-共同体主義論争」であったと考えられるのである。

それは必ずしもフランシス・フクヤマ* [Fukuyama 1992] が言うような意味における、自由（民主）主義の最終的な勝利を意味するわけではない。だが、少なくとも国家をはじめとする集団的な問題解決に対する信頼が衰えた時代において、それに代わりうるものとして、あらためて個人――個人の権利、個人の選択、個人による自己決定、個人の自己責任――という主題が浮上してきた、と理解することは可能である。個人こそが、現代におけるイデオロギー的ヴォキャブラリーの中核に位置しているのである。思えば過去二世紀の間、政治的言説の中心にあったのは、「進歩」、「革命」、「解放」といった理念であった。歴史の発展、あらゆる搾取や抑圧からの解放、それを実現する集合的主体としての人民とその意志、このような諸理念――大文字の「思想」――によって支えられ、同時に支配されてきた一つの時代が、いまや終焉を迎えつつあるのかもしれない。個人の権利の強調は、このような時代に残された唯一のイデオロギーであり、大文字の「思想」の退場によってぽっかりと開いた空虚を埋めるべく要請された、最後の理論的切り札なのである [Gauchet 2002:347]。もはや個人の強調を大前提とすることなしに、いかなる連帯も公共性も構想しにくい。かつての連帯や公共性が、個人を軽視していたとは言えないにしても、これほどまでに個人が政治的言説の中心において一方的に強調されたことはなかったのではないか。繰り返しになるが、個人の強調は、現実における個人の尊重を必ずしも意味しないが、少なくとも、個人の強調抜きに、あらゆる議論は立ち行かない状況になりつつあることは間違いない。

自由主義は、保守主義や社会主義と比べて、このような趨勢に最も合致しているとは言わないまでも、それによって最もダメージを受けなかった思想潮流であるとは言える。フランスを含む欧州大陸

＊フランシス・フクヤマ (Francis Fukuyama 1952-)
シカゴに生まれ、コーネル、イェール、ハーヴァード大学で古典、比較文学、旧ソ連外交や中近東問題を学んだ後、国務省やシンクタンクで活躍する。『ナショナル・インタレスト』誌に発表した「歴史の終焉？」（一九八九）が論争を巻き起こした。後に、この論文をもとに『歴史の終焉と最後の人間』（一九九二）を発表している。

において、左右の両翼に挟まれて自由主義はけっして大きな勢力にならなかったのと対照的に、アングロサクソン圏、とくにアメリカにおいては、自由主義が一貫して支配的な地位を獲得してきたとすれば、このような時代において、アメリカの知的優位が実現したとしても、なんら不思議ではない。

フランス政治哲学と「社会主義の実験」

このように、二〇世紀の最後の四半世紀は、政治への幻滅と無関心、そしてそれを補うかのごとき、私的領域と個人の強調、倫理学の復活によって特徴づけられた[5]。そして、このような時代において、知的な優位を確立したのは、アメリカの自由主義的な政治文化であった。しかしながら、このような傾向によって世界が一色に塗りつぶされてしまったとは言い切れない。このような傾向には属さない、あるいはそれと対抗するような知的傾向も存在する。本書では、その内とくにフランスの政治哲学を取り上げるわけだが、そのような現代フランス政治哲学の特徴は、どのようにして生まれたのか。序でも一般的に検討した主題だが、ここではとくに一九世紀以降の展開に注目したい。

第一に、フランスの政治的言説を特徴づけ、英米圏との著しい違いを生み出してきたのは、マルクス主義をはじめとする社会主義の強固な存在であった。社会主義の強固な存在を前提に、これと対抗するように保守主義の勢力も形成され、結果として、フランスの政治的対立はつねに「左」と「右」で表現されることになった。またそれと同時に、その間に挟まれて自由主義は大きな勢力となることがなかった。このことは、フランスにおける自由主義的伝統の不在を必ずしも意味しない。とはいえ、

(5)　それと同時に、市場による調整モデルを、単に経済の領域だけでなく、広く社会問題解決一般の手段として評価する傾向が強まったのも、以上の展開と無縁でない。

自由主義的な性格を持つ思想や運動が、自由主義の名の下に結集し活動することには、つねに困難がつきまとったことは間違いない。その結果として、これらの思想や運動は、あるいは社会主義、あるいは保守主義と結びつき、そこに組み込まれることが多かった。

それでは、社会主義の強固な存在は、フランスの政治哲学にどのような影響を及ぼしたのだろうか。このことを一言でまとめるのは難しいが、少なくとも社会主義はフランスにおいて、啓蒙思想に淵源を発し、またフランス革命以降の様々な革命運動の記憶と強く結びつき、さらには「科学」や「進歩」という理念の主要な担い手と見なされることで、非常に大きな知的威信を持ち続けた、ということは指摘しておくべきであろう。すなわち社会主義はフランスにおいて、その政治的近代化の正統な嫡子という性格を持つことになったのである。

したがって、「社会主義の実験」は、それが正の遺産であるか負の遺産であるかはともかく、フランスの政治哲学に重大な影響を及ぼすことになった。「社会主義の実験」とは、端的に言えば、理想社会をめぐる実験であった。フランスにおける社会主義は、マルクス主義に限定されない広いヴェクトルを持つが、現実社会の不平等や搾取に対して厳しい批判を加え、その批判を前提に、個と共同体の対立を克服する新しい共同性の可能性を模索する点において共通点を持っていた。すなわち、これらの社会主義はいずれも、個か共同性かという二者択一をとらず、伝統的な共同体から解放された諸個人を前提に、そのような新しい個人から成る新しい共同性を追求するということを、最大の政治的・知的課題としたのである。

したがって、二〇世紀中盤に深まった「社会主義の実験」への懐疑の影響は甚大であった。すなわち、ソルジェニーツィン*の『収容所群島』を契機に、ソヴィエト連邦における官僚制や人権抑圧の実態が明らかになり、その結果、「社会主義の実験」、すなわち、個と共同性の止揚という課題の模索が持つ内在的な困難や問題に対して、深刻な懐疑が提起されることになったのである。その意味で、現代フランス政治哲学の大きな源流に、社会主義者、もしくは社会主義者から転じてその批判者となった人々が多かったのは偶然ではない。彼らは「社会主義の実験」の挫折を深刻に受け止め、その乗り越え、あるいは内在的批判を目指して、自己の政治哲学を培っていったのである。

フランス政治哲学と社会学・人類学

フランスの政治哲学を取り巻く環境の第二の特徴として、社会学や人類学との密接な関係を指摘することができる(6)。英米の自由主義を中核とする政治哲学の伝統は、方法論的個人主義や経験論哲学とのつながりを濃厚に持ち、その結果、社会を抽象的で非歴史的な個人から構成されるものとして捉える傾向を持っている。また、その関連で、政治哲学が認識論に大きな関心を寄せてきたのも特徴的である。これに対し、フランスの政治哲学の伝統は、個人をその置かれた社会的諸条件との関係において理解する傾向を強く持ち、生産諸関係や階級的諸関係に大きな注意を払ってきた。また認識論よりもむしろ歴史論との結びつきが深く、個人の自由を捉えるにあたっても、歴史的な社会類型論による説明を好むという特色を持つ。

このような伝統は、モンテスキューやアレクシ・ド・トクヴィルにおいてすでに明らかであり、彼

(6)　この点について、英米の自由主義とフランスの自由主義を比較して論じた[Siedentop 1979]が参考になる。

＊アレクサンドル・ソルジェニーツィン(Aleksandre Solzhenitsyn 1918-2008)
　旧ソ連出身の作家。スターリン批判によって逮捕され、刑務所生活を送るが、後に収容所生活を舞台とした作品を発表、国内外で反響を呼んだ。一九七〇年にはノーベル文学賞を受賞。スターリンの恐怖政治を描いた『収容所群島』(一九七三―七八)によって国外追放となり、アメリカに移住した。一九九四年にロシアに帰国。

らは人間の自由を決定するものとして、法や制度だけでなく習俗に関心を持ち、社会的諸条件の枠内において、人間の選択の可能性を模索した。この結果、彼らは法的・政治的諸制度だけではなく社会的諸条件に注目し、後に*レイモン・アロンによって、社会学の源流に位置づけられることにもなった[Aron 1967]。

　また*ルイ・ド・ボナールや*ジョゼフ・ド・メーストルら反革命の思想家たちもまた、社会学の発展に寄与することになった(7)。というのも、彼らは革命批判を通じて、個人の意志に還元できない社会秩序の存在や、共通の信念が秩序の維持に対して持つ重要性を主張したからである。このような主張は、政治的立場の如何を越えて、広く影響を残した。例えば、彼らの関心はエミール・デュルケムをはじめとして一九世紀後半に開花するフランス社会学へと継承されたと考えることができる。ボナールらの懸念とデュルケムの*アノミー論とは、けっして無縁ではない。デュルケムによる社会学の確立から、その弟子*マルセル・モースによる『贈与論』への展開、そして現代における*クロード・レヴィ＝ストロースや*ピエール・クラストルらによる人類学の発展は、政治哲学にも多大な影響を及ぼしてきた。このことは本書の以下の叙述の中で明らかになっていくであろう。

　このような政治哲学と社会学や人類学との結びつきは、さらに政治の理解そのものにも影響を及ぼしている。すなわち、政治を考えるにあたって、フランスの政治哲学は、その背景となる諸関係をできるかぎり広く視野に入れる傾向を持つ。その前提となるのは、政治とは狭義の法や制度のみにかかわるものではなく、むしろ一見したところ政治とは無関係な、日常的な生活のあらゆる細部の諸関係に根ざしたものである、という考えである。このような考えは、今日におけるミクロポリティクスに

(7)　この点について、[Nisbet 1986] を参照。

レイモン・アロン
(Raymond Aron 1905-83)
　高等師範学校に学んだ後、ドイツに留学。フランスに現象学の動向を伝える。第二次世界大戦中にはロンドンに亡命し、自由フランス国民委員会に参加。戦後サルトルとともに『レ・タン・モデルヌ』を創刊するが、後にマルクス主義への傾斜を強めたサルトルと袂をわかつ。共産主義批判で知られるが、それ以外にも現代社会論や、モンテスキュー、トクヴィル、マルクスを含む独自な社会学史観（『社会学的思考の流れ』（一九六五-六七））を示したことでも知られる。

ルイ・ガブリエル・アンブロワズ・ド・ボナール
(Louis Gabriel Ambroise de Bonald 1754-1840)
　革命後のフランスにおい

寄せられる関心の大きさにも現われている。すなわち、身体、振る舞い、食べ物、服装、ジェンダー、言葉、文学といった、従来は政治の構成要素とは見なされてこなかった諸側面への注目は、現代フランス政治哲学の一つの特色となっている。このようなミクロポリティクスは、政府、法、議会、官僚制、政党、警察、運動、利益集団、暴力、革命、階級といった、いわば昔ながらの大政治に劣らず重要な意味を持っていることは、今日広く認められている。一見したところ政治的意味を持たないように思われる生の諸領域における、線引きや区分といったものが持つ政治的意味、そこに働く権力作用への敏感さこそ、現在の政治的関心の最も先鋭的な部分を形成している。

政治の実践の理解においてもまた、社会学や人類学の影響を見いだすことができる。社会学や人類学との強い結びつきを持つフランスの政治哲学において、個人はけっして一個の自己完結した存在としては理解されない。むしろ生産諸関係や権力諸関係など、個人の外部にあって、個人を位置づけ、個人を規定する状況が重視される。また個人の意志決定に先行し、あるいはそれを支える、社会に共有された秩序理解やコスモロジーに関心が寄せられる。とはいえ、このことは必ずしも個人の主体性を否定するわけではない。たしかに、個人の存在、個人の選択をアプリオリの出発点にすることはできない。個人の存在や選択もまた、それを規定する諸要因の影響の下にあるからである。とはいえ、個人はそのような社会的諸条件によって規定される一方で、そのような諸条件を変革していく主体にもなりうる。すなわち個人と社会的諸条件との間には相互性があり、弁証法的な関係が成り立っている。個人や集団は、自らを規定する諸条件を完全にコントロールすることはできないが、それらの諸条件を変革し、そのような諸条件が自らを規定する、その仕方を変化させることはできる。ここにこ

て、王政とカトリック教会から成る市民社会を構想。反啓蒙・反革命の思想家として知られる。主著に『市民社会における政治的・宗教的権力の理論』（一七九六）がある。

ジョゼフ・ド・メーストル（Joseph de Maistre 1753-1821）

フランスによって併合されたサヴォアの法曹貴族であり、サンクト・ペテルスブルクなどに亡命しながら、フランス革命批判を展開した。主著である『フランス革命についての考察』（一七九七）において、フランス革命をフランス人民の腐敗ゆえの神の罰であると主張した。

アノミー論

エミール・デュルケムによって示された概念。『自殺論』においてデュルケムは、欲望を規制する規範が失われることを「アノ

そ、個人や集団の自律性の根拠があるし、政治の可能性があるとするのが、フランス政治哲学を貫く一つの根底的理解となっているのである。(8)

フランス政治哲学と自律の理念

フランス政治哲学をめぐる環境の特徴の第三として、フランス革命の遺産、とくに人民の自律の理念を指摘しておく必要がある。(9) フランス政治哲学の展開は、第二章でも検討するように、フランス革命というはっきりとした出発点を持っている。フランス革命が示した理念は、人民主権を通じてこそ人権は最善に実現されるというものであり、個人の自己決定や自律の理念の延長線上に、人民の自由な自己決定を位置づけることにその眼目があった。この理念の延長線上に、人民の自己決定を可能にする政体は共和政であり、共和政の実現こそ、フランス革命によって示された最大の課題であるとする伝統が形成され、この伝統が、フランス共和主義を形作ることになった。(10)

ところが、このような諸理念はジャコバンの恐怖政治や、それ以後の絶え間ない政治的変動の中で、次第に懐疑にさらされるようになった。人民の自律、人民による自己決定は本当に可能なのか、それは自由な体制を確立することができるのか、むしろ一般意志の名の下に、あらゆる反論や異議申し立ての余地を否定してしまうのではないか、等々の疑問が投げかけられた。このような懐疑や疑問は革命中にすでに胚胎しており、*バンジャマン・コンスタンの『古代人の自由と近代人の自由』によって一つの明確な表現を与えられた後も [Constant 1819]、一つの底流として持続していった。

ミー」と呼び、近代人の病理であるとした。

(8) [Balibar 1997] は、このような側面にとくに注目し、これを「変革の政治」として強調している。

(9) ツヴェタン・トドロフは、「自律 (autonomie)」の概念を軸に、フランスの「人間主義者」の系譜をたどっている [Todorov 1998]。彼によれば、これらの思想家が「自由」という言葉で表現しているものは、むしろ自律の理念として、すなわち主体自身の中に根源がある、人間の自由選択として理解できる。

(10) フランス共和主義については第八章で検討する。

マルセル・モース
六四頁参照。

クロード・レヴィ＝ストロース
(Claude Lévi-Strauss 1908-2009)

それにもかかわらず、人民の自律や人民による自己決定の諸理念は、フランス政治の基本的枠組みを構成する地位を確立していった。一九世紀前半から中盤にかけて激しい政治体制の変化を経験した後、一八七一年に第三共和政が成立してからは、これらの理念はさらに強固な基盤を獲得した。人民の自律や人民による自己決定という理念は、それに対する批判にもかかわらず、その批判を内に取り込むことによって、すなわち権力の分立や国家と社会の分離などの自由主義的な諸原理を取り込むことによって、むしろ次第に安定し定着していったのである。

このような人民の自律の理念は、二〇世紀において、新たな挑戦を受けた。それらは人民の自律の理念を、それとは異なる理念によって批判するものではなく、むしろその理念をさらに推し進めることによって生まれた内在的批判であった。人民の自律という理念において重要なのは、人民という理念、すなわち一部の特権者たちではなく、すべての市民という理念にほかならない。そうである以上、すべての個人が自由でかつ平等な市民であるという理念を制限するものは、それ自体不当であることになる。市民の諸権利は、諸市民が相互に平等に承認しあうということに基礎を置いており、それゆえ、その平等な相互性の例外は、それ自体人民の諸権利の否定につながるからである。したがって、このような理念を武器に、つねに人民の総体から排除されたものたちからの異議申し立てが起こることになった。それは一九世紀中の「能動市民」と「受動市民」の区別への批判にはじまり、マルクス主義的なプロレタリアートによる自己解放の理論、さらには女性、外国人、植民地人からの権利要求へとつながっていった。人民の自律の理念はこの要求を原理的に否定することができない。なぜなら、このような異議申し立てを許容し、むしろ促進するということにこそ、既存の秩序の正当性がかかっ

フランスの人類学者。構造主義の創始者として知られる。パリ大学で法学と政治学を学び、サンパウロ大学に赴任。後にアメリカに渡り、そこで『親族の基本構造』（一九四九）を執筆した。『悲しき熱帯』（一九五五）、『野生の思考』（一九六二）は人類学のみならず、人文科学、思想、文化全般に広い影響を与え、構造主義のブームを引き起こした。

ピエール・クラストル
六五頁参照。

バンジャマン・コンスタン
(Benjamin Constant 1767-1830)
スイスに生まれ、フランスで活躍した自由主義的政治思想家、政治家、作家。主著に『政治原理』（一八〇六年版と一八一五年版がある）、『古代人の自由と近代人の自由』（一八一九）などがある。政治への

ているからである。(11)

もう一つの挑戦は、自律という理念そのものに向けられたものであった。その一つの典型は、「自分自身にとって透明な主体」の形而上学に対する「脱構築*」の立場からの批判である。第二次大戦後、ニーチェやハイデガーの影響の下、デカルトのコギトに典型的な主体像は厳しい批判にさらされることとなった。それと同時に自己と自己との関係、自己と非自己との関係についても、新たなる関心が寄せられるようになった。このことは、自律の理念そのものにも影響を及ぼさざるをえない。というのも、自律や自己決定の前提となる自己や主体の理念自体が動揺することになったからである。人民という集合的な政治的主体についても、一般意志の措定による現実の意見の多様性を否定する危険や、集合的主体の実体化による抑圧的効果が指摘されることになった。

しかしながら、逆説的に言えば、このような挑戦や疑問も、人民の自律、人民による自己決定という理念があってこそのものであった。そうだとすれば、このような挑戦が絶えずなされ続けたという事実にこそ、人民の自律の理念が強固にフランス社会に根づいている証拠を見いだすことも不可能ではない。今日フランスにおいて、英米の自由主義に対する再評価が進んでいるのは間違いないとしても、それはあくまでフランス的な人民の自律という理念を前提とするものであり、その理念をさらに活性化するためのものであることを見落とすわけにはいかない。

恒常的参加である古代人の自由と、私的な生活の平穏な享受である近代人の自由とを区別したことで知られる。

(11) この点については、[Balibar 1997: 20-26] を参照。

「脱構築」 ジャック・デリダによる用語。彼によれば、歴史的に構造化された哲学的思考を、あくまでその内的論理によって、むしろそこで排除され、隠蔽されたものを明らかにすることを指す。

現代フランスの政治哲学

このように、強固な社会主義の存在、社会学や人類学との結びつき、そして人民の自律という理念への関与という三つの主要な歴史的条件の下、フランスの政治哲学は発展してきた。この結果、フランスの政治哲学は英米の政治哲学とはかなり異なる特徴を持つことになった。

フランス政治哲学の思考法においては、伝統的に、個か共同性かという二者択一の立場は取られず、むしろ個人の自律性と社会の自律性とを結びつけて考えようとする傾向が強いことはすでに指摘したとおりである。個人の自律性は社会の自律性と背反するものではなく、むしろ両者のより良い結合の可能性こそを模索すべきであると考えられたのである。また個人の存在を抽象的にとらえず、つねに個人の外部にあって個人を規定する諸条件とのかかわりにおいて考えようとする傾向も顕著であった。しかしながら、このことは、個人の自律を否定するとはけっして見なされなかった。むしろ、個人と社会的諸条件とは相互に影響を及ぼしあう弁証法的な関係にあり、それゆえに社会的諸条件の変革を通じての、個人と社会の自己変革の可能性があると理解されたからである。このような諸特徴は、英米の自由主義的な政治哲学とはかなり異なる政治のヴィジョンを示している。

しかしながら、今日「社会主義の実験」の失敗を受け、個と共同性の止揚、人民の自律という理念は、深刻な懐疑と反省にさらされている。しかも過去二世紀の間、このような理念と隣接し、それらを支える基盤であった、「進歩」、「革命」、「解放」といった諸理念の影響力の後退も著しい。このような状況において、「脱構築」の立場からの主体批判とあいまって、個と共同性の止揚や社会の自律という理念は、内側からも外側からも脆弱化させられている。現代フランスの政治哲学は、このような状況を踏まえた上での、自らの伝統に対する深刻な懐疑と自己検討の産物にほかならない。

それでは今日、フランスの政治哲学の固有性を探るとしたら、それはどこに認められるのであろうか。仮に現代フランスの政治哲学に固有の意義があるとしたならば、それはおそらく、これら諸理念の脆弱化を前提に、しかし、それらを完全に放棄して個人や私的領域の強調に向かうという道をとらず、むしろ不透明で未来の方向性が見えない中にあって、新しい共同性のあり方を探っている点にこそ見いだされるのではないだろうか。

というのも、本書で取り上げる諸テーマからは、次のような特徴がうかがえるからである。「政治」への問いにおいては、社会の一領域としての「政治」ではなく、むしろ既存の社会のあり方を規定している何かを探る「政治的なるもの」の探究にこそ力点が置かれている。「デモクラシー」についても、「人民」やその「一般意志」の存在を自明視するのではなく、むしろその不確定性やその内部における対立にこそ注目する。また「人権と市民権」についても、抽象的な非歴史的理念として、あるいは実定的な国籍の問題としてではなく、現実の社会変革の梃子となりうるダイナミックな可能性を秘めたものとして論じられている。「権力」や「国制」の問題においても、同様の視点がうかがえるはずである。いずれにせよ、はっきりとした方向性や目的の見えない不透明な時代において、それでも社会を構築し変革していくための指針が模索されているのであり、そのような指針を模索するためのものとして、政治哲学も理解されているのである。このような現代フランス政治哲学の主要関心は、個人の選択を強調し、社会の自己決定もまた個人の自己決定の集積に還元しようとするアングロサクソン的な自由主義とは決定的に異なるものである。しかしながら、それは自由主義を否定するものでもないということを見落としてはならない。アングロサクソン的な自由主義の世界的影響力をもたらした歴史の趨勢を認めた上でなお、それを相対化し、乗り越えていこうとする営為としてこそ、現代フランス政治哲学を理解することができるのである。

以上のような意味において、フランス政治哲学の持つ個性は今日、現代社会の主たる趨勢に対する、強固にして自覚的な異議申し立てとしての明確な輪郭を示すようになっている。

第二章　政治哲学復活への道のり

政治哲学の復活？

今日フランスのちょっとした本屋に行けば、政治哲学のコーナーがあることが珍しくない。そればかりでなく、そこにはいくつもの新刊書が平積みになっている。古代ギリシア以来の重要な古典はもちろん、現代の研究書やその翻訳も、ペーパーバック版で廉価に手に入れられるし、一般的な雑誌や新聞の読書欄でも、政治哲学的なテーマが特集されることが珍しくない。政治哲学者の社会的な活躍も目につくようになった。例えば二〇〇二年五月に発足したラファラン内閣の青少年・教育・研究大臣には、政治哲学者として著名な*リュック・フェリーが任命されたし、それ以外にも*ブランディーヌ・クリージェルや*ドミニク・シュナペールのような、現代における市民権や共和主義について活発に論じている女性研究者が重要な公的職務に就いている(1)。

だが実は、これは新しい現象なのである。他国と比べれば、フランスにおいて政治哲学はつねに重要な地位を占めてきたと言うことはできるとしても、一個の専門分野としての政治哲学がこのように活性化したのは、長く見積もってもせいぜいここ二〇年の現象である。なぜ政治哲学は二〇世紀の末

(1) 政治哲学者としての彼らの考えについては、第八章で検討する。

リュック・フェリー
(Luc Ferry 1951-)
リヨン第二大学、カーン大学、パリ第七大学（ドニ・ディドロ）で哲学を講じた後、二〇〇二年成立したラファラン内閣において青少年・教育・研究大臣に就任。アラン・ルノーとの共著のほかに、『政治哲学』全三巻（一九八四―八五）、『エコロジーの新秩序』（一九九二）などの著作で知られる。

ブランディーヌ・クリージェル
(Blandine Kriegel)
パリ第一〇大学（ナンテール）で政治哲学の教鞭をとるほか、司法や倫理をめぐる様々な公的諮問委員会で活躍している。著書に『国家と奴隷』（一九七九）、『共和国の哲学』（一九九

八）などがある。

ドミニク・シュナペール
一四七頁参照。

の、それもフランスで、このように再活性化したのだろうか。

フランス革命からの二〇〇年

このことを理解するためには、歴史的な説明が必要であろう。

迂遠なようだが、話を二〇〇年前まで遡らせ、この間にフランスにおける政治哲学がたどった運命を振り返ってみよう。

フランス近代史における重要な転換点がフランス革命であったということはあらためて強調するまでもない。だが、ここでとくに指摘したいのは、革命が過去と現在を明確に断絶させたという事実である。この点については序でも触れたが、ここではもう少し詳しく検討してみたい。たしかに他の国々においても近代化は、多かれ少なかれ過去との断絶をもたらした。しかしながら、フランスの場合、とくにその断絶が明白であったことが特徴的である。というのも、革命によって旧体制は力ずくで打倒され、王の首がコンコルド広場に転がったからである。このようなはっきりとした過去の否定、伝統的な社会のあり方やその正当性の否定は、その後のフランスの行方に大きな影響を及ぼした。とくに、革命によって生まれた新しいフランス社会は、自らのよって立つ基礎をより原理的なものに求めざるをえなかったということが重要である。伝統の連続性による社会の自己同一性の意識や、歴史的な王権という正当性の源泉を明示的に否定した以上、新しい社会は抽象的で普遍的な原理に依拠する以外に選択肢はなかったのである。この点に関して、フランス革命としばしば併称される独立革命を経験したアメリカ以上に、フランスの運命は苛酷であったと言える［Gauchet 1995:55-57, 邦訳 47-49］。人種・性別・宗教その他いかなる属性の如何を問わず、すべての個人に等しく認められるべき人権、伝統的にフランス社会で大きな存在をしめてきたカトリックの影響力を徹底的に断つための政教分離、これら抽象的な諸理念が非常に強調されたのは、実は過去との断絶の結果でもあった。また、その際にたえず参照され言及されたのが、ジャン＝ジャック・ルソーの『社会契約論』であったことも重要である。もちろん、ルソーの著作が直接革命を引き起こしたというわけではない。とはいえ、新生フランスが彼の著作の中に自らを正当化する原理を模索したのは確かである。革命後のフランスは抽象的理念に立脚し、それに支えられた社会であった。その意味で、フランス革命から一九世紀前半にかけてのフランスにおいて、多様な政治哲学が花開いたのは偶然ではない。「イデオロギー（イデオロジー）」という言葉自体、この時期のフランスで創造された新しい言葉である(2)。革命の遺産は、フランスの著しい個性とその国際的影響力の源となると同時に、フランスのその後の歴史の様々な困難の原因ともなったのである。

一九世紀の前半、七月革命や二月革命をはじめ、フランスで起きた重要な政治的事件は、たちまちのうちにヨーロッパ全土に伝えられ、連動した事件を各国に引き起こした。その際に重要だったのが、フランス革命の衝撃とその後のフランスの展開が持つ、直接の影響ばかりでなく、知的パラダイムとしての影響であった。この時期のフランスは、新しい社会のあり方をめぐる多様な言説の製造元でもあったのである。現実のフランスにおいては、大革命の後も、共和政、帝政、そして王政へと、絶えず政治的変動が続き、けっしてフランス革命から一直線上に発展していったわけではない。むしろた

（2）この言葉は本来「観念学」を意味するものとして、デステュット・ド・トラシによって造語されたものである。トラシと彼の率いる観念学派（イデオローグ）については、［Eagleton 1991］および、［宇野 1994］を参照。

えず揺り戻し、動揺、混乱に襲われ、フランス革命によって示された共和政の理念がとりあえず制度的な定着を見たのも、第三共和政以後のことに過ぎない。それにもかかわらず、フランスは政治や社会を語る言葉のレベルにおいて、一貫して多大な影響を世界に及ぼし続けた。例えば若きカール・マルクスは、祖国ドイツを追われた後、長くフランスに滞在し、『ルイ・ボナパルトのブリュメール一八日』をはじめとする重要な著作を書いている。この時期に彼が関心を寄せたのはフランスにおける政治的諸事件であり、ピエール＝ジョゼフ・プルードンをはじめとする社会主義者との接触が、青年ヘーゲル学派として出発したマルクスに与えた影響ははかりしれない。マルクスがドイツで哲学を、イギリスで経済学を自らの活躍の舞台として選んだとすれば、彼が当時のフランスにおいて見いだしたのは、まさしく各種の政治的言説の氾濫であった。

ところが、その後一九世紀中葉から二〇世紀にかけて、状況は変わってくる。というのも、社会が次第に安定するにつれて、むしろ政治哲学は表舞台から退いていった印象があるからである。ある意味で、この時期は、政治哲学にとってむしろ不毛だった時代と言えなくもない。どうしてそうなったのだろうか。ここでいったんフランスを離れ、やや一般的にこの問題を考えてみたい。

デモクラシーの正当化と実証主義の台頭

一つの理由は、デモクラシーの原理が次第に広く正当性を獲得し、デモクラシーに公然と敵対する勢力がいなくなっていったことであろう。もちろんデモクラシーへの批判がまったくなくなったわけではないが、批判があるとしても、それはもはやデモクラシーの原理的否定ではなく、より良いデモクラシー、真のデモクラシーを提示するための批判であることが多くなった。そこに、この時期におけるデモクラシーの基本的承認の現われを見ることもできるだろう。制度論のレベルでも、立憲主義、政党制に基づく代議制、普通選挙権といった基本的枠組みが、紆余曲折は経つつも、次第に確立されていった。このことは、伝統的な政治哲学の課題が実現されたことを意味した。というのも、伝統的な政治哲学の重要な主題は国制論であり、(3)ある政治的共同体がいかなる原理に立脚して、いかなる制度によって構成されるべきかをめぐって議論が展開されてきたからである。しかし、一九世紀になってついに——少なくとも原理的なレベルにおいて——これらの問いは一つの結論にたどり着いたように見えた。これからは、現実的にはどれだけ問題が起ころうとも、それはもはや原理的問題ではなく適用の問題である。制度の基本枠組みは定まったのだから、むしろ制度運用の実際を具体的に検証することの方がより重要だ。そのような見方が広まっていったのである。

このことと関連して、実証主義の台頭も政治哲学後退の一因となった。事実と価値を峻別し、価値論を排した「客観的」で「科学的」な社会研究こそを課題とする実証主義の高まりによって、政治哲学は政治や社会についての研究の中心の座から退けられることとなった。実際、一九世紀の中葉以降、社会についての考察を代表したのはもはや政治哲学ではなく、社会学を中心とする社会科学であった。例えばエミール・デュルケムは『社会学的方法の規準』の中で、次のように述べている。「筆者の受け容れる唯一の名称は、合理主義者のそれである。じっさい、筆者の主要な目的は、科学的合理主義を人間行為にまで拡大すること、過去にさかのぼって考察し、人間行為も、おなじく合理的な操作に

(3) ひとたびは過去のものとされた国制論は意外なことに、今日再び脚光を浴びている。新しい国制論については、第七章を参照。

よっていずれ未来への行為の規則へと変形されうるような因果関係に還元しうることを示すことなのだ（強調原文）」［Durkheim 1895: 74, 邦訳 19］。

ここにあるのは、学問の課題は社会を合理的法則性として説明することにある、という確固とした信念である。マックス・ウェーバーが『職業としての学問』で強調するような［Weber 1917/1919］、社会の科学的探究と価値をめぐる議論の峻別とあいまって、このような実証主義的な信念は、政治哲学を後景へと追いやった。というのも、政治哲学の課題は社会についての規範的評価にあり、その関心は、ある社会がいかなる理念を選択するかということにあったからである。そのような政治哲学にとって、事実と価値とを完全に切り離すことは、そもそも不可能であるばかりでなく、自己の存在基盤を否定することでもあった。しかしながら、実証主義という新しい支配的な学問的モデルの視点に立てば、このような政治哲学は、「科学」からはほど遠い、旧時代の遺物にほかならない。たしかにウェーバーの例を挙げるまでもなく、社会科学者は個人的には多かれ少なかれ政治哲学的関心を持っていた。しかしながら、彼らは自らの政治的価値観を、自らの「科学的」な学問と極力切り離そうとした。結果として、そのような姿勢が、政治哲学を一個の学問分野としては否定する方向へと向かっていったのである。

マルクス主義・ナショナリズム・全体主義

さらに一九世紀後半から二〇世紀前半にかけて、一方でマルクス主義、他方でナショナリズムという二つの政治思潮が時代の主旋律となっていったことが、政治哲学の後退に一役買うことになった。というのも、マルクス主義の一つの特徴は、政治が自律的な活動であることを否定し、階級対立を中心とする社会経済関係こそを歴史を動かす真の原因であると見なす点にあったからである。そのようなマルクス主義の立場からすれば、政治哲学的な関心は、歴史を動かす真の原因に目を向けることなく、むしろ表層的で抽象的な言説に固執することを意味した。さらに言えば、真の原因を隠蔽する役割を果たすものですらあった。「イデオロギー」という言葉は、そもそもは文字通り観念《イデー》についての学という意味であったが、マルクスによって転用され、階級的なバイアスによって曇らされた虚偽の意識、言説というニュアンスが込められた。マルクス主義にとって、政治哲学はまさしくそのような意味での「イデオロギー」にほかならなかったのである。

またナショナリズムと政治哲学の関係も微妙であった。近代国家のモデルが、社会契約説という抽象的個人による合意を強調する理論によって用意されたにもかかわらず、現実の国家に具体的内容を与え、特定の地域を占める特定の人的集団として、その意味内容を充たしたのはネイションの概念であった［福田 1988:27］。ネイションの概念はとくに言語的共通性と結びついて捉えられ、しばしばそれ自体目的価値とされた。またこの時期に、ネイション以外にも人種の概念に注目が集まることになった。(4) これらの新たな集合の表象はいずれも構成員の契約に基礎を置くものではなく、その意味で社会契約論的なアプローチでは取り扱いにくい対象である。結果的に、新たな集合表象が実体化され、しばしば人格化されたのに対し、政治哲学は有効な対応をとれず、無力を露呈することにもなった。

二〇世紀に入ると、政治哲学にはさらなる試練が待っていた。全体主義の経験である。この経験を

（4） この人種概念についての、古典的な政治学的考察はもちろん[Arendt 1951]であるが、近年エチエンヌ・バリバールが新たな角度から精力的にこの問題に取り組んでいる。

通じて政治哲学は試され、結果として自らの力不足を実感することになった。多くの政治哲学者にとってまず重要な主題となったのは、全体主義をいかに説明するかという問いであった。というのも、先ほど述べた政体の伝統的区分には専制というカテゴリーがあったが、全体主義を伝統的な専制のカテゴリーで説明することには限界があることが、すぐに明らかになったからである。モンテスキューは『法の精神』の中で、専制の本性を「ただ一人が、法律も規則も無く、万事を彼の意思と気紛れとによって引きずっていく」[Montesquieu 1748: II, 1] 点に見いだし、その原理は「恐怖」にあると考えた。この定義は専制についての一つの模範となったが、それから一世紀も経たないうちに、トクヴィルがその用語を継承しつつ「民主的専制」という新しい概念を示したとき、すでにその模範性は動揺してしまった。[5] というのも、モンテスキューの理解からすれば、専制という概念に民主的という形容詞がつくことは論理矛盾にほかならなかったからである。トクヴィル自身、自らの言葉の使い方には満足していなかったが、やむを得ない便法と考えていた。新しい専制はむしろデモクラシーの社会を基盤に、そこから生まれてくる。その確信が「民主的専制」という自己矛盾したような用語をトクヴィルに選ばせたのである。二〇世紀の全体主義の経験もまた、一人の独裁者による恐怖政治というだけでは説明不十分であることは明らかであった。なぜワイマールのデモクラシーのただ中からナチスが台頭したのか。なぜ社会主義国であるソヴィエト連邦において恐怖政治が起きたのか。政治哲学にとって、全体主義という現象に満足な説明を与えることなしには、一歩も前に進めないという状況が生まれたのである。

その意味で二〇世紀を代表する政治哲学者の一人であるハンナ・アレント*が、『全体主義の起源』

(5) トクヴィルの「民主的専制」の概念については、[松本 1991b] および [宇野 1998] を参照。

ハンナ・アレント
(Hannah Arendt 1906-75)
ドイツに生まれ、ハイデガー、ヤスパースらの下で学ぶ。シオニズムの運動に関与するが、ドイツ軍のパリ侵入によりアメリカに亡命、ニュー・スクール・フォー・ソーシャルリサーチなどで教鞭をとる。主著に『全体主義の起源』(一九五一)、『人間の条件』(一九五八)、『過去と未来の間』(一九六一) などがある。

と題された著作で一躍脚光をあびたのは偶然ではない。またアレントと同じく、ナチス・ドイツを追われアメリカで研究を続けたレオ・シュトラウス*が、やはり二〇世紀を代表する政治哲学者となったことも、いかに全体主義の経験が二〇世紀の政治哲学にとって重要な意味を持ったかを示している。もう一人名前をあげるとすれば、『開かれた社会とその敵』で知られるカール・ポパー*もまた、生涯をかけて全体主義を批判し続けた哲学者であった。二〇世紀の三人の重要な政治哲学者がともにユダヤ系であり、ドイツ、オーストリアに生まれそこで教育を受けた後、祖国を追われ後半生をアングロサクソン圏で過ごしたというのは、たんなる偶然の符合とは思えない。

しかし、この三人はいずれも孤立した思想家であった。たしかに彼らの哲学は多大な影響を同時代に、そして来るべき世代に残した。とはいえ、彼ら自身は学派を形成せず、その後継者を生み出すこともなかった。例外的にシュトラウスはアメリカに自らの学派を残したが、その学派はアメリカの政治学界でつねに少数派であり、異端的であり続けた(6)。全体主義という試練を通じて政治哲学は試され、そこから根源的な思索が生まれたことは間違いないにせよ、各々の思索は孤独の中で行われ、その影響力はつねに潜在的であった。

しかしながら、そのような状況は二〇世紀が終わりに近づくにつれ、次第に変化の兆しを見せるようになった。政治哲学の復権に向けての胎動が、徐々にではあれ、世界の様々な場所で感じられるようになったのである。フランスはその大きな拠点の一つであった。

それでは、なぜフランスなのか。ここで再び一九世紀の初頭に話を戻そう。

(6) アメリカのブッシュ政権による、二〇〇三年の対イラク戦争に大きな影響を与えた、いわゆる「ネオ・コンサヴァティヴ」の勢力と、シュトラウス学派との関係がしばしば論じられている。重要な論点ではあるが、本書では取り扱う余裕がない。

レオ・シュトラウス
一五五頁参照。

カール・ポパー
(Karl Popper 1902-94)
ウィーンに生まれ、数学や理論物理学を学ぶ。科学哲学の分野において活躍し、ロンドン・スクール・オブ・エコノミクスなどで教鞭をとった。後に歴史法則主義やマルクス主義、さらにプラトンへの批判を展開した。主著に『開かれた社会とその敵』(一九四五)、『歴史主義の貧困』(一九五七)などがある。

英米圏と大陸圏

ところで、フランス革命以前の西欧社会には、一つの巨大な知的共同体が存在していた。中世においてラテン語を共通言語として成立した統一的な知的世界は、その後も国境を越えた知の交流の伝統を残した。例えば一七世紀において、イギリスのホッブズやロックと、大陸におけるデカルトやスピノザ等の間には、濃厚な知的交流と相互影響の関係が認められる。一八世紀においても同様である。フランスの啓蒙哲学にせよカントの批判哲学にせよ、その影響はまたたく間にヨーロッパ各国に広がった。これに対し一九世紀以降、このような知的コミュニティは解体し、各国ごとの独自な哲学的傾向が目立つようになっていった [Lilla 1994: 3]。知的交流はなくなりはしないものの、より個別的・断片的になっていったのである。とくに英米圏と大陸圏の間には、哲学的思惟様式の大きな断絶が認められる。例えばヘーゲルやハイデガーの哲学は、アングロサクソンの知的世界において、長く無理解と偏見にさらされ続けたことは周知の通りである。政治哲学にもまた同様の断絶が見られた。とくに自由主義がたどった運命を見るとき、英米圏と大陸圏の違いは明らかである。アメリカやイギリスにおいて、政治思想の中心はつねに自由主義であり続けた。これに対し、大陸圏ではむしろ保守主義と社会主義の対立が基本であった。たしかに、一九世紀を通じてフランスやドイツにおいても自由主義が力を持たなかったわけではない。むしろ英米圏とはかなり異なった特徴を持つ、独自の自由主義の伝統が形成されたことを強調しておく必要がある。しかしながら、大陸の自由主義は、英米でのような支配的地位につくことはけっしてなかった。むしろ、全体的傾向としては、保守主義と社会主義とに挟撃され、次第に苦しい立場に追い込まれていったのである。二〇世紀においてもまた、イギリス、アメリカで自由主義思想の革新が進み、とくにアメリカの影響力増大と比例するように、自由主義の優位が世界的に拡大していったにもかかわらず、大陸圏においては今日なお自由主義の政治的・知的な影響力は英米圏でのそれに及ばない。その意味で、すでに触れたアレント、シュトラウスやポパーが、その個性的な思想を展開することができた原因の一つは、彼らがこのように分断されている英米圏の哲学的伝統と大陸圏の哲学的伝統を架橋した希有な例外であったことにある、と言うこともできよう。

現在フランスで政治哲学が再び活性化しつつある原因の一つもまた、このことと深く関係している。すなわち、英米圏との知的交流の急激な増大こそが、フランス政治哲学の活性化の大きな原因となっているのである。例えば現代アメリカの自由主義の理論的基礎づけを提供した*ジョン・ロールズの『正義論』以下の諸著作のほとんどが翻訳されているばかりでなく、ロールズに対して厳しい批判を試みたいわゆる「共同体主義」と呼ばれる人々の著作の翻訳も進んでいる。さらにアレントもまた、現在フランスで最も頻繁に言及される政治哲学者の一人となっている。このことは、従来フランスにおいて英米圏の政治哲学の紹介が必ずしも熱心に行われてこなかったことを考えると、非常に印象的である。また、歴史的研究においても同様の傾向が見られ、*J・G・A・ポーコックや*クエンティン・スキナーをはじめとする政治思想史の研究書が熱心に読まれるようになっている。ポーコックは近年、一八世紀啓蒙思想について重要な著作を発表し続けているが[Pocock 1999a, 1999b, 2003]、このような彼の著作の影響の高まりも、一九世紀以後の各国別に知的な分断が進む以前の、西洋の知的

ジョン・ロールズ
一九頁参照。

J・G・A・ポーコック
一七六頁参照。

クエンティン・スキナー
一七六頁参照。

な統一世界への関心の現われとして理解することができるであろう。これまで英米圏と大陸圏の二つの知的世界を隔ててきた壁は急速に解体しつつある。

左右対立の相対化

また、フランスの知的世界においては、左対右という対立図式が長く支配的であったのも、とくにアメリカとの対比における著しい特徴であった(7)。この対立図式とマルクス主義の影響はフランスにおいてつい最近になるまで非常に強く、このことはフランスの、他の先進国中と比べての著しい特徴でもあった。そのような状況ゆえに、自由主義は左右対立の狭間に埋没して十分に自己を主張することができず、近年に至るまで、自由主義の理論的基礎づけをめぐる英米圏での論争が広く紹介され、興味を持たれることなど想像さえできなかった。またアレントがこれまでフランスであまり言及されてこなかったのも、彼女のあまりに個性的な思想が、左と右という二項対立図式にうまく当てはまらなかったことにその一因がある。これに対し、今日では、保守主義とも社会主義とも異なる自由主義独自の思想的個性というものに対し新鮮な関心が向けられると同時に、ある思想家を左右の対立図式から自由に読むことも可能になっている。このような変化こそが、英米圏との知的交流を可能にし、結果として政治哲学の活性化をもたらしたのである。

このことの背景には、もちろんソ連・東欧の社会主義体制の崩壊に始まる、冷戦以後の時代におけるイデオロギー的変容がある。しかしながら、このことはそれ以前の左対右という対立の続いた時代

(7)　アメリカにおいてもリベラルと保守という対立があるが、これはヨーロッパ的な左翼と右翼との対立とは明らかに異質なものである。

が、政治哲学にとって不毛であったということを意味しない。むしろ、フランス政治哲学の発展の素地は、冷戦終了以前に少しずつ作られていたと言える。その際重要だったのは、実はマルクス主義の存在であった。というのも、フランス政治哲学はマルクス主義との対決、あるいはその内部での激しい論争によって、鍛えられていったからである。フランスの政治的・知的伝統における社会主義の存在の大きさについてはすでに触れたが、とくにマルクス主義は本来政治の自律性を否定する傾向を持つため、政治哲学に重大な問いを投げかけることになった。結果として、マルクス主義との対決を通じて、フランス政治哲学は政治的なるものの独自の意味について、つねに意識的にならざるをえなかった。マルクス主義との厳しい緊張関係こそが、現代フランス政治哲学の独自の個性を生みだしたのである。

今日、マルクス主義の影響力低下もあって、左翼知識人が進んで「デモクラシー」、「人権」、「政治的なるもの」を論争の主要争点と見なすようになってきている。左右の政治的立場の知識人たちが、政治哲学というフィールドに結集しつつあるのである。現代フランスにおける政治哲学の復活の原因の一つはここにある。

政治哲学の三つの源流

ところで、冷戦時代のフランスには、その後の政治哲学の発展を準備することになる、三つの源流があった。

第一の源流は、マルクス主義、とくにスターリン体制およびそれを支持する知識人たちを厳しく批判した*レイモン・アロンにあった[8]。彼がフランスの知的世界において占めた位置は、つねに微妙であった。サルトルやボーヴォアールらとともに、フランスの戦後思想の第一世代を形成したアロンは、つねに同時代において圧倒的なサルトルの知的影響力の影に隠れた存在であった。とくにサルトルと袂をわかち、その批判者となったことは、彼の同時代的な評価を厳しいものにした。反面、彼は分野を越えて、新しい知的方向性を示したとも言える。例えば彼の『社会学的思考の流れ』は、社会学の源流として、それまで社会学者として言及されることのなかったモンテスキューやトクヴィルを取り上げ、それまでの社会学と政治哲学との間の垣根を取り払うことに成功した［Aron 1967］。またフランス政治哲学においてしばしば軽視されてきた自由主義の伝統を再評価し、広く英米圏との思想的交流の可能性をも開いた。彼の業績は同時代的にはつねに少数の人々の間でしか評価されなかったものの、彼が発見したものは、その後の学問と思想にとって決定的な意味を持ったのである。さらにマルクス主義と実存主義の全盛期にあって、彼が二つの思潮からは高く評価されなかった政治哲学上の古典を読む営為を継続し、同時に、その意義を説き続けた点も重要である。いわば彼のおかげで、これら古典は忘却の淵に沈むことなく、その後の世代に受け継がれたと言える。

源流の第二として、*ルイ・アルチュセールの仕事も、政治哲学の復活にとって無視できない。大著『マルクスのために』や『資本論を読む』は別にしても、モンテスキュー論［Althusser 1959］をはじめ、彼には政治哲学的な著作が多い。政治固有の意味を認めず、政治哲学的考察を社会経済関係の研究に従属させてきたマルクス主義の伝統の中にあって、彼の著作は希有な例外である。とくに彼の

（8）　レイモン・アロンの政治哲学については、［北川 1995］を参照。

レイモン・アロン
二八頁参照。

ルイ・アルチュセール
（Louis Althusser 1918-90）
アルジェリアに生まれ、アルジェリアとフランスで学ぶ。高等師範学校で教鞭をとり、後に共産党に入党。『マルクスのために』（一九六五）、『資本論を読む』（一九六五）は、マルクス主義のみならず、構造主義理論一般に多大な影響を及ぼした。一九八〇年妻を絞殺し精神病院に収容された。

「*国家のイデオロギー装置」や主体の「*重層的決定」をめぐる議論は、左翼陣営内部における政治的イデオロギーに対する批判的研究への道を開いた。彼は学校、家族、教会、マスコミ等のイデオロギー装置の政治的性格を強調し、イデオロギー装置こそ階級闘争の主たる舞台であると主張したが、このような彼の主張は、彼がモンテスキューのように従来マルクス主義において論じられることの少なかった政治思想家にまで議論を拡大したことと相まって、左翼内部に新しい学問的関心を生み出したのである。さらにアルチュセールがマルクス主義における主体の問題への取り組みに突破口を開いたことは、*ミシェル・フーコーをはじめとする次世代へと継承されていった。いわゆるフランス現代思想における「政治的なるもの」への関心の原点の一つは、アルチュセールにあると言ってよい。

現代フランスの政治哲学の第三の源流は、マルクス主義の内部で、スターリンのソヴィエト体制を批判した反主流派である「社会主義か野蛮か」のグループを形成したメンバーである。同名の機関紙を舞台に活躍し、その活動中止後も独自の政治哲学を展開していった*コルネリュウス・カストリアディスや*クロード・ルフォールが、その代表である(9)。マルクス主義者として出発した点において、アルチュセールと共通した部分があるが、アルチュセールがあくまで科学的社会主義の立場を離れなかったのに対し、カストリアディスらは最終的にはマルクス主義への全面的な批判へと向かった。史的唯物論を批判するカストリアディスは、歴史の中における人間の創造、自律の可能性を模索し、最終的には、歴史の中で社会を創造していくのはその社会の根源にあるイマジネール（想像的）なものであると主張するに至った。すなわちイマジネールなものによって、社会は自己を創出し自己変容していくが、この自己創出を忘却し社会の外にある超越的な権威、すなわち神、自然、理性、歴史法則

(9)　同グループに属した他のメンバーとしては、エドガール・モラン、フランソワ・リオタールらがいた。

「国家のイデオロギー装置」
家族、学校、マス・メディアなどを含むすべての社会的・国家的諸制度は、現行秩序と権力への自発的服従を人々の意識の中に植え付けるための媒介装置にほかならないとする、アルチュセールの理論。

「重層的決定」
アルチュセールが、経済決定論や還元主義を批判するために、フロイトから借りて用いた概念。この考えによれば、上部構造は下部構造の表現ではなく、それに固有の効力を持つ構造であり、したがって、社会的全体は相対的に独立した諸審級によって重層的に決定されている。

に従うとき、その社会は他律の状態に陥る。それでは、いかにして社会の自律を回復するか。この関心が彼を、独自のデモクラシー理解、さらには全体主義批判へと導いたのである。このグループのメンバーを特徴づけるのは学際性であり、彼らはいずれもマルクス主義を、現象学、フロイト心理学、文化人類学などと融合させることによって新たな理論的地平を切り開こうとした。

以上の三つの源流は、本質的には異なる理論的・実践的動機に基づくものであり、その間には必ずしも知的な呼応・共鳴関係は存在しなかった。しかしながら、これらの源流は相互の間に複雑な作用を及ぼしながら、結果的にはいずれも一九八〇年代以降における政治哲学の再活性化につながっていった。ある意味でいえば、政治哲学という舞台が成立したために、それまで個別に発展してきた諸源流がそこに流れ込み、かつてない理論的な百家争鳴の状態を生み出したと言うことができる。

二〇世紀末のフランス

それではなぜ二〇世紀末のフランスにおいて、政治哲学という舞台が成立したのだろうか。現代フランスの知的状況を考えるのに、「六八年の思想」(10)を無視するわけにはいかない。ミシェル・フーコー、*ジル・ドゥルーズ、*ジャック・デリダをはじめとする、日本でいわゆる「現代思想」や「ポストモダン」の名の下に乱暴にくくられることの多い諸思想家の影響力の大きさは、あらためて言うまでもない。彼らは多かれ少なかれハイデガーの影響を受けつつ、《知》、《主体》、《権力》などの問いを提起し、それを通じて社会の現状を批判し、さらには西洋形而上学総体の見直しを企てた。彼らの思想が

(10) この「六八年の思想」については、リュック・フェリーやアラン・ルノーらによる批判的な総括が存在する［Ferry et Renaut 1985b］。彼らによれば、「六八年の思想」に共通するのは主観性に対する批判と反-人間主義であった。

ミシェル・フーコー　一〇六頁参照。

コルネリュウス・カストリアディス　一八頁参照。

クロード・ルフォール　六二頁参照。

ジル・ドゥルーズ　一一四頁参照。

ジャック・デリダ　七二頁参照。

「六八年の思想」と呼ばれるのは、それが六八年の五月革命における若者たちの異議申し立ての理論的基礎を提供したからであるし、さらにはこの時期における知の転換を体現していたからでもある。

彼らの思想が社会の現状批判であり、異議申し立ての思想であったことは間違いない。しかしながら、その果たした役割は両義的である。彼らは普遍的な真理や、自律的な主体といった表象を根源的に批判したが、そのことは従来の左翼の社会批判からその理論的根拠を奪い、政治的抵抗の可能性を脆弱にしてしまったからである。彼らの議論の結果、史的唯物論や階級主体といった、これまで左翼にとって最も重要であった枠組みは懐疑の目にさらされることになった。さらに抵抗の主体についても、権力に抵抗するはずの主体自体が、実は権力によって構成されていると論じたことから、いわば一種の理論的隘路に陥ってしまったのである。もちろん、これを彼らの思想の責任と言うわけにはいかない。むしろ伝統的な左翼理論を支えた知のパラダイムが、この時期ポスト産業化社会への突入とともに、音をたてて崩壊しつつあったと言うべきであろう。フーコーらはむしろ、そのような変化を明らかにするとともに、それに代わる新たな抵抗の主体を模索しようとしたと言ってよい。とはいえ、彼らの議論は、伝統的な左翼的言説にとどめをさしたことには変わりない[11]。

いずれにせよ、一九七〇年代以降、彼らの知的名声はいよいよ高まり、彼ら自身積極的に左翼的な政治・社会運動に関与していったにもかかわらず、マルクス主義をはじめとする伝統的左翼の立場は次第に劣勢に追い込まれていった。もちろん、一九八一年にはミッテランが大統領に当選し、二期一四年にわたって政権を担当した。また、一九八九年にはフランス革命二〇〇周年をめぐって、様々な事業や知的活動が活発化したのも事実である。しかしながら、これをもって左翼の勝利とは言いがた

(11) 日本において彼らの思想が及ぼした影響もまた、両義的である。フランスにおいて彼らが「西洋形而上学」批判を試みたことは、そのような形而上学によって自己を武装し、普遍性を独占的に主張するフランス共和国への批判にもつながっていた。これに対し日本においては、国家権力がそもそも形而上学的な、普遍的な原理によって自己正当化を試みることがない。したがって、「脱構築」の試みはどこかしら空振りの気味があり、むしろ日本的な権力の戦略と同調してしまいかねない側面さえある。

い。むしろ社会党が政権につくことで、左翼内部の矛盾はよりあからさまに露呈することにもなったからである。ミッテラン政権は発足早々に企業国営化の政策を放棄し、私企業のイニシアティヴを重視する政策へと転換していったし、革命関連事業は、むしろ革命評価をめぐる歴史家の間に激しい論争を生み出した。

　フランス革命研究においてはすでに、*アルベール・ソブールを中心とする、*アルフォンス・オラール以来の伝統的な革命史学に対する批判の声があがっていた。すなわち、フランス革命を反封建的ブルジョワ革命と位置づけ、ジャコバン独裁を含めてこれを歴史の必然的発展としてとらえる正統派の革命観に対し、*フランソワ・フュレが敢然と異を唱え「修正主義」と呼ばれるに至っていた。フュレは『フランス革命を考える』において、トクヴィルや*オギュスタン・コシャンに依拠しつつ、ブルジョワ化は革命前にすでに長く続いていた過程であること、革命という現象を説明するにはむしろ政治的言説のメカニズムに着目しなければならないことを強調した［Furet 1978］。フュレはさらに、フランス革命の延長線上にロシア革命を捉え、その系譜の内に自己の精神的つながりを求めようとしてきた左翼知識人のあり方を批判した[12]。その結果、彼の研究は、これまで否定的に取り扱われた自由主義的な諸価値の再評価にも道を開いた。このようなフュレを先頭とする新しい世代の歴史家の登場により、革命史研究は一変し、彼に導かれた新しい知識人は、「フュレの銀河」とさえ呼ばれるまでの力を持つに至ったのである。

　しかしながら、左の劣勢は右の優勢を必ずしも意味しない。フランス第五共和政の保守の中核にあったのはド・ゴール派であるが、ド・ゴール派は次第に単なる現状維持派となり、新たな知的・政

(12)　フュレのフランス革命研究については、［松本 1991a］を参照。

アルベール・ソブール
(Albert Soboul 1914-82)
　パリ大学（ソルボンヌ）の革命史講座教授として活躍、フランス革命史研究の正統派の代表的人物となる。民衆運動としてフランス革命を見直す視点から、とくにサン＝キュロット層の分析で業績をあげた。

アルフォンス・オラール
(Alphonse Aulard 1849-1928)
　パリ大学（ソルボンヌ）の歴史学教授として、フランス革命史研究の基礎を築いた。主著に『フランス革命の政治史』（一九〇一）がある。

フランソワ・フュレ
(François Furet 1927-97)
　オラール以来の正統派フランス革命史研究に対し異

治的展望を打ち出す力を失っていった。かつてド・ゴール周辺にはアンドレ・マルローやレイモン・アロンらの知識人がいて、右派独自の知的ダイナミズムを持っていた。それにもかかわらず、その後ド・ゴール派に有力知識人は現われず、その知的貧困さは次第に明らかになった。

左翼の劣勢と右派の停滞は、次第に伝統的左翼や右派と一線を画した、新たな知の再結集の場への欲求を生み出していった。八〇年代以降、政治哲学が異なる思想的・理論的系譜を持つ様々な知識人が議論を交わす場として浮上してきたのは、まさにこの要請に応えるものであったと言える。もちろん、そこに参加した知識人の間に政治的方向性の一致が見られたわけではない。むしろその正反対であった。にもかかわらず、かつては左右の激しい対立図式の中、論争や対話が考えられなかった諸知識人が、今日同じ土俵に立って議論を進めていることが重要なのである。彼らは、デモクラシー、人権と市民権、欧州統合、そして新しい差別や排外主義をめぐって、活発な論争を繰り広げている。

政治哲学者の諸グループ

以上を前提にした上で、今日の政治哲学者をいくつかのグループに分けることが可能である。

第一のグループは、左翼的な系譜を継ぐ政治哲学者である。アルチュセール派の若き俊英であったエチエンヌ・バリバール*は、今日欧州統合やレイシズムの問題に積極的に関与する代表的な政治哲学者となっている。ハイデガーの哲学をラディカルに読み直し、共同体や政治的なるものをめぐって新しい展望を打ち立てつつあるジャン=リュック・ナンシー*も重要である。またイタリア人であるが、

を唱え、フランス革命研究の新しい潮流を生み出した。共和派やマルクス主義の歴史学が、フランス革命を反封建ブルジョワ革命と規定するのに対し、フランス革命を一つの事件ではなく複合的なものとして捉え、とくにサロン、秘密結社、思想結社などの果たした役割に注目した。主著に『フランス革命を考える』（一九七八）がある。

オギュスタン・コシャン (Augustin Cochin 1876-1916)

フランスの歴史家。長らく忘れられた存在であったが、フランソワ・フュレによって再評価される。フランス革命研究、とくにジャコバン主義の研究で知られ、主著に、思想結社の役割を強調した『ブルターニュ地方における思想結社と大革命』（一九二六、死後出版）がある。

バリバールらフランスの知識人と密接な関係を持つアントニオ・ネグリ*もまた、現代フランスの政治哲学の重要な一翼を担っていると言えるだろう。彼の著書『構成的権力』は、ドゥルーズを通じてスピノザの思想の大胆な読み変えを進めるネグリの、新しい政治思想史と呼ぶこともできる［Negri 1997］。

第二のグループは、ソルボンヌ系の「哲学教師」たちである。すでに名前があがったフェリーや、その盟友アラン・ルノー*らがその代表である。彼らは元来政治的というよりアカデミックな哲学授業にこそ活躍の舞台を求めてきたという意味で、ここまで論じてきた他の知識人とは異なっている。彼らは、自らを講壇哲学者であると規定し、哲学史を教えているに過ぎないという批判すら甘受している。しかし、そこに彼らの政治性があるとも言える。すなわち、彼らが哲学教育の再確立を通じて目指しているのは、「六八年の思想」によって攻撃されたものの復権なのである。すなわち《近代》、《主体性》、《理性》といった理念の再建こそが彼らの目標であり、カントを頂点とする近代合理主義的な哲学の伝統の再確立こそ、彼らの目指すところである。彼らはこのような視点から、「六八年の思想」への批判を試みている。彼らにとっての課題は、西洋形而上学や大学という知の制度に対する異議申し立てではない。むしろ近代の正当性を肯定し、それを継承発展することこそが重要である。彼らの共和主義論もまた、同様の視点に基づいている。(13) 逆に彼らが攻撃目標とするのが、ニーチェの思想である。彼らにとって、ニーチェのニヒリズムこそ、近代合理主義の哲学を脅かした元凶にほかならないからである。

第三のグループは社会科学高等研究院（ＥＨＥＳＳ）に拠るグループである。とくにそのレイモ

(13)　彼らの共和主義論については、第八章を参照。

エチエンヌ・バリバール
一四〇頁参照。

ジャン＝リュック・ナンシー
七一頁参照。

アントニオ・ネグリ
一一八頁参照。

アラン・ルノー
(Alain Renaut 1948-)
カーン大学で哲学を講じ、現在はパリ第四大学（ソルボンヌ）教授。リュック・フェリーとの共著のほかに、『個人の時代』（一九八九）、『サルトル、最後の哲学者』（一九九三）などの著作で知られる。

ン・アロン政治研究センターは、その名が示す通り、非マルクス主義系の政治哲学研究の結集の場となっている。創設者はすでに名前のあがったフランス革命史家フュレであり、そのメンバーにはカストリアディスやルフォールがいた。このグループは前の二グループと比べ内部の同一性は低い。むしろフランス革命研究を中心とする、歴史的な視座からの新しい政治研究、自由主義の知的伝統の再評価、デモクラシー理論の新しい展望、といった関心を最大公約数とする、多様な潮流の結集である。現在の代表的なメンバーは、ピエール・ロザンヴァロン*、マルセル・ゴーシェ*、ピエール・マナン*らである。同センターの開設には、第二のグループのフェリーやルノーも加わっていたが、現在両グループの隔たりはより明らかになり、活動も別個になされているようである。

このように、フランス革命を起点とする歴史のダイナミズムは、今日再編の時期を迎えている。フランス革命の正・負の遺産を消化するには二世紀を要した。この二世紀を経て、今あらためて新しい知と政治の方向性が模索されつつある。以下、第二部で個別の論点に即して、模索のありようを確認していくことにしたい。

ピエール・ロザンヴァロン　二一二頁参照。
マルセル・ゴーシェ　八八頁参照。
ピエール・マナン　七七頁参照。

第二部　諸概念の検討

第三章 「政治」から「政治的なるもの」へ

政治哲学と政治科学

本書ではここまで、政治哲学が政治学全体の中で、いったいどのような位置を占めているのかとくに説明してこなかった。しかしながら、この政治哲学というディシプリンの存在それ自体に、実は論争の焦点がある。政治哲学はしばしば政治科学あるいは科学一般と対比して用いられるが、それでは政治哲学は非科学的な営みなのであろうか。また哲学と科学とはいかなる関係に立つのだろうか[1]。

この問いにアプローチするにあたって、本章ではむしろ政治の概念に注目したい。というのも、少なくとも近代の科学にとっては、明解な方法論とともに、対象となる一定の領域の存在が重要な意味を持つからである。すなわち、政治科学の成立にとって、「政治」という領域が、経済、法律、道徳、宗教、その他の領域と画然と区別されることが必要であった。「政治」なる観察可能な一定領域が、他の領域とは明確に区別されるように画定されてはじめて、その領域を対象とする科学も成立する。固有の対象領域に一定の方法論を適用することで、何らかの法則性を発見することが、科学の営みにほかならないからである。

(1) ちなみに、フランス語においては政治哲学を政治科学と対比するのが一般的であるが、アメリカで対比されるのは、政治理論(political theory)と政治科学(political science)である。二つの対比は完全には一致しないが、ここではその違いをとくに論じないで、ほぼ同様のものと見なして論じる。

しかしながら、問題は、はたして「政治」とは本当に、社会の中の他の領域と区別される一定の領域なのだろうかという点にある。実を言えば、現代フランスの政治哲学の復活は、まさに「政治」を社会の一定領域であるとして疑わない通念に対する異議申し立てから始まった [Lefort 1986: 19-20, 邦訳 41-42]。政治学は、自らの学の対象を社会の一領域としての「政治」に限定することで、何かを失ってしまうのではなかろうか。この問いかけこそが、政治哲学の再出発点となったのである。

しばしば、「政治」の領域とは、公的と私的、あるいは国家と社会という二分法とも関連しつつ、政治家、政党、官僚、利益集団などが活動する領域とされる。しかし、そもそも政治、経済、法律、道徳、宗教、その他の領域区分は、はたして非歴史的に妥当する自明なものだろうか。振り返れば、国家を他の諸存在と明確に分離し、国家と人間存在の有機的全体を結びつけていた糸を切断したのは、ニッコロ・マキアヴェリであった。その時はじめて、「政治」を宗教や道徳から独立した自立的領域であると見なす視座が生まれたのである。逆にいえば、それ以前には、「政治」を他の領域とは画然と区別される独立領域であると見なすことは、けっして自明でも当然でもなかったということである。しかしながら、「政治」と「宗教」の分離は容易なことではなかった。信仰は個人の良心の問題であり、政治権力は個人の内面に立ち入らないという原則が確立するに至るまでには、長い宗教戦争を経験しなければならなかったし、最終的に政教分離原則が確認されるには、フランス革命を経てなお一世紀以上の時間が必要であった。他方で、資本主義経済の発展に伴い、財と貨幣の交換によって織り成される諸関係が、他の人間的諸活動から独立し自立した活動として捉えられるようになったとき、はじめて「経済」が一つの領域として認識された。それは一八世紀になってのことであり、そのように認識されてはじめて「政治」と「経済」との対抗関係も意識されるようになったのである。

したがって、これら諸領域の分化は歴史的な産物にほかならない。この分化は近代西欧社会の創造物であり、歴史と文化を越えていかなる社会にも当然に前提できるものではない。また、このような分化は実体として存在するというよりもむしろ、そのように社会を分節化して見ようとする視座の生み出したものと言える。すなわち、「社会」と名づけられた空間への準拠をひそかに前提とし、その中に政治、経済、法律、道徳、宗教その他の諸領域を、用語を措定して分節化しようとする視座の産物である。西洋近代の一つの特徴は、このような視座を生み出したことにあると言えよう。しかし、そのような視座を要請したのは、西欧近代のいかなる原理だったのだろうか。このような問いこそが、「政治」概念の問い直しの出発点にあった。したがって、「政治」という領域の自明性の上に科学を打ち立てようとする「政治科学」に対して、むしろ社会の根源的な分節化のあり方、そして近代の歴史を全体的に規定するものを問い直そうとする知的営みとして、「政治哲学」を理解することができるだろう。

「政治」と「政治的なるもの」

ところで、興味深いことに、フランス語においては、通常「政治」は女性名詞（la politique）として用いられるのだが、これと区別して男性名詞（le politique）が用いられることがある。そこで、本書では、男性名詞の方を「政治的なるもの」と訳して、女性名詞の「政治」と区別することにしたい。

というのも、本書で扱う多くの政治哲学者たちは、両者をあえて区別して論じているからである。

それでは、彼らはなぜそのようなややこしい区別をするのだろうか。このこともまた、社会の一領域を指すものとして用いられる「政治」という概念の問題性とかかわっている。およそ政治を語るにあたって、対象を社会の中の特定領域としての「政治」に限定しないために要請されるのが、「政治的なるもの」なのである。「政治」という概念からは滑り落ちる、何か本質的なものがある。そのような思いこそが「政治的なるもの」という概念に託されているのである。

もちろん、すべての政治哲学者が同じ意味で「政治的なるもの」を用いているとは限らない。「政治的なるもの」とは戦略的に用いられる概念であり、各々の政治哲学者により、その戦略性に違いがある以上、その定義に違いが生じるのはやむをえない。しかしながら、そのような違いにもかかわらず、何かしら共通の要素を見て取れるのもまた、確かなのである。

というのも、「政治」に収斂しない何かがあるという洞察には、歴史的な根拠があるからである。言うまでもなく、「政治」という語の起源にあるのは古代ギリシアの都市国家《ポリス》である。それでは、ポリスとは何を意味したか。アリストテレスが『政治学』で指摘しているように、ポリスとは家《オイコス》をはじめとするあらゆる二次的な諸団体を包括する至上の組織、いわば全体組織にほかならなかった［『政治学』1252a］。したがって、ポリスとは全体的、包括的なものを意味する。ところが、すでに触れたように、近代の科学が要請する「政治」とは、社会の中の一領域に過ぎない。このことと関連して、古代ギリシアの政治学がきわめて総合性・包括性を志向するのに対し、近代の政治学の方法論は、ホッブズに明らかなように非常に分析的である。この違いこそが、「政治」と区別される「政治的なるもの」の概念を要請するのである。

クロード・ルフォール

ここで、現代フランスの政治哲学者のうち、「政治的なるもの」についての思考を発展させるにあたって指導的な役割を果たした、*クロード・ルフォールの議論を紹介したい。ルフォールは、前章で触れたように、*コルネリュウス・カストリアディスや*エドガール・モランらとともに、「社会主義か野蛮か」のグループの一員であった。国際派共産党から離脱して結成されたこの集団の一つの特徴は、マルクス主義の革命論を継承しつつ、やがてはマルクス主義の枠組みすら乗り越えて独自の哲学、社会理論を形成した点にある。たしかに、ルフォール、カストリアディス、モランはいずれもマルクス主義者として出発し、やがてマルクス主義の批判者となっていった。しかしながら、それは彼らの転向を意味するのではない。というのも、彼らにとってのマルクス主義とは「世界を変革することを目指す哲学」のことだったからである。彼らは教条的なマルクス主義の聖典化ではなく、むしろ世界の変革という課題を継承するがゆえに、きわめて早い時期からスターリニズムや官僚制など、ソ連社会の批判を開始したのである(2)。その際に彼らは、単に「マルクスに帰れ」と主張するのではなく、マルクスすらも批判しつつ、より広い人間学的基礎の上に、変革の哲学、変革の政治学を打ち立てようとした。この目的のために、カストリアディスは広く哲学、数学、物理学を渉猟し、社会の自己創出、すなわち社会を根源的なレベルで創設する機能を持つ想像力の重要性を強調し、モランはマルクスと

(2) カストリアディスによるマルクス主義批判の書としては、[Castoriadis 1975:I] を参照。

クロード・ルフォール
(Claude Lefort 1924-2010)
カストリアディス、モランらと「社会主義か野蛮か」のグループを結成。グループの解散後も、全体主義とデモクラシーについて、独自の考察を行う。社会科学高等研究院教授をつとめ、フランソワ・フュレとともにレイモン・アロン政治研究センター創設において主導的役割をはたした。主著に『デモクラシーの創造』(一九八一)、『政治的なるものについての試論』(一九八六)などがある。

コルネリュウス・カストリアディス
一八頁参照。

フロイトの総合を目指し、「人類政治学」を提唱するに至った(3)。

これに対し、ルフォールは、マルクス主義と*メルロ=ポンティの現象学の独特な結合を実現した(4)。彼はメルロ=ポンティの弟子であると同時に友人でもあり、その遺稿の管理を委ねられるほど身近な立場にあった。したがって、ルフォールの独特な理論的個性は、マルクスとメルロ=ポンティという、およそ異質な二人の思想家から学びえたものを、彼独自の形で結合したことに由来している。

それでは、どのような形で、マルクスとメルロ=ポンティが結びつけられるのだろうか。ルフォールがマルクスから学んだのは、『ルイ・ボナパルトのブリュメール一八日』の、「人間は自分自身の歴史を創るが、しかし、自発的に、自分で選んだ状況の下で歴史を創るのではなく、すぐ目の前にある、与えられた、過去から受け渡された状況の下でそうする」[Marx 1852:96-97, 邦訳 7]という有名な一節によく示されている。人間は自分自身の歴史を作る。したがって、歴史の創造者は、人間を越えた超越的な存在ではない。人類の歴史には、いかなる超越的な力の介入もありえず、また奇跡も起こらない。

問題は、人間がその歴史を作るのはつねにその所与の状況においてである、という点にある。メルロ=ポンティの弟子たるルフォールは、この所与の状況を科学主義的な決定論としてではなく、むしろ現象学的な視座から理解しようとする。すなわち、所与の状況とは、意識の外部に客観的に実在するものではない。かといって、もちろん、意識の中にしか存在しないものでもない。意識でも対象的事実でもない生の根源的な両義的存在を探ろうとする現象学にとって、人間は他の存在と異なり、世界内に実存する存在として捉えられる。人間は他の動物と異なり、世界および自分自身と関係を持ち、

(3)　モランについては残念ながら本書では取り上げることができなかった。彼には、多数の社会学研究があるが、政治哲学的にも、[Morin 1965] が重要である。また自伝があり、その学の形成を知るのに有効である [Morin 1994]。

(4)　ルフォールについては、[Poltier 1997] の解説が簡潔にして適切である。

エドガール・モラン (Edgar Morin 1921-)

カストリアディス、ルフォールらと「社会主義か野蛮か」のグループを結成し、グループの解散後も、社会学者、映画評論家として活躍した。主著に『ドイツ零年』(一九四六)、『政治的人間』(一九六五)、『オルレアンのうわさ』(一九七三) などがある。

その限りにおいて自由になりうる存在である。したがって、社会についても、それ自体として理解することはできず、あくまでその社会を社会たらしめている内的な原理、すなわち、その社会の内部で人間と人間、人間と世界との関係を規定している原理を探らなければならない。その当事者たちによっては必ずしも明確に認識されていないが、実はその社会における共存の形式を支えている原理、これこそが変革を目指す政治学にとって探究すべき原理である。

ルフォールの探究において、最初の導きとなったのが、マルセル・モース*の『贈与論』であった。政治、経済、道徳その他の領域が明確に区分されず不可分な形で融合している部族社会において、秩序を構成し、人間の共存の形式を規定しているのは、贈与が生み出す互酬的な交換システムである。ポトラッチ*やクラ交易*に見られるように、贈与は、人間や集団相互の義務を定め、平和を維持するにあたって大きな役割を果たしている。モースはこの交換システムを単なる経済ではなく、政治的・法的・宗教的・道徳的意味を持つ「全体的社会事実」であるとした［Mauss 1968］。このモースの「全体的社会事実」から、ルフォールは、ある社会をそうあらしめる内的な原理、ある社会と他の社会との違いを生み出す根源的な要因の探究という視座を獲得したのである。

このようなルフォールにさらなる示唆を与えたのが、同じく文化人類学者のピエール・クラストル*であった。クラストルは『国家に抗する社会』において、南米原住民の諸部族の研究を通じて、それまで西欧によって歴史を持たない停滞社会として捉えられていた未開社会を、むしろ「国家なき社会」、あるいは「国家に抗する社会」として捉え返した［Clastres 1974］。クラストルによれば、これらの社会において、首長は（平時においては）強制力を持たず、むしろ財を惜しまず与える気前のよ

モーリス・メルロ＝ポンティ
(Maurice Merleau-Ponty 1908-61)
フランスの哲学者。後期フッサールの生活世界に注目する現象学を継承し、身体や知覚の問題へと発展させた。サルトルらと『レ・タン・モデルヌ』を編集するが、後に共産主義評価をめぐって対立し、袂をわかつ。主著に『知覚の現象学』（一九四五）などがある。

マルセル・モース
(Marcel Mauss 1872-1950)
エミール・デュルケムの甥であり、『社会学年報』の編集を行い、コレージュ・ド・フランス教授をつとめるなど、デュルケム学派の社会学、人類学の発展に大きな貢献をはたした。とくに『贈与論』（一九二五）では、様々な社会における贈与が、道徳的観念に基づく互酬的交換であることを明らかにした。この

さと、弁舌の才によって、その地位を保つ。しかしながら、このことは政治権力の未成熟を意味するのではなく、むしろ国家権力の出現を阻止し、強制と服従以外の原理によって維持される社会の存在を示している。したがって、命令‐服従の関係こそが政治権力の本質であると見なし、それゆえに政治権力抜きに社会を思考することができないということにこそ、長く西欧の思考の躓きの石となった自民族中心主義があったとクラストルは批判する。

それでは、「国家に抗する社会」から国家のある社会へ、あるいは非強制力から強制力による社会の移行は、どのようにして生じたのだろうか。ここでクラストルは、マルクス主義に異を唱える。たしかに社会的諸力の間の闘争抜きに、強制力としての政治権力は理解できない。しかしながら、それは社会的諸力が闘争する社会においてのみ有効な理解である。闘争なき社会、「国家に抗する社会」においては、それは当てはまらない。だとしたら、「国家に抗する社会」から国家のある社会への決定的移行は、マルクス主義では説明できない。階級対立はすべての社会を説明する第一原理ではないのである。むしろその背後に、階級対立をも生み出す、より根源的な変化がある。階級対立は原因ではなく、むしろ結果であるとクラストルは説く。そのうえでクラストルは、政治権力は社会の差異化、分化を前提するというデュルケムの考えを逆転し、むしろ根源的なのは政治権力であり、政治権力こそが、社会における絶対的な差異を構成しているのではないか、と問うのである。

贈与の互酬性の運動によって維持される「国家に抗する社会」において、首長の権力はこの互酬性から成るシステムの外部に排除されている。したがって、首長の無力さは、社会が政治機能を集団の外部に排除していることに由来する。これに対し、社会の内部に強制的な権力が生じたとき、すなわ

「贈与」の概念は社会学・人類学にとどまらず広く知的影響を及ぼし続けている。

ポトラッチ
アメリカ大陸北西部のネイティヴ・アメリカ諸族の間の贈与慣行。婚姻や葬儀などの儀礼的機会に、主催者は物惜しみせずに招待客に品物を贈らねばならず、招待客の方はこれによって後日、それ以上の規模の祭宴を催す義務を負うことになる。このように、贈与の意味は、自らの富を誇示し、競争者を打ち負かすことにある。

クラ交易
メラネシア人の行う儀礼的交換。島々の間で貝の首飾りや腕輪を数年かけて交換しあい、この交換を通じて地域間の友好関係を確認し、連帯と協力の関係を維持する。

ピエール・クラストル
(Pierre Clastres 1934-77)

ち社会の内部に、力を保持するものと、この力に服従するものとの間の政治的断絶が生じたとき、国家が生成し、階級も出現する。したがって、マルクス主義的な、階級闘争こそが政治権力を規定するというのは倒錯であり、階級を生み出した根源的な政治的断絶の出現を生産関係の変化によって説明しようとするのは徒労である。クラストルは、その意味で「政治的なるもの」こそが下部構造であり、経済の領域はむしろ上部構造であると主張するのである。

このようなクラストルの議論に関心を持ったルフォールは、クラストルが文化人類学的研究を進めるのと並行するように、独自のマキアヴェリ論を展開した。この時期ルフォールもまた、ソ連での現実についての考察から、支配という現象は経済的な諸対立によってのみでは説明し切れないと考えるようになっていた。その意味で、ルフォールはまず、ウェーバーの「エートス」*や「資本主義の精神」についての議論に注目する。しかしながら、ルフォールの見るところ、ウェーバー的な「エートス」論では、一つの社会の構成員に共有される価値観が強調される結果、社会内部における対立の問題にうまく光を与えられない。したがって、社会の内部には対立があり、それにもかかわらず一定の価値的方向性が共有されていることを説明する別の枠組みが必要となる。そのような視点からルフォールが関心を持つようになったのが、マキアヴェリであった。

パリ（ソルボンヌ）大学で哲学を学び、後に南アメリカ民俗学をフィールドとする政治人類学研究の道へと進む。ルフォールらとともに『リーブル』誌創刊に参加した。自動車事故で急死したが、その理論はジル・ドゥルーズ、フェリックス・ガタリの「戦争機械」にも影響を与えた。

「エートス」
本来ギリシア語で「性格」を意味する言葉であるが、ウェーバーによってその社会学の中枢に据えられた。ある集団や社会層によって無自覚に共有されて、その思考を規制するものを指す。集団的心性、精神構造、人間類型概念などの訳語がある。

マキアヴェリと「政治的なるもの」の発見

大著『マキアヴェリ論』におけるルフォールのマキアヴェリ論の関心は、『君主論』だけではなく、

『リヴィウス論』*にも向けられる［Lefort 1972］。マキアヴェリはこの本の中で、古代ローマにおける貴族と平民の対立がむしろローマの対外発展の原動力になったとしている。対立は社会を分解させるとは限らないのである。このマキアヴェリの議論から、ルフォールは、社会の中の対立を除去することは不可能であり、むしろその対立こそが、社会を構成し、その政治的諸関係を規定する主要因であるという示唆を受け取った。

それでは、なぜ対立があるにもかかわらず、その社会は解体しないのであろうか。それは、対立する諸力がいずれも同一の空間に所属しているからである。だとしたら、この同一空間それ自体は、何によって支えられているのであろうか。それは様々な社会の構成要因の分化と分節化を規定し、対立のあり方を導き、そしてそのことを通じて社会に形を与える原理によってである。ルフォールが「政治的なるもの」と呼ぶのは、この原理のことなのである。その意味で、あらゆる社会は「政治的に」構成されている。各々の社会は、各々の仕方で、自らを分化させ分節化し、対立を処理しているが、その仕方こそが「政治的なるもの」だからである。「政治的なるもの」は分裂を通じて統合を実現する。

このようなルフォールの議論はけっしてとっぴなものではない。例えばカール・シュミット*の『政治的なるものの概念』を思い起してみれば、そこでシュミットは、友と敵の区別を規定するものこそを「政治的なるもの」と呼んでいる。すなわち各々の社会によって、また時代によって、その社会を真に分断し、友‐敵関係を決定する要因は異なっている。例えば宗教内乱の時代なら宗教、経済的な競争の時代なら経済、というように、友‐敵関係は様々な要因によって決定されるが、いずれの時代

『リヴィウス論』
　マキアヴェリの著作で、正確には『ティトス・リヴィウスの最初の一〇巻についての論考』という。『ローマ史論』、『ディスコルシ』などとも呼ばれる。ローマの歴史家リヴィウスの『歴史』について論じたもので、マキアヴェリの共和政に対する強い関心が現われている。

カール・シュミット
(Carl Schmitt 1888-1985)
　ドイツの政治学者、公法学者。ワイマール体制を批判し、大統領の強固なリーダーシップを主張した。そのために自由主義的な議会主義を批判し、例外状態において決定を行う主権の役割を重視した。著作に『政治的ロマン主義』(一九一九)、『独裁論』(一九二一)、『政治神学』(一九二二)、『現代議会主義の精神史的地位』(一九二三)、『政治的なるものの概念』(一九

のいずれの社会にも友‐敵関係がある。だとするならば、それを規定しているものこそが「政治的なるもの」にほかならない［Schmitt 1932］。ルフォールの「政治的なるもの」の理解に、このようなシュミットの議論の影響を見いだすことは不可能でない。

ルフォールの固有の意義は、「政治的なるもの」について、さらに一歩考察を進めたことにある。彼によれば、社会は自らが一体であるという象徴の表象を必要とする。ある社会は自らの構成原理、自らに形を与え秩序を与える原理を必要とするが、そのためには象徴の助けを必要とするからである。この象徴の助けなしに、ある社会は自らを理解することはできないし、人と人の共存の形式も定義されえない。このような、ある一つの社会の自己解釈を支える象徴の不可視の影響力こそ、権力の本質であるとルフォールは説く。象徴であるがゆえに、そのような権力は、特定の個人、集団、階級が自由に操作できる手段ではなく、対立の当事者とは離れたところに位置している。権力は、ある意味で社会の「外部」にあって、その社会の自己解釈の再帰的機能を実現している。そのような「外部」をルフォールは、「権力の場」と呼ぶ(5)。逆に言えば、ある社会が統合され、人々の共存が可能になっているのは、人々が同一の権力の表象に属しているからである。この「権力の場」の分析こそが、ルフォールのデモクラシー論と全体主義論の中核を占めるのであるが、それについてはあらためて次の章で検討することにしたい。

まとめると、このような象徴の表象作用、すなわち権力によって、社会は自らの形成原理を得るが、いわば、そのようにして得られた「社会のかたち」こそが、「政治的なるもの」なのである。ルフォールにとっての政治哲学とは、この「政治的なるもの」を探ることにほかならない。これに対し、

二七)、『憲法理論』(一九二八)などがある。

(5) この言葉は、元々はヴァルター・ベンヤミンの'Kraftfeld'に由来すると考えられる。同じくベンヤミンに示唆を受けた研究として、マーティン・ジェイの『力の場』(一九九三)がある。

政治科学は、社会の中の一領域としての「政治」を対象とする。政治科学は、社会の一領域を扱う実証科学の一部門であるが、すでに触れたように、政治と非政治の区別、あるいは政治、経済、法律、宗教、道徳といった区別そのものが、実は近代社会の産物なのである。このような諸領域の分化こそが近代社会の構成原理であるとすれば、この原理そのものを問うには、政治科学はふさわしくない。それは政治哲学の任務である。なぜなら、「政治」と違って、社会の中の一定の領域に位置づけすることができない「政治的なるもの」を探る政治哲学こそ、「社会のかたち」を問題とするからである。

このような「政治的なるもの」は、すでに述べたように、特定の個人や集団あるいは階級が自由に操作できる対象ではない。しかしながら、ある社会が変革されるときには必ずこの働きのあり方の変更を伴っている。そうだとすれば、革命的主体とは、その変化の象徴を体現するものにほかならない。

とはいえ、どうすれば、そのような象徴の意味を解読することができるのか、という問題は残る。政治科学においては、「政治」という領域を客観的に観察できる中立的な視点の存在が前提とされる。これに対し、政治哲学が理解しようと試みる「政治的なるもの」とは、社会の自己解釈であり、その象徴の外部の視点に立つことは誰にもできない。この難問に対し、ルフォールは、そのような「政治的なるもの」が、ある社会をそれとは別の社会と比較することによってのみ理解可能となることを示唆する。この点についても、次章で触れることにしたい。

ポストモダンと「政治的なるもの」

このように、ルフォールはマルクス主義から出発し、やがてそこに欠落している視点として政治権力の根源性を指摘した。また、政治科学が対象とするような、社会の一領域としての「政治」に対して、「政治的なるもの」を問題とした。このようなルフォールの議論は、以後の「政治的なるもの」をめぐる議論に大きな刻印を残すこととなった(6)。

実際、前章で検討したように、現代における政治哲学の復活の大きな背景には、マルクス主義の、さらに一般化すれば、フランス革命以来の、社会改革やユートピア主義といった革命の「幻想の終焉」(フランソワ・フュレ*)がある[Furet 1995]。それと同時に、「合理性」や「近代」といった概念を軸に構想された歴史哲学の動揺の結果生じた、未来についての不確かさ、および現在についての不透明さも大きくかかわっている。

このことと関連して、いわゆる「ポストモダン」と総称される新しい思想的動向においても、「政治的なるもの」という概念は、一つのキーワードになっている。その場合も、従来「政治」の領域とされた場所以外に、実は「政治的なるもの」があるのではないか、という問いこそが議論を主導している。このことは第五章で扱う権力論ともかかわってくるであろう。

このような関心は、ルフォールの議論とも連続している。というのも、ルフォールは、社会の中で分節化を司り、人間と人間、人間と世界との関係を意味づけることによって、社会の自己解釈を支える機能を果たす象徴の表象作用の中に、「政治的なるもの」を見いだしたからである。そのような視

(6) もちろん現代フランスにおける、あらゆる「政治」と「政治的なるもの」の区別がルフォールに由来するものであるというわけではない。しかしながら、「政治的なるもの」を最も早い時期に明確に理論化したのが、元々マルクス主義者であったルフォールであるというのは、興味深い事実である。

フランソワ・フュレ
五三頁参照。

点からすれば、性、ジェンダー、人々の振る舞いや言語の中に、人間と人間を分節化し秩序づける象徴の作用を見て取ることは、きわめて自然であると言える。

とはいえ、このような「政治的なるもの」の拡大解釈の結果、家族、学校、職場等、社会の至るところが政治的な意味に覆われ、一切合切が「政治的なるもの」に取り込まれることにもなったことは否定できない。しかしながら、あらゆるものが「政治的」になるということは、逆に言えば、どこにも固有な意味での「政治的なもの」はない、ということをも意味している。このような逆説的な事態を受け、今日議論は再び「政治的なるもの」の概念を問い直す方向に向かっているように思われる。

そのような模索において、最もラディカルな議論を展開している思想家として、ここではジャン=リュック・ナンシー*に触れておきたい。この方面におけるナンシーの仕事の主題をあえて一言で表現すれば、共産主義（communisme）の終焉後において、いかに共同性（communauté）を考えるか、ということに尽きる。共産主義という日本語の訳語においては必ずしも明らかではないが、コミュニスムとは本来、文字通り共同体についての思考・運動を意味する。ナンシーはコミュニスムを広く、西欧における目的論的な共同体についての思考として捉えた上で、あらゆる共同体-主体、有機体論、そして「ルソー主義」の終焉後に、人々の共同性をいかに構想しうるかを問う［Nancy *et al.* 1991］。あらゆる共同体の自己目的化を排除してなお、人々はなお共同することができるのか。個の単独性が、主体化された共同の集合性のうちに吸収されることのないような共同性はありうるのか。ナンシーが「無為の共同体」と呼び、「共出現」と呼ぶものは、まさしくそのような共同性である。それは、「明かしえぬ共同体」（モーリス・ブランショ*）、「共同体なき共同体」（ジャック・デリダ*）とも通じるも

ジャン=リュック・ナンシー
(Jean-Luc Nancy 1940-)
　フィリップ・ラクー=ラバルトとともに、ユルム街の高等師範学校に「政治的なるものについての哲学研究センター」（一九八〇-一九八四）を設立。ハイデガーやバタイユの研究を通じて、独自の共同体の構想を展開している。ストラスブール大学で教鞭をとった。著書に『共同-体』（一九九二）、『無為の共同体』（一九九九）などがある。

モーリス・ブランショ
(Maurice Blanchot 1907-2003)
　現代フランスの作家、批評家。高等師範学校に学び、パリ大学（ソルボンヌ）や母校で教鞭をとった。はじめ右翼王党派の論客として世に知られるが、後に政治活動からは退く。〈死〉についての考察を展開し、その視点からラディカルにあらゆる共同性の思考を批判し

のであろう。ナンシーは人々が共同する場のことを「政治的なるもの」と呼び、ルソー的あるいはヘーゲル的な主権概念や、カール・シュミットの例外状況における決断としての主権概念とは別の仕方で、「政治的なるもの」を思考しようとするのである。

ナンシーは、ストラスブール大学での同僚、*フィリップ・ラクー＝ラバルトとともに、一九八〇年にユルム街の高等師範学校で「政治的なるものについての哲学研究センター」を発足させた。このセンターでの共同研究の成果である論文集『政治的なるものをやり直す＝再び賭ける（*Rejouer le politique*）』において、二人は、ここで問われているのが、実証的な政治科学ではなく、古代ギリシア以来の「政治的なるもの」についての思考を根本的に見直すことであり、あらゆる政治的目的論の支配に隷属することのない、人と人の社会的紐帯を探求することであるとしている［Nancy *et al.* 1981］。このセンターのもう一つの成果は、同じく論文集である『政治的なるものからの撤退＝再び線引きすること（*Le retrait du politique*）』である［Nancy *et al.* 1983］。この表題からも、彼らの意図が、二〇世紀の全体主義を生み出した「政治的なるもの」の支配から脱し、しかし非政治へと向かうのではなく、新たに「政治的なるもの」を線引きし直すことにあるのがうかがえる。

このようなナンシーらの模索は、『友愛の政治』を中心とするデリダの思索の過程とも重なっている。この本でデリダは、『政治的なるものの概念』や『パルチザンの理論』におけるカール・シュミットの「政治的なるもの」の概念を中心に、アリストテレス、ニーチェ、そして*ミシュレや*キネらフランス革命後の歴史家たちにおける「友愛＝兄弟愛（fraternité）」概念について、独自な読み直しを行っている［Derrida 1994］。デリダのねらいもまた、西洋の伝統的形而上学における、「政治的な

た。

ジャック・デリダ
（Jacques Derrida 1930-2004）
アルジェリアに生まれ、ユルム街の高等師範学校に学ぶ。現在は社会科学高等研究院教授。現象学と構造主義についての批判的読解から出発し、脱構築の哲学を展開する。初期の主著に『グラマトロジーについて』（一九六七）がある。その後文学的なテキスト分析の研究を行い、脱構築批評として世界的な影響力を持つようになる。さらに八〇年代末以降には、法、政治、倫理についての考察も目立つようになっている。

フィリップ・ラクー＝ラバルト
（Philippe Lacoue-Labarthe 1940-2007）
ストラスブール大学で教鞭をとり、同僚のジャン＝リュック・ナンシーとともに、高等師範学校に「政治

るもの」についての根本的な再解釈に向けられているのである。

《政治》

ここまでわれわれは、一方で、政治科学の対象として、社会の一領域として想定される「政治」を、他方で、人間と人間、人間と世界との関係を意味づけることによって、社会の分節化と自己解釈を支える象徴の表象作用としての「政治的なるもの」を検討してきた。しかしながら、議論はこれで終わらない。すなわち、この両者のいずれでもない政治、いわば、第三の政治概念が存在するのである。この第三の政治概念は、最もありふれ、ある意味で言えば、最も正統的であるにもかかわらず、実際にはしばしば見失われがちであった。

すでに触れたように、政治という言葉は、古代ギリシアにおける都市国家《ポリス》に由来する。その意味で、「古代ギリシア人が政治を発明した」という表現は奇異とは言えない(7)。古代ギリシア人は多くのものを発明したが、政治もまたその一つにほかならないというわけである。しかしながら、問題は、その場合の政治が、ここまで検討してきた「政治」とも「政治的なるもの」とも異なっているということである。なぜなら、社会の中の一領域としての「政治」は明らかに近代の産物であり、人間と人間、人間と世界との関係を意味づける象徴作用としての「政治的なるもの」は、いかなる時代の、いかなる社会にも存在するものであるからである。どちらも古代ギリシア人が「発明」したものとは呼びがたい。

的なるものについての哲学研究センター」（一九八〇-一九八四）を設立した。ヘルダーリンやハイデガーの読解から出発して、政治と文学、政治と哲学の関係をめぐる独自の思考を展開している。著書に『近代人の模倣』（一九八六）、『政治という虚構』（一九八八）などがある。

（7）　例えば、著名な古代ギリシア史家M・I・フィンリーの『古代世界における政治』のフランス語訳のタイトルは、『政治の発明（*L'invention de la politique*）』となっている。ちなみに、ここで、女性名詞の（la politique）が用いられていることに注意されたい。

ジュール・ミシュレ（Jules Michelet 1798-1874）　フランスの歴史家。パリに生まれ、高等師範学校、コレージュ・ド・フランスで教鞭をとった。ヴィーコそれでは、仮に古代ギリシア人が発明したとされる政治――これを《政治》と表記することにする――があるとして、それはいったいいかなるものであろうか。

もちろんギリシア以前から陰謀、利益の取引、公然また非公然たる権力闘争といったものが存在したことは間違いない。権力の巧みな運用や、制度設計・制度改革もギリシア人の発明品ではない。しかしながら、M・I・フィンリー*によれば、《政治》は前近代において希少な活動であったし、それはギリシア人の（もしくはギリシア人とローマ人の）発明にほかならなかった [Finley 1983:53]。それでは、その場合の《政治》とはいったいいかなる活動なのであろうか。

フィンリーは政治の考察において必要な区別が三つあるという。第一は、国家と国家内の他のグループの区別、第二は、決定に拘束力と強制力のある国家と、そうでない前-国家の区別、第三は、決定が一人もしくは一つの集団によってなされる国家と、議論、討論、投票によってなされる国家の区別である [Finley 1983:51-52]。だとすれば、古代ギリシア人が発明した《政治》とは、まさにこの第三の区別にいう「決定が議論、討論、投票によってなされること」にほかならない。

このような意味での《政治》について、すでに触れたカストリアディスが、さらに踏み込んだ検討をしている [Castoriadis 1996]。カストリアディスは、まず権力の巧みな運用については、中国を見ればわかるように、古代ギリシア以前にすでに発展していたとする。国家制度の改革や立法についても、モーゼやムハンマドの例に見られるように、古代ギリシアの独占物ではない。しかし、重要なのは、古代ギリシア人には逆に聖書や預言者が存在しなかったことである。古代ギリシアには、詩人もいたし、哲学者もいたし、立法者もいた。そして何より市民がいた。しかしながら、聖書や預言者は

の歴史哲学の発見と紹介、国民史の確立などの業績のほか、民衆や共和主義に忠実な政治的立場を貫いたことでも知られる。主著に『フランス革命史』全七巻（一八四七-五三）などがある。

エドガール・キネ
（Edgar Quinet 1803-75）
フランスの歴史家、小説家。ヴィクトル・クーザンの下で哲学を学び、ヘルダーの『歴史の哲学』の翻訳から出発した。リヨン大学、コレージュ・ド・フランスで教鞭をとり、とくにキリスト教と政治原理との関係に注目した歴史学を展開した。著作に『フランス史の哲学』（一八五四）、『フランス革命』（一八六五）などがある。

M・I・フィンリー
（M. I. Finley 1912-86）
古代ギリシア・ローマ史家。アメリカで学んだ後、

存在しなかったのである。

その結果、古代ギリシアにおいて、社会の既存の諸制度はけっして「聖なるもの」でも、「自然のもの」でもなく、「ノモス」、すなわち人間の作った法や慣習であると見なされた。このことが、《政治》の発明にとって非常に重大な意味を持つことになる。というのも、古代ギリシア人が発明した《政治》とは、社会の既存の諸制度をあらためて問い直すことにほかならなかったからである。諸制度の理論上の正当性の問題を提起し、そのうえで、諸制度を問い直す、熟慮された明晰な共同活動。これこそが、古代ギリシア人によって発明された《政治》であった。

このことは、同じく古代ギリシア人が生み出した哲学や歴史学の営みとも重なっている。すなわち、伝統的な、あるいは聖なるテクストの解説や解釈ではなく、伝統的な規範や表象、あるいは「真理」とされてきたものについて、それを問い直し続けることこそが、哲学の営みであった。また聖なるテクストに書かれていることはすべて真理であるとして、過去についての批判的検討を行わないのではなく、むしろ一つの出来事についての様々な資料を相対評価し、事実を探究すると同時にその因果関係を問い直すことこそ、歴史学の始まりであった。このような営みは、市民が公共の広場において公の事柄について討論する《政治》と、まったく同じ種類の活動に属する。あるいはむしろ、そのような《政治》の活動によって、はじめて可能になると言ってもいいであろう。

《政治》は、社会の既存の諸制度が問い直されるとき、はじめて生まれる。すなわち、社会の連帯や紐帯を既存のものとは別の仕方で分節化することの可能性が発見されたとき、《政治》は生まれる。「ノモス」は人間の作ったものである以上、変えることができるし、だからこそ「最善の政体」につ

アメリカとイギリスで教鞭をとり、イギリスに帰化した。著作に『オデュッセウスの世界』（一九五四）、『民主主義―古代と近代』（一九七三）、『古代世界における政治』（一九八三）などがある。

いて恒久的に討論し続けることもできる。逆に言えば、人間は個人であれ集団であれ、自由となりうるためには、「ノモス」を自分で作り出さなければならない。そのような意味で、古代ギリシア人による《政治》と哲学の発明は、「自律」の企図の出現であったとカストリアディスは説く。この場合の自律とはカント的な意味での自律とは異なっている。なぜなら、この自律とは、定言命法のように万人にあてはまる普遍的な理性の格率を定めることではなく、絶えず自己反省し続ける理性の運動のことだからである。個人と社会が、自らの過去、自らの生きる諸条件、そして自らの無意識との間に別の関係を確立し、熟慮し判断する自己を確立することが、この場合の自律にほかならない。

「政治」、「政治的なるもの」、《政治》の関係

最後に、ここまで検討してきた、「政治」、「政治的なるもの」、および《政治》の関係について、まとめておきたい。まず「政治的なるもの」は、いかなる時代の、いかなる社会にも見いだされる。社会の中での分節化を司り、人間と人間、人間と世界との関係を意味づけることによって、社会の自己解釈を支える機能を果たす象徴の表象作用なしには、いかなる社会も存続不可能だからである。「政治的なるもの」を各個人が内面化することによって、社会の営みが維持される。とはいえ、「政治的なるもの」は、社会の各構成員によって、明確に意識されているわけではない。また、ある個人、集団や階級が、自由に操作できるものでもない。

ある意味で、古代ギリシア人によって発明された《政治》とは、この「政治的なるもの」を認識し、

言語で表現し、その上で問い直そうとする活動として理解することができるだろう。もちろん、ある社会を規定する「政治的なるもの」を完全に認識し、対象化することは不可能である。したがって、《政治》による「政治的なるもの」の問題化は、つねに不完全なものにとどまる。とはいえ、これを自覚的な人間的営為として追求した点においてこそ、古代ギリシアは人類の歴史において特別な位置を占める。カストリアディスによれば、この《政治》は、古代ギリシアと、その後、はるかに大きな規模において近代西欧に現われた［Castoriadis 1990, 1996］。その意味で、現在の世界は、二度目の《政治》の出現が生み出した巨大な社会変動の渦中に、いまだあると言えるだろう。

ところで、近代西欧社会には、古代ギリシアとはまったく異なる独自の特徴がある。それは、自らの中に多元的な諸領域を見出し、それぞれを独立したシステムとして自立させようとした点である。すなわち、近代西欧社会は、たえず自らを多元化し、自らを多元的で複合的なシステムとすることによって発展してきた。ピエール・マナン*は、これを「分離の組織化」と呼んでいる［Manent 2001: 23-37］。社会の各領域を分離し、分離することによってむしろより高度な組織化を実現する。まさしく「再び結びつけるために分離し、分離するために再び結びつける」のである。分業、権力分立、政教分離、国家と社会の分離、事実と価値の峻別などは、まさに近代西欧固有の「分離の組織化」にほかならない。経済、法律、宗教、道徳といった諸領域と区別される領域としての「政治」もまた、このような近代西欧の多元化の産物であった。

現在、「分離の組織化」は、もはや西欧の独占物ではない。われわれもまた、今日社会が複数の諸領域に区分されることを疑わない。「政治」と呼ばれる領域が、他の領域とは明確に区別される形で

ピエール・マナン
(Pierre Manent 1949-)
かつてレイモン・アロンの助手をつとめ、現在は社会科学高等研究院教授。ピエール・ロザンヴァロンやマルセル・ゴーシェとともに研究年報『政治思想』の編集を担当している。著書に『近代政治学の誕生』（一九七七）、『トクヴィルとデモクラシーの本質』（一九八二）、『人間の国家』（一九九四）などがある。

存在し、政治と言う場合、まず何よりこの領域を指すものとして理解するのは、実証科学としての政治科学に限った話ではないのである。このような現代における一つの常識、あるいは臆見《ドクサ》に挑戦するため、今日「政治的なるもの」を「政治」とは別のものとして検討しようとする動きが活発になっている。今日復活しつつある政治哲学もまた、そのような動きと不可分である。しかしながら、このような「政治的なるもの」も、あくまで《政治》、すなわち社会の既存の諸制度を自覚的に問い直す営みの一環としてのみ意味を持つということを忘れてはならない。「政治的なるもの」を自覚的に問い直すことで《政治》は可能となるが、《政治》の営みが持続的に行われることで、ややもすれば自明視されがちな「政治」の領域を再検討することもまた、可能になるのである。その意味で、「政治」、「政治的なるもの」、そして《政治》の三つを、切り離すことなく探究していくことが重要である。

第四章　歴史の中のデモクラシー

歴史的現象としてのデモクラシー

現代フランスにおけるデモクラシー論の最大の特徴の一つは、デモクラシーをあくまで歴史的な現象として取り扱おうとする点にある。

デモクラシー（民主政）とは本来、王政、貴族政と並ぶ政体分類の一つであった[1]。すなわち、支配者の数が、一人、少数、あるいは多数かを基準として区分される政体の一つであり、いずれの政体が最善であるかについては、古代ギリシア以来、長い間議論がなされてきた。例えばアリストテレスは、貴族政と民主政の中庸としての「ポリテイア」こそが、実現可能な政体の中では最善であるとしているが［『政治学』1296a］、その場合、他の政体の可能性も完全に排除されるわけではなく、つねに議論は相対的な比較に開かれていた。

これに対し、近代におけるデモクラシーは——少なくとも理論的には——他の政体に対して圧倒的な優位性を確立する。例えばルソーの場合、主権のありかは具体的な政府の構成と峻別され、執行権の担い手が一人、少数、あるいは多数かという選択は残されるとしても、主権者の方は人民全体以外

(1)　本書においては、「デモクラシー」という表記を用いて、「民主政」「民主政治」「民主主義」といった訳語は基本的に用いていない。その理由は、現代において「デモクラシー」という言葉の持つ意味内容の幅広さから言って、これらの訳語のいずれも不十分であると思われるからである。

考えられない［Rousseau 1762: III, 1］。二〇世紀とは、このように理論的な優位性を確立したデモクラシーの正当性が全世界的に承認されていく過程でもあった。今日、もはやいかなる政治体制も、デモクラシーを正面から否定することは難しくなっている。

しかしながら、その結果として、デモクラシーとは何であるのか、実はよくわからないという皮肉な事態も生じている。ルソーが皮肉ったように［Rousseau 1762: III, 15］、数年に一度投票するだけで、はたしてデモクラシーと呼べるのだろうか。また二〇世紀に出現した全体主義と呼ばれる政治体制がいずれも、自らがデモクラシーの原理に反していない、あるいはそれをむしろよりよく実現していると称したことを、どう受け止めるべきなのか。

はたして、デモクラシーは、現実を捉える理念としての有効性を失ってしまったのだろうか。デモクラシーの輪郭を再びくっきりと浮かび上がらせることは、もはや不可能なのだろうか。仮にその可能性が残されているとしたら、そのためにいったい何が必要なのか。デモクラシーは、何と比較され何と対照されるべきなのか。

現代フランスの政治哲学は、デモクラシーをあくまで歴史的現象として捉えることで、この難問に立ち向かおうとしているように思われる。ちなみに、現在のフランス政治哲学研究におけるトクヴィル・ブームもこのことと無関係ではない[2]。トクヴィルをその同時代の他の思想家と隔てる最大の違いの一つは、彼が、デモクラシーを理念的な政体分類の一つとしてではなく、むしろ具体的な社会類型の一つとして理解しようとした点にあったからである。デモクラシーとは何か。それはどのようにして生まれてきたのか。その誕生の歴史的条件は何だったのか。今日デモクラシーが存続しているとし

（2）トクヴィルは、フランスにおいて一九八〇年代初頭に至るまで、ほとんど忘れられた思想家であった。「忘れられた」という表現は言い過ぎにしても、アメリカでの『アメリカのデモクラシー』の受容ぶりと比べたとき、その祖国での知名度はけっして高いものとは言えなかったのはたしかである。このような状況は一九八〇年代に一変する。この点については第八章、および［宇野 1998］を参照。

たら、その本質は何か。そしてその将来はどうなるのか。これら、いわばトクヴィル的な問いに答えることが、今日のデモクラシー論の骨格を形成しているのである。

自律とデモクラシー

ここで、前章でも検討したカストリアディス*の自律の議論に、いま一度立ち返ってみたい［Castoriadis 1996］。彼によれば、他律社会とは、すでに確立された伝統的な諸制度によって、その閉鎖的意味作用の中に封じ込められている社会のことである。その意味作用の枠内において提起されるいかなる問いに対しても、答えはすでに与えられている。したがって、その限界や正当性が問われることもない。これに対し、ある社会が、既存の諸制度を神聖視することなく問題化できるようになり、その結果、今ある諸制度を変更し、自らを変革していくことが可能になったとき、その社会は自律したことになる。ある社会が自らの置かれている諸条件を問い直すことができることを《政治》と呼ぶならば、《政治》はまさに自律にとって不可欠な要素である。

しかしながら、《政治》がありさえすれば、その社会が自律していると言えるのかといえば、それだけでは十分でない。カストリアディスによれば、ある社会が《政治》を獲得した上で、さらに自らのための法を自ら定めるようになったとき、デモクラシーが実現する。その場合、法の源泉は社会自身であり、デモクラシーとは、社会の外部に由来する諸規範を認めない政治体制ということになる。デモクラシーの社会において、人々は自らの法を定め、それに自発的に従う。それゆえに法は、他人

＊コルネリュウス・カストリアディス　一八頁参照。

から強いられたものではなく、「われわれ」の法と見なされるのである。

カストリアディスは自律という視点から紀元前八世紀から紀元前五世紀にかけての古代ギリシアに注目するが、その際に、古代ギリシア史には二つの断絶があると指摘する。一つはポリスとしてのポリスの成立、すなわち《政治》の成立である。しかしながら、《政治》の成立以後もなお、少数者支配や僭主支配もありえた。これに対し、第二の断絶として、デモクラシーの創造が生じた。《政治》が成立した上で、デモクラシーが創造されたのである。

このようなデモクラシーには、いくつかの病がつきまとった。その一つは「ヒュブリス（傲慢）」、すなわち驕り高ぶった結果、掟を踏み越えてしまうことである。というのも、他律社会の意味の閉鎖を脱出して以来、デモクラシーを外から拘束するものは存在しない。その意味で、自分で自分を規制するしか選択肢は存在しないが、この自制に失敗することこそが「ヒュブリス」に陥ることであった。紀元前五世紀におけるアテナイは、まさしくデモクラシーと「ヒュブリス」の強い結びつきを示していた。ギリシア悲劇もまた、「ヒュブリス」によって限界を越えてしまった個人が没落していく運命を描くものであった(3)。政治社会もまた「ヒュブリス」によって滅びうるのである。

もう一つの病は、《政治》やデモクラシーによって、ある社会が自分自身に距離を置くようになることから生じる。ある社会が自らと距離を置いて自らを振り返るからこそ、既存の枠組みや今ある条件を、問い直すことも可能になる。しかしながら、このことは、自らの中に裂け目を作り出すことにもつながり、その結果生じる自己内省性は、いわば身体の中でウィルスが果たす作用に似てくる。自己内省性というウィルスにかかったデモクラシーは、もはや自己との幸福な一体化には回帰できない。

（3）「ヒュブリス」概念に着目しつつ、古代ギリシア政治思想を論じた邦語文献として、［佐々木 2003］を参照。

これらの病にもかかわらず、カストリアディスは、デモクラシーを古代ギリシアと近代西欧社会による貴重な創造であったことを疑わない。しかしながら、カストリアディス以降のデモクラシー論は、むしろその内に秘められた脆弱性の反省へと向かっていく。すなわち、デモクラシーと自制の問題、あるいは、デモクラシーと内なる分裂の問題こそが、議論を導いていくことになるのである。

デモクラシーと全体主義

デモクラシーを自律という視点から理解しようとしたカストリアディスの視点を共有しつつ、デモクラシーを、他の社会、とくに全体主義社会との比較において捉えようとしたのが、同じく前章で検討したルフォール*である [Lefort 1981]。

ルフォールはまず、デモクラシーの社会を、王のいる社会、それも単に王がいるだけでなく、王こそが王国の一体性を体現しているような社会と比較する。このような社会において、権力は王に集中している。しかしながら、このことは王の権力が無限であることを意味しない。むしろ王は人間と神の間の媒介者、あるいは世俗化の後には、人間と至高の正義や理性との間の媒介者となる。王は法の上にあると同時に、法に従属しているのである。このような媒介者としての王は、その身体を通じて、王国の秩序を体現している。エルンスト・カントーロヴィッチ*の『王の二つの身体』が明らかにしているように [Kantorowicz 1957]、ヨーロッパ中世において王は二つの身体を持つという独特な観念が形成された。二つの身体とは、一つは可死的な個々の王の身体であり、もう一つは個々の王を通じて

クロード・ルフォール
六二頁参照。

エルンスト・ハルトヴィヒ・カントーロヴィッチ
(Ernst Hartwig Kantorowicz 1895-1963)
ドイツ領のポーゼンに生まれ、ミュンヘン大学などで学ぶ。若い頃は反動的な愛国主義の運動に加わり、ゲオルゲのサークルのメンバーにもなっている。フランクフルト大学で教鞭をとったが、ユダヤ人であるために亡命を余儀なくされ、アメリカへと移住した。中世の王に対する典礼的歓呼の分析から、王の表象をめぐる巨視的な考察へと研究を発展させ、その成果は『王の二つの身体』に結実した。

体現されるが個々の王には還元できない、王国の超越的基礎となる不可死の身体である。個々の王は死んでも、不可死の身体の方は、次の王へと受け継がれ、王国の連続性には断絶を生じさせない。王が死んだとき唱えられる「王は死んだ。王よ万歳！（Le roi est mort. Vive le roi!）」という言葉が、それを示している。

このような王のいる社会においては、権力は、王の身体に体現されることで社会に一体性を与えている。権力は王の身体から分離不能であり、王は権力の正統かつ排他的な受託者である。この王の身体を通じて、王国には社会的秩序の超越的な基礎が与えられるのである。前章において、ルフォールの独自な「権力の場」という概念、すなわち、ある社会における共存を可能にし、その社会の自己解釈を支える、社会の外部にある象徴の磁場について紹介したが、王のいる社会においては、「権力の場」は欠けるところなく充たされている。

これに対し、デモクラシーの社会において、「権力の場」は空虚である。いかなる統治者も、その一身に権力を体現することはできないし、権力を自らのものとすることもできないからである。権力の座はつねに競争に開かれ、権力者は定期的に交替させられる。権力の座にあるものも、その任期中に限り、権力を一時的に預けられているだけである。その意味で、権力はいかなる身体とも不可分に結びついてはいない。デモクラシーの社会を秩序づける象徴と、現実に権力を担っているものとの間には、越えがたい溝が存在するのである。その結果、デモクラシーの社会は、超越的な基礎づけを欠いている。いかなる階層構造や、理想の社会秩序のイメージとも、デモクラシーは当然には結びついていないのである。

ルフォールによれば、デモクラシーの社会とは、いわば「権力の場」が空虚な社会として定義される［Lefort 1986:28, 邦訳 48］。もちろん、このようなルフォールの議論に対しては、権力は人民の中にあるという反論がありうる。しかしながら、ルフォールは、いかなる個人や集団も権力と一体化することはできず、権力はその意味で、つねに一つの審級にとどまるとする。人民主権の原理を代表するいかなる具体的イメージも存在せず、その結果、それは無限の解釈に開かれているからである。かくして社会を秩序づけるいかなる超越的な基礎づけも持たないデモクラシーの社会は、根源的な不確定性にさらされている。いかなる政治的命題や状況も、真理に対しての特権的地位を主張することはできないのである。

逆に言えば、このことは、デモクラシーの社会が、無限の異議申し立てを許容していることをも意味する。いかなるものも権力と一体化できず、真理との特権的結びつきを主張できないからこそ、権力の担い手は定期的に交替させられ、政治的対立も正当化される。「権力の場」が空虚であることに由来する根源的な不確定性こそ、まさしくデモクラシーの社会の特質であり、この特質がデモクラシーの社会を秩序づけると同時に、独自のダイナミズムを生み出しているのである。ルフォールにとって、デモクラシーの社会への転換は、何より象徴的秩序の変化によって説明される。デモクラシーの社会とは、有機的全体性として表象するいかなる試みをも失敗に終わらせる、「身体なき社会」なのである。もちろん、デモクラシーの社会に統一性が欠けているわけではない。しかしながら、デモクラシーの社会を表象しようとする「人民」、「国民」、「国家」などは、いずれも実在性を持たず、政治的言説に従属したままである。その結果、これらの表象はつねに政治的論争を免れない。

これに対して、全体主義社会とは、いかなる社会なのだろうか。ルフォールは、全体主義こそが現代の最重要の事件であるとする［Lefort 1981:160］。彼の考えでは、全体主義とはまさにデモクラシーを実現した社会においてのみ生じる現象である。すなわち、デモクラシーの実現を前提に、それに内在する両義性から生成するのが、全体主義なのである。したがって、全体主義の理解は、デモクラシーと関連づけることによってのみ可能になる。

すでに触れたように、デモクラシーの社会は超越的な基礎を持たない。したがって、デモクラシーの社会が秩序の源泉を引き出すのは、自らの内からである。デモクラシーの社会の正当性は、人民にのみ由来する。しかしながら、このデモクラシーの土台となる人民は、いかなるイメージにも具体化されず、つねに不確定である。この不確定性こそがデモクラシーの社会の特徴であると同時に不安定の原因となるわけだが、全体主義とはこの不確定性を消去しようとする試みとして出現する。すなわち、全体主義とは、デモクラシーの社会の象徴的秩序の不確定性を、「一なる人民」の表象によって埋め合わせようとする試みなのである。

現実のデモクラシーの社会は、つねに分裂にさらされている。前章で検討したように、国家と社会の分離にはじまる「分離の組織化」こそ、近代西欧の生み出したデモクラシーの社会の特徴であった。これに対し全体主義は、同質的で自分自身に対して透明な社会という表象によって、これらの分離を否定する。支配的なイデオロギーと遍在する党の力によって、すべての分離や差異を否定することで、全体主義は実現するのである。全体主義社会において、社会の内部のいかなる分裂の存在も否定されると同時に、逆に本来部分でしかない党の存在が全体とされる。その結果、党の決定へのいかなる不一致の表明も、それ自体が、社会の一体性の否定とみなされる。このような表明を禁止する恐怖政治とは、「一なる人民」の論理の逸脱からではなく、まさにその論理から生まれるのである。人民の一体性が力ずくで強調されればされるほど、そこからの逸脱はもちろん、それとの一体性を積極的に表明しないことすら、厳しく弾圧されることになる。デモクラシーの有機的全体性を表象することは本来不可能である。にもかかわらず、その全体性を強調しようとすれば、個々の分裂の表明を否定するしかない。

以上をまとめれば、デモクラシーの社会の本質は、その「権力の場」が空虚であることにあり、それゆえにデモクラシーは異議申し立てに開かれ、内的分裂を許容する。全体主義とは、まさにこの分裂を否定し、「権力の場」の空虚を「一なる人民」の表象によって埋めようとする試みにほかならない。ここで重要なのは、全体主義がデモクラシーの不足によってではなく、むしろデモクラシーの実現によって可能になったということである。というのも、一つには、王や貴族を排除することによってはじめて、同質的で自分自身に対して透明な社会という表象が可能になったのであり、他方で、デモクラシーの社会の「権力の場」の空虚さが生み出す不安定さこそが、全体主義の出現を促したからである。全体主義はデモクラシーによって可能になった現象であり、まさにデモクラシーの実現が生み出した困難の中から出現するのである。

マルセル・ゴーシェ

以上のようなカストリアディス、ルフォールらの議論を継承しつつ、さらに独自のデモクラシー論を展開したのが、*マルセル・ゴーシェである。カストリアディスがデモクラシーを自律と結びつけ、ルフォールがデモクラシーの本質を内なる分裂や対立の肯定に見いだしたとすれば、ゴーシェはそのデモクラシーの両側面を総合し、自律と自己の内なる分裂の結びつきを探究したと言うことができる。

カストリアディス、ルフォール、さらにはすでに触れた人類学者のクラストルらの影響の下で研究を開始したゴーシェの名を一躍有名にしたのは、グラディス・スウェインとの共著『人間精神の実践』と、最初の単著『世界の脱呪術化』であった。前者は、一八世紀末から一九世紀初頭にかけての精神医学の創設者たちの思考を再検討し、*ミシェル・フーコーの、古典主義時代における理性による狂気の排除と封じ込めという説に対して大胆な異議申し立て(4)を行っている [Gauchet *et al.* 1980]。後者は、原始宗教から、キリスト教、さらに脱宗教後の（すなわち、いわゆる「世俗化」後の）宗教性へと、宗教の歴史的展開の政治的意味を探り、マックス・ウェーバーの世俗化と脱呪術化としての近代理解に対抗して、脱宗教後に残る宗教性と、それとデモクラシー革命との密接不可分な関係を強調している [Gauchet 1985]。彼はこれらの研究以外にも、フランス革命期の人権や代表制をめぐる諸論争の分析や [Gauchet 1989, 1995]、*バンジャマン・コンスタン、*ジュール・ミシュレ、*エドガール・キネら一九世紀フランスの思想家・歴史家についてのモノグラフなど、多様な研究を展開している(5)。

彼の研究は、精神医学史や宗教史を含む多様な諸領域を横断するものであり、その関心の中心がど

（4）この点について、[Gauchet 1995, 邦訳 2000] の訳者解説を参照。

（5）ゴーシェについての簡潔な紹介として、[Padis 1996] が役に立つ。

マルセル・ゴーシェ

(Marcel Gauchet 1946-)

『リーブル』誌などの雑誌に参加した後、一九八〇年にピエール・ノラとともに『デバ（*Débat*）』誌を創刊。哲学者、歴史家であると同時にジャーナリストとして知られる。現在は社会科学高等研究院で教鞭をとっている。著書に『世界の脱呪術化』（一九八五）、『デモクラシーの中の宗教』（一九九八）、『自らに抗するデモクラシー』（二〇〇二）などがある。

ミシェル・フーコー

一〇六頁参照。

バンジャマン・コンスタン

三二一頁参照。

こにあるか、一見しただけではわかりにくい。しかしながら、彼の考察の焦点はつねに「デモクラシーの人間学」にある。彼は、カストリアディス、ルフォールらと同じく、デモクラシーを歴史的現象として捉えようとし、その場合、デモクラシーを社会の自律として、すなわち人々が自らの法を自ら決める政治体制として理解する。しかしながら、ゴーシェの独自性は、その際にさらに踏み込んで、自己の問題に取り組む点にある。自分であるとはどういうことか。自己と自己との関係は、歴史的にどのように変化してきたのか。この問題を考えるために彼は、一方で原始宗教以来の宗教史の再検討へと向かい、他方で精神医学の草創期に立ち戻り、精神医学の創設とデモクラシー革命とが同時代の現象であることを見逃さない。ある社会においてデモクラシーが実現するには、すなわちある社会が自らの法を自分で決定できるようになるためには、何が必要なのか。また社会の自律と、その内部の分裂とはどのような関係にあるのか。このような視点からゴーシェは、個人と社会の自律の歴史を探っていくのである。

ここで彼の主著『世界の脱呪術化』を中心に、ゴーシェの「デモクラシーの人間学」を見ていきたい。ところで、デモクラシーの問題を扱うために、なぜ宗教の話をしなければならないのだろうか。政治と宗教の関係が密接であったのは過去の話であって、今日デモクラシーを論じるにあたっては、宗教との関係など不必要とは言わなくとも、少なくとも第一義的な重要性などないのではないか。そのような疑問に対して、ゴーシェはまず、本の副題を「宗教の政治史」とすることで答えている。すなわち、彼が問題にするのは宗教の歴史一般ではなく、宗教の持つ政治的意味の歴史なのである。教義そのものというより、その教義の果たしている政治的・社会的機能こそが、彼の主題であると言っ

ジュール・ミシュレ
七三頁参照。
エドガール・キネ
七四頁参照。

てもいい。すなわち、人間と人間との紐帯といったような、社会組織の土台ともなる部分において、宗教は重要な役割を果たしてきた。そして今日もなお、社会の根底にあるものを理解するのに、そのような視角は欠かせないとゴーシェは言う。たしかに、現代では宗教の社会的な役割は一見したところ、大きく後退したように見える。しかしながら、はたして宗教はその歴史的役割を終えて、消滅への道を歩んでいるのだろうかと言えば、けっしてそうでないとゴーシェは答える。宗教をめぐる社会の象徴的秩序のあり方は大きく変わり、宗教の人間的組織に与える影響も昔と同じではない。にもかかわらず、そのような変化を真に理解するためにも「宗教の政治史」の再検討が必要なのである。彼の関心の中心は、他律社会から自律社会への移行にある。それでは、そのような移行において、宗教はどのような意味を持ったのだろうか。とくに西洋社会にとって、キリスト教の及ぼした影響をどのように捉えるべきなのか。ゴーシェはこれらの問題を追究するために、あえて宗教の歴史をたどり直したのである。

他律（hétéronomie）とは文字通り、外部の他者によって法を与えられることである。例えば、奴隷が自律していないのは、物理的な拘束という以上に、主人によって命令され、その権利関係もすべて主人の意志次第であるという点にある。ところでカストリアディスは、最初の自律社会の出現を古代ギリシアに見いだした。彼の指摘によれば、古代へブライ社会などが、預言者を通じて与えられた、神による法に支配されていたのに対し、古代ギリシア社会においては、市民たちが自ら法を作り出したからである［Castoriadis 1990, 1996］。これに対してゴーシェは、自律社会への胎動を、むしろユダヤ－キリスト教の伝統に見いだす。多神教的な社会から一神教的な社会への移行こそが、人間の自律への第一歩だったというのである。これは、宗教はおよそ人間の自律の敵であり、宗教からの解放こそ人間の自由を生み出すとする、とくに啓蒙以後のフランスにおける通念とは大きく異なる理解である。ゴーシェはなぜ、そのように考えるのだろうか。

ゴーシェによれば、一神教の出現以前の宗教が支配する社会は、典型的に他律的な社会であった。なぜなら、このような社会においては、絶対的な権威は社会の外部にあり、社会の基礎と規準はこの外部から不変不易のものとして与えられたからである。そこでは、過去が神秘的な意味を持ち、そのような過去がつねに伝統として参照された。個人の行動はすべて神々によって与えられた法によって規定され、個人の振る舞いの規則はその社会的役割によって決定されたのである。その意味で、自分の行動を自分で決定する「個人」は存在しなかった。神々の存在は身近だったが、誰も自由に扱うことができないという意味で、法は遠い存在であった。

これに対し、キリスト教的一神教の世界において、唯一神は絶対化され、他のいかなる神々の存在も否定された。また、現世の価値が否定され、神はこの世のものごとから距離を置くことになった。すなわち神は絶対化された上で、現世から離脱したのである。この、神の絶対化と現世からの離脱という二重の運動こそがキリスト教の特徴であり、かつこの特徴こそがむしろ人間の自律を可能にしたと、ゴーシェは主張する。彼にとって、キリスト教の神は、ただ単に偉大な唯一神であるという以上に、人間を突き放す他者なる神であるということが重要なのであった。この結果、現世は人間にゆだねられ、人間は自律を余儀なくされたからである。

さらに、キリスト教において独自なのは、神がその子イエスをこの世に送ったという点である。イエスの受肉と復活の教説は、現世の意味をまったく変質させた。イエスが歴史の中に出現したということで、彼は過去の人物であるばかりでなく、現在の存在ともなったのである。このことは、過去からの伝承こそが権威を持つ他律社会の拘束から人々を解き放つ役割を果たした。また、来るべき終末における救済の教えは、一定の方向性を持った時間の流れ、すなわち歴史の観念をもたらした。さらに、この教説の結果、現世と来世とが明確に分離されることにもなった。この分離によって、人々はつねに来世を念頭に置きながらこの世を生きなければならなくなる。しかも、「イエスのものはイエスに、カエサルのものはカエサルに」というように、世俗の権力に対しては受動的服従が説かれる結果、人々は現世を拒否しつつ、しかし現世の権力に従わなければならない。現世は本来価値のある世界ではないと説きつつ、同時にその世界の中で生きていかねばならないと教える。キリスト教のもたらすこの緊張感こそが、人間に現実に対するまったく新しい関係性をもたらしたのである。そこに生まれたのは、この世を対象として批判的に見る視座であり、この視座によって、人間の内面と外面ははっきりと切断されることとなった。

一方で、この世における悪の責任は人間にのみ帰せられ、人々はたえず自分の行いを問い、自分の罪を疑わなければならない。人々は内面において生き、内面において自律しなければならない。他方で、外面の世界、すなわち、現世における道徳や社会的紐帯は、信仰の見地から内面において再検討されることとなる。伝統的秩序や慣習も、その再検討を免れることはない。このコントラストこそ、キリスト教のもたらしたものであった。

ここで浮上してきたのが、人間の責任という課題であった。人間はもはや呪術化された世界にはいない。神はこの世の外に退場する。対するに、人間はこの世にあって、自分の責任において、神の世界の創造の意味、自分の果たすべき義務について問い続けていかなければならない。キリスト教は本質的に解釈を要請する宗教であった。

神が偉大になりこの世から距離を置けば置くほど、逆説的に人間は現世内で自由な主体にならざるをえなくなる。このことこそ、ゴーシェのキリスト教論のポイントである。キリスト教の独特な個性の結果、人間は聖なる過去の永遠の反復から切り離され、自らの責任で世界を解釈し、自ら社会の基礎を打ち立てていかねばならなくなった。キリスト教の神こそ、結果的に人間の自律を生み出したと、ゴーシェは結論するのである。

宗教からの脱出

このように、ゴーシェは、キリスト教が西洋社会における自律へ向けての大きな原動力となっていったことを説く。しかしながら、彼においても、キリスト教の影響がそのまま自律社会をもたらしたというわけではない。ゴーシェによれば、一六世紀以後、西欧社会は根本的な社会変容を経験することになるが、自律社会は、より直接的には、この時期に生じた変容の所産であった。

彼はこの変容を、「宗教からの脱出（la sortie de la religion）」と呼んでいる。(6) 彼のこの独自な概念は、「世俗化」という用語をあえて避けたものであるが、そのねらいは、この変容の結果が、およそ宗教の影響がなくなってしまうことや、諸個人が信仰を持たなくなることではないことを強調するこ

(6)「宗教からの脱出」については、[Gauchet 1985] のほか、[Gauchet 1998] を参照。

とにある。だとしたら、宗教をめぐって何が変わったのだろうか。ゴーシェによれば、宗教が政治社会のあり方や、社会的紐帯の定式を決定することをやめたのである。それ以前の社会においては、明らかに宗教こそが社会的諸機能の本質的土台を提供していた。これに対し、「宗教からの脱出」以後、人間社会は超越的権威の支えなしに、自らを定義するようになる。そのような新しい社会の中にあっては、信仰は個人の内面の事柄とされ、宗教は、宗教がもはや決定することをやめた政治社会の内部にあって存続していく。宗教は社会の外部における地位を失って、社会の内部に取り込まれるのである。変化したのは社会に対して宗教が占める位置であり、同時に、象徴的秩序のあり方そのものなのである。宗教から非宗教へという「世俗化」という概念にゴーシェが満足しなかったのは、そのためであった。

ここでゴーシェにとってとくに重要なのは、このような「宗教からの脱出」が、キリスト教の否定としてではなく、それ自体に内在する論理の結果として生じたということである。彼は、ここまで述べてきたように、キリスト教の持つ内在的な論理こそが、現世と来世との分離と、人間の自律への運動を引き起こしたと考える。そして、この運動が展開することで、結果的に「宗教からの脱出」が生じたとする。だとしたら、その意味で、キリスト教こそが「宗教からの脱出」をもたらす宗教であったと言うことができる。

中世社会は、天と地、目に見えるものと見えないもの、彼岸と此岸を媒介するための階層的社会であった。しかしながら、「宗教からの脱出」によって、階層に基礎を置く社会は、分離に基礎を置く社会へと転換していく。一方において、宗教改革の結果、信仰の個人化が進み、信仰は個人の主観に基礎を置くようになる。このことは、それまで天と地の媒介者の役割を果たしてきた教会の権威を損なうことにもつながり、それと同時に、媒介そのものを切断することになった。他方において、教会から世俗の国家へと、現世内における権威の再定義が進むことにもなった。宗教改革による天と地の分離に基づいて、世俗の王権が人間の政治的紐帯の形式を再定義し、世俗社会の自律性を確立していったのである。

このような「宗教からの脱出」はその後いかなる展開を示したのか。ゴーシェは、以上述べてきた、一五〇〇年頃から一六五〇年頃にかけての世俗的権威の自律化を前提に、二段階に分けて、その後新しく生じた主体のあり方と、それに依拠した社会的組織の再編をたどっていく［Gauchet 1985, 2002］。

第一段階は、一七〇〇年頃に生じた。それはまず、国家についての司法的な説明様式のかつてない発展に現われている。この場合、司法的説明とは、近代自然法に基づき、政治体の正当性を個人の自然権に基づく契約の論理によって基礎づけようとする試みのことである。なぜこのような試みがなされたのか。それは、「宗教からの脱出」によって、国家が超越的な権威による支えを失った結果であった。かつて、カトリック教会は現世における権力をキリストとの神秘的一体化に基礎づけ、王の権力は王の身体を通じての超越的基礎との媒介に依存していたとすれば、その両者に依拠することができなくなった新しい政治体にとって、正当性を基礎づける理論的資源は、個人の権利しかなかったのである。

このことは、ただちに普遍的な人権の承認や、その制度化が進んだことを意味していない。社会を支配するのは依然として階層制であり、各種の社団であり、依存関係であった。しかしながら、一見したところ旧体制が存続していても、抽象的な個人の理論的解放は進んでいったとゴーシェは言う。そして彼によれば、西洋近代の古典的な主体観が確立したのは、この時期にほかならない。古典的な主体観とは、自己の意志に基づき、自由に作為を行っていく主体の概念である。このような主体の原型は、キリスト教における、原罪におびえ、自らの犯しうる過ちの危険性に悩む主体にあった。近代の人間的主体は、キリスト教的主体の極限的な懐疑から生まれたのである。ただし、この際に、大きな変化が生じたことを忘れてはならない。キリスト教的な主体を支えたのは、現世の外にあって絶対的な存在である「他者なる神」であった。この「他者なる神」の視点がもたらす緊張こそがキリスト教的主体を支えたとすれば、近代の人間的主体は、この「他者なる神」の他者性を自らの中に内面化することによって成立したとゴーシェは説く。ここにおいて、神の他者性は、道徳の秩序の中に還元され、他者性は内在性へと変換されることとなった。

第二段階の幕開けを告げるのはフランス革命である。近代の主体の歴史にとって、新たなる段階は一八〇〇年頃に始まったとゴーシェは考える。第一段階が抽象的な個人の理論的な解放であったとすれば、この第二段階は、具体的な個人の実践的な構成であった。この時期、旧体制が現実に崩壊を開始するが、そのための理論的な基礎はすでに第一の段階において準備されていた。その意味で、個人の権利にのみ依拠する社会を実現するための基礎はすでに確立されていたと言える。しかしながら、旧体制が崩壊した後に、個人の権利に依拠する社会が、現実に、かつ長期的に持続することを保障するには、この準備はまだ余りにも心もとないものであった。

というのも、個人の権利に依拠する社会とは、必然的に結合力の弱い社会にならざるをえないからである。個人の権利のみを正当化の根拠とする社会において、先行するのは諸個人の意志である。秩序はそのような意志の産物にほかならず、その意味で二次的とされる。そのような社会にあっては、いかに一体性を担保するかがつねに大きな問題とならざるをえない。したがって、近代的主体の歴史の画期をなすこの時期における理論的模索の焦点は、個人の権利の法的な承認を前提としつつも、実は、いかに集団の安定性や持続性を基礎づけるかにあった[(7)]。旧体制の社会を構成した社団の原理は崩壊していった。それに代わる、諸個人によって構成される新たな社会原理こそが、理論的模索の中心であり、この模索においては、場合によっては個人の権利が犠牲にされることも珍しくなかった。これは歴史の皮肉や逆説ではない。むしろ、個人の権利にしか自らの基礎を置くことができない社会、いかなる外的な権威にも依存することができず、自らの法を自ら作っていかなければならない社会、すなわち自律社会が真に現実化し始めたことの証明であった。

ちなみに、フランス革命以後の時代において、「歴史」という視座が特権的な地位につくようになったのも、以上との関連においてはじめて理解することができる[(8)]。歴史的な視座は一八世紀の中葉以来、すでに「進歩」という主題として準備されていたが、一九世紀はまさしく「歴史主義」の時代となった。この時期、すべての事柄は、歴史的な視座抜きには理解しえないと考えられるようになる。それでは、なぜこの時期に「歴史」という視座が大きな意味を持つようになったのか。ゴーシェの考えでは、「歴史」という視座が要請されたのは、自律社会を支える新たな権威としてであり、集団のダイナミズムの理論化としてであった。人間は単に自らの秩序を作り、自らに法を与えるだけでなく、いわば自らの労働、技術、科学によって世界を創り出す。「人間的世界は、人間自身が創り出したも

(7)　リュシアン・ジョームは、一九世紀フランス自由主義の特徴が、むしろ、個人を集団の内に再び埋め込むことにあったとする［Jaume 1997］。

(8)　ピエール・マナンは、「歴史」と「社会」を、一九世紀における「第三の原理」と呼んでいる［Manent 1987:176, 邦訳 187］。

のである」〔『新しい学』1108〕とするヴィーコの思想が、ミシュレによって、あるいはマルクスによって「再発見」されたのも、一九世紀のことである。「進歩」をともなう「歴史」という視座が権威を持ったのは、それが集合的経験の新たな地平を切り開いたからであった。「歴史」は、伝統や宗教から解放された自律社会に、それらの権威に代わる新たな「意味」を与えるものとして登場したのである。芸術が人間の個性的な作為の活動として特権化され、教育が未来を司る特別な活動として独立したのも、このことと無縁でないとゴーシェは指摘する。

しかしながら、ゴーシェがとくに注目するのは、このような自律社会の実現の過程において、第一の段階で成立した古典的な主体観の純粋な自己同一性が、すでに解体を始めたということである。自己の意志に基づき、自由に作為を行う主体。真に自己の主人であり、自らに対して透明な主体。このような主体のイメージは、早くもこの時期に崩壊し始める。ゴーシェは、『人間精神の実践』において、ピネル*やエスキロール*ら精神医学の創始者たちのテクストを丹念に読み解くことで、理性による狂気の排除と封じ込めという、フーコーの説に異議申し立てを試みている〔Gauchet *et al.* 1980〕。ゴーシェによれば、この時期の精神医学の創始者たちの脳裏にあったのは、狂気を排除する理性の姿ではなく、むしろ狂気と同じ平面に置かれることで不安定にならざるをえない理性の姿であった。「宗教からの脱出」以後、人間は狂気や内面における葛藤からけっして自由にはなれない。というのも、「他者なる神」から解放された人間は、神の他者性を内面化し、道徳の秩序に還元することで、自律していかなければならなくなったが、その代償として、他者の外部性の代わりとして、自らの内に分裂を抱え込むようになったからである。他者としての神との間にあった緊張を、自らの内面に移し替

フィリップ・ピネル
(Philippe Pinel 1745-1826)
フランスの精神医学者。イデオローグらと交わりつつ、フランスにおける近代精神医学の父となる。精神病を理性の障害として捉えるのではなく、むしろ患者に対する人間的な療法、臨床の重要性を強調した。

ジャン・エチエンヌ・ドミニク・エスキロール
(Jean Etienne Dominique Esquirol 1772-1840)
ピネルの弟子。ピネル同様、サルペトリエール病院に勤務し、臨床を重視した。フランスにおける精神衛生法制定に寄与し、多くの精神医学者を育てた。

えることで、「宗教からの脱出」後の主体は確立したと言ってもいい。その結果、人間の理性もまた、超越的な権威とのつながりを失い、人間の内なる非理性に対して特権的な地位に立つことはできなくなったのである。

国家と社会の分離

「宗教からの脱出」によって実現したデモクラシーの社会もまた、その内側に分裂を抱えた社会であった。ゴーシェは、このような視角から、国家と社会の分離というテーマにアプローチする。

ゴーシェの師であるルフォールは、対立するものの共存こそがデモクラシーの本質であり、内なる対立の否定は全体主義の試みにほかならないと考えた。また、「分離の組織化」にこそ近代の西欧の発展の秘密を見いだすマナンの議論についても、すでに前章で触れた。ゴーシェもまた、デモクラシーにとって危険なのは、分裂ではなくむしろ統合であるとする。外的な権威を否定して自律を目指す社会にとって内なる分裂は必然であり、この分裂を否定することはむしろデモクラシーの自己否定につながると考えるからである。

この際に、ゴーシェがとくに注目するのが、国家と社会の分離である。彼はこの分離こそ、政治的近代の最大の特徴であるとさえ考える。それではなぜ両者の分離はそれほどに重要なのであろうか。

すでに指摘したように、ゴーシェもまた、デモクラシーの社会に内的な分裂は不可避であると考えた。それでは、なぜデモクラシーの社会は分解してしまわないのか。それは、デモクラシーの許容する分裂が特殊なものだからである。すなわち、デモクラシーが許容するのは、対立一般ではなく、政治的対立なのである。それでは政治的対立とは何か。それは対立する双方の知らぬ間に、対立が成り立ち、意味を持つような共通の場を生み出すような対立である。もちろん対立は調停され紛争は解決されなければならない。しかしながら、その調停や解決によって異なる利害や異なる視点が否定され消滅するのではなく、むしろその違いを保持したまま共通の場に収斂させられることで、対立は意味を持つことになる。逆に、もし対立そのものが否定されるならば、文明は失われ野蛮に転じてしまう。共産主義の事例は、その意味で教訓的であるとゴーシェは言う。

このような、一方において対立を保持しつつ、他方で社会の一体性と共通の場を破壊させないためには、いったい何が必要だろうか。社会には対立が保持されるのであるから、社会に一体性を与える存在は、社会の外部になければならない。しかも、そのような存在は、社会に一定の形式を強いることになり、その意味で社会と対立する関係に立つ。そのような、社会の外にあって、社会に一体性を与えるものとして要請されるのが、国家である。国家とは、社会にとっての他者にほかならないのである [Gauchet 1985: 283-291]。

このような図式は、一見ヘーゲルを想起させる。なぜなら、国家に、社会における分裂を克服する役割を期待しているように見えるからである。しかしながら、ヘーゲルとゴーシェの図式には本質的な違いがあると言わねばならない。というのも、ヘーゲルにとって、国家は最終的に市民社会における分裂を止揚する上位の審級である。これに対し、ゴーシェは、分裂はけっしてなくなりはしないとする。国家もまた、社会にとって上位の審級ではなく、相互反省的な他者とされる。「宗教からの脱出」によって他者なる神の外部性を失ったデモクラシーの社会は、国家との対立を通じてこそ自己を形成するのである。

別の言い方をすると、社会における分裂と、その分裂が生み出すダイナミズムを保持するためにこそ、国家は要請される。他律社会を脱し、個人のエネルギーを解放することによって、デモクラシーの社会には運動と変化がつきものとなった。この運動と変化を肯定しつつ、しかしそれによって社会が解体することを防ぐために、一方に運動と変化の極としての社会、他方に安定と統合の極としての国家、という分離が創造されたのである。

ゴーシェが代表制の問題を分析するのも、同様の視角からである [Gauchet 1995]。代表制という制度の本質もまた、国家と社会、政府と人民の分離を前提にした媒介にある。逆に言えば、代表制を否定することは、これらの分離を否定することにつながる。ゴーシェは、フランス革命における恐怖政治の経験、あるいはその後のフランス社会をしばしば襲った極端な権威主義へのぶれを、この分離の否定に由来するものとして理解している。すなわち、革命が夢想した理想とは、権力と社会、政府と人民の分離を否定する、社会の完全な自己支配にあった。しかしながら、現実のデモクラシーは、そのようなスタート時の理想とはまったく異なる形で発展したのであり、実は、初期の理想を否定することでかえってよりよく実現されたと言うべきであるとゴーシェは主張する。

デモクラシーの社会が真に自律するには、自らの内に、自らを反省し、自制するための仕組みを持たなければならない。したがって、デモクラシーの社会にとって必要なのは、自己の内なる分離を否定する形での自己同一性ではない。必要なのはむしろ、自己の内に、自己と、自己を監視し自己を制御するもう一つの自己との分離を作り出すことであり、そのことによってはじめて、自制は実現し、新たな自己を生み出し続けることも可能になる。代表制もまたそのための工夫にほかならない。ゴーシェによれば、代表するとは、距離を置くことであり、分離することである。そのためにこそ、権力の分立や国家と社会の分離が必要とされるのであり、いわば代表制とは一体化のための装置ではなく、分離のための装置なのである。フランス革命の苦い教訓が人々に示したのは、まさにそのことであった。

以上、カストリアディス、ルフォール、ゴーシェと続く、デモクラシー論の展開を見てきた。もちろん、現代フランスにおけるデモクラシー論がこれらに尽きるわけではない。また、このようなデモクラシー論に対しては、左右のいずれの立場からも批判がないわけではない。しかしながら、少なくとも、この三者の議論が、現代におけるデモクラシー論に、独特な陰影を与えたことは否定できないであろう。そして、現代においてデモクラシーを真に活性化するために必要なことは、この陰影を否定することではなく、むしろその陰影を踏まえた上でさらなる議論を構築していくことである。

第五章　内向する権力論

権力論の変質

現代権力論をめぐる最大の変化の一つは、権力と自由な主体という、伝統的な二項対立図式の根本的な見直しにある。[1] すなわち、伝統的な権力論においては、権力と自由な（あるいは自由となるべき）主体とが対抗関係にあり、権力が伸張すればそれだけ主体の側における自由は制限され、逆に主体の側が自らの自由を確保しようとすれば、その分、権力が抑制されなければならないとされてきた。権力と自由な主体とは、いわばゼロ-サム的な関係にあるとされ、両者の隠された結びつきには必ずしも関心が向けられてこなかった。

ところが、今日議論の状況は大きく変わっている。まず、一方において、自由な主体という前提に、疑問が投げかけられている。はたして主体、あるいは個人といったものを、権力と対峙すべきものとして、所与の前提とできるのであろうか。主体や個人は、そもそも権力から自由な存在なのだろうか。実はむしろ、主体や個人とは自明の存在ではなく、作り出されるものなのではないか。個人の固有な意志や欲求とされているものも、実は何ものかによって操作されているのではないか。このような感

（1）現代における、権力論の変質についての一般的な見通しを得るためには、［佐々木 1999］および［杉田 2000］が参考になる。

覚が一定のリアリティを持つようになるにつれて、この個人や主体を操作するものこそを権力と呼ぶべきではないかと考えられるようになったのである。これらの疑問が、自由な主体という存在それ自体の再考を促している。

他方、権力の姿も見えにくくなってきている。伝統的に、権力とはむき出しの暴力や強制力と区別され、公的な諸組織によって正当性を付与された暴力であるとされてきた。とくに近代以後は、国家が正当な暴力を独占するとされ、しばしば権力は国家との関係においてのみ論じられてきた。ところが、今日、権力の領域は、必ずしも国家の領域と重ならなくなっている。権力は、国家などの諸組織とのつながりから自由に、国家を越え、あるいは国家の中に遍在するとされる。さらに言えば、権力は非-場所化さえしているのである。権力の作用は至る所に及び、権力の所在を確認することは困難になっている。

このような変化に伴い、今日様々な形で権力論の刷新が行われている。その特徴の一つは、権力論の内向化あるいは内在化として表現できるであろう。その第一の意味は、権力を、主体の外部にあって、主体の外部から主体に働きかけるものとしては、もはや考えることができなくなっていることを指す。権力は主体の内側から作用するのであり、したがって、主体にとっても、権力を外にある対象として見ることはできない。その意味で、権力論は、主体の自己内省を余儀なくさせるのである。第二に、そのことと関連して、権力の内向化あるいは内在化とは、権力の外部がもはや存在しないことを意味する。すなわち、現在の権力論にとって、あらゆる権力の作用から自由な、中立的な空間といったものを想定することは不可能になっている。また、権力を抑制したり、封じ込めたりする外部の視点を無前提に想定することも難しくなっている。権力への抵抗の戦略すら、権力の内部において構想されなければならないのである。

以下、本章では、このような権力論をめぐる刷新を、個別の思想家にそって具体的に検討していきたい。(2)

英米とフランスの違い

ところで、議論を始めるにあたって、ここまで何度か触れてきた英米圏とフランスをめぐる知的状況の違いにもう一度、着目してみたい。両者の違いは、とくに一九世紀以降より顕著になっていった。英米圏においては自由主義の基本的優位が続き、とくにアメリカでは有力な社会主義勢力がついに成長しなかったのに対し、フランスでは政治はつねに左右の対立として理解され、自由主義はその狭間に埋没しがちであった。このような違いは、権力論をめぐる議論にどのような影響を与えているのであろうか。

思い切って単純化すれば、英米圏の、とくに自由主義的な権力論においては、主たる関心はつねに個人の自由をいかに権力の干渉から守るかにあったと言える。個人は前社会的な自然権を持つとされ、関心が向けられたのは、そのような自然権を持つ個人がいかに政府を構成するか、政府の成立後にその権力からいかにして個人の権利を保障するか、またそのための仕組みはどうあるべきか、といった諸問題であった。このような権力論は規範論や制度論へと純化しがちであり、しばしば社会学的な議

(2) 本章で検討する現代フランスの権力論については、日本においてもすでに研究の蓄積がある。他の章で扱う思想家についての紹介は、一部の例外を除いてほとんどなされていないのに対し、本章で扱う思想家については、多くの紹介や研究がなされている。本章の叙述も、フーコーやドゥルーズに関して、日本における既存の研究に大きく依存している。

論とは分離する傾向を見せた。これに対し、権力と自由をめぐる議論は、フランスにおいてはより社会学的な議論との親近性を示している。個人を考察するにあたっては、その置かれた社会的条件により大きな注意が払われ、非歴史的な規範論や制度論よりはむしろ歴史論や社会的組織との関連において、自由や権力の問題が論じられてきた。このような特色は、一九世紀前半におけるトクヴィルをはじめとする自由主義者たちにおいてすでに顕著に見られ、その後はとくにマルクス主義の影響下における、生産や労働そして階級対立に関する分析へと発展していった。

現代におけるフランスでの独自な権力論の発展についても、このような歴史的文脈において理解する必要がある。その際にはもちろんルイ・アルチュセール*の仕事を忘れるわけにはいかない。権力論といえばプロレタリアートとブルジョア間の階級対立にのみ話が還元されがちなマルクス主義の伝統の中で、イデオロギーを信じる主体がいかに形成されるかという視点を提起したことは、彼とその学派の大きな貢献であった。家族や学校が「国家のイデオロギー装置」*であることを明らかにしたアルチュセールの達成を受けて、それをさらに発展させたのが、ミシェル・フーコー*らの権力論であると言うことも可能であろう。両者の間にはもちろん違いがあり、安易な同一視は慎まなければならないが、フーコーの議論がまったく突然変異的に生じたものでないこともまた、確認しておく必要がある。

フーコーの権力論――「規律権力」

それではまずフーコーの権力論を見てみよう(3)。ここで彼の議論を詳細に検討する余裕はないが、以

(3) フーコーの権力論については、[杉田 2000] および [関 2001] の説明が簡潔にして適切である。

ルイ・アルチュセール　四九頁参照。

「国家のイデオロギー装置」　五〇頁参照。

ミシェル・フーコー　(Michel Foucault 1926-84)　高等師範学校に学び、哲学教授資格試験合格の後、さらに精神病理学を学ぶ。クレルモン・フェラン大学などで教鞭をとり、コレージュ・ド・フランス教授に。精神医学の歴史の研究から出発し、西洋社会における知と狂気の問題を探る。さらには人文諸科学の成立における認識体系の変化に着目し、知の「考古学」、「系譜学」を展開した。その後も知と権力との関係を問い続け、フランスのみならず世界的に影響を及ぼした。

上の文脈を踏まえて、三点にしぼって彼の権力論の焦点を確認しておきたい。

第一にフーコーの権力論の意図である。彼は先行する権力論に対して大きな不満を持っていた。彼が乗り越えようとしたのは、法や主権といった「法的‐哲学的言説」によって語られる権力論である。彼の考えでは、権力についての法的言説は、西洋において中世の王権の理論から近代の社会契約理論に至るまで、近代市民革命による断絶にもかかわらず、一貫して支配的であったとされる。この言説において、権力は主権、法、権利、契約、合法性といった視点から議論される。その際に、権力の個人に対する関係は主に、禁止や排除など否定的なものとして捉えられ、肯定的・産出的なものとしては語られない。また、合法／非合法や正／不正など、判断はつねに二項対立的になされる。さらにこのような権力モデルにおいては主体が所与のものとして前提とされ、そのような主体がどのようにして生み出されてきたかがまったく問われない。

これに対し、フーコーは『監視と処罰―監獄の誕生』の中で、「規律権力」という概念を提起している［Foucault 1975］。彼によれば、「規律権力」とは、これまで支配的だった法的権力の視点からはこぼれ落ちるような権力のあり方を指し示すものである。その背景にあるのは、権力とは、身体・振る舞い・言説を含む日常生活の広範な範囲において作用しているものである、とするフーコー独自の理解であった。彼によれば、学校における教師と生徒、家庭における夫婦や親子など、社会の至るところで織り成される人々の関係の網の目の総体において、権力関係が見いだせるが、このような権力は個人を外部から抑圧するばかりでなく、むしろその内側から動かし、主体を作り上げていく。それも正／不正というような明快な二項対立によってではなく、むしろ諸個人の間で形成される「規範

（ノルム）」を通じて、人々の行動を制御していく。この「規範（ノルム）」の存在によって、従順な道徳的主体と、それを逸脱した犯罪者や異常者とが生み出される。このようにしてフーコーは、諸個人がいかに主権を構成するかではなく、権力がいかに諸個人を作り出すかへと、大胆な視点の移動を実現したのである。

このようなフーコーの権力論は、彼の完全な独創というわけではない。というのも、権力についての法的言説からこぼれおちる支配・抑圧・対立への着目は、マルクス主義によってすでに着手されていたし、主体を所与のものとせず、むしろそれがいかに生み出されるかに注目すべきであるという点については、アルチュセールによってすでに強調されていたからである。ただしフーコーは、マルクス主義とは異なって、階級や下部構造に議論を還元するのではなく、むしろ経済活動や真理をめぐる言説までを含む社会の微細なレベルでの権力分析への道を開いた。また、イデオロギーを、あくまで主体を外部から統制する虚偽意識として理解しようとするアルチュセールとは異なり、主体の内側から機能するものとして権力を捉えた。このような意味において、フーコーはマルクス主義やアルチュセールの知的遺産を引き継ぎつつ、それをさらに発展させたと言うことができるだろう。

「規律権力」から「生-権力へ」

第二点として、そのようなフーコーの権力論にも、変化が見られることを指摘しておく必要がある。もっとも、それはフーコーの態度変更を意味するものではなく、むしろその関心の強調点の変化と言うべきであろう。しかしながら、とくに一九七〇年代後半以降の彼の権力論における新しい展開には、注目に値する大きな変化が見られる[4]。

フーコーは権力を語る際の「法的-哲学的言説」への批判を試みたが、これに対して彼は「歴史的-政治的言説」を対置する。この言説によれば、人々のすべての行為は権力関係として捉えることができる。そこでのキーワードは「戦争」であった [Foucault 1997]。国家や政治権力の成立が戦争と不可分であるばかりでなく、すべての人はつねに戦争の中にいる。これは比喩的な意味ばかりではなく、事実、人はつねに権力の戦略やテクノロジーから自由になることはできず、その争いから中立でいることはできない。戦争の外に立って普遍的な真理を語ることもできない。戦争をモデルとする権力論のイメージにおいて、基本はあくまでゼロ-サムな関係であった。また、そこでのキーワードは規律化と排除であった。

これに対し、一九七〇年代の中ごろから、フーコーは新たに「生の政治（bio-politique）」を語るようになる。すなわち、伝統的な権力は社会の構成員に対して死を与えることができた。これに対し近代の権力の特徴はむしろ、殺すより生かすこと、生を管理し制御することを課題とする点にある。一八世紀の中ごろから、人口調査を始め、人々の健康、寿命、衛生などをめぐる知識が、権力にとって重要なテクノロジーとなっていく。この「生の政治」の延長線上に、戦争形態（傭兵から国民軍へ）や刑罰のあり方（死刑の減少や矯正刑）の変化、さらには社会福祉国家への転換が生じたのである。「生の政治」は監獄や学校にとどまらず、生のあらゆる側面において機能し、人々の生を管理し調整していく。

（4）『知への意志』（一九七六）と『快楽の活用』・『自己への配慮』（一九八四）の間の期間のフーコーについては、コレージュ・ド・フランスにおける講義が参考になる。現在までのところ、『異常者たち』（一九七四-一九七五年度）、『社会を防衛しなければならない』（一九七五-一九七六年度）、『主体の解釈学』（一九八一-一九八二年度）のみが刊行されている。

「規律権力」と「生の政治」とはけっして矛盾するものではない。フーコー自身、両者を「生-権力(bio-pouvoir)」の二つの現われとして理解している[Foucault 1976]。両者はむしろ一七世紀から一八世紀にかけての権力のあり方の変化を概念化しようとするものである。一八世紀以降も「規律権力」がなくなるわけではないが、むしろ「生の政治」という新たな側面が、それに加わったと捉えることができるだろう。

フーコーによれば、「生-権力」の系譜は古く旧約聖書にまで遡れるという[Foucault 1979]。羊飼いが羊の群れを管理しその生に配慮するという権力のモデルは、その後キリスト教社会に受け継がれ、近代社会においてもなお重要な意味を持ち続けている。フーコーはこの権力のモデルを「牧人=司祭型権力(pouvoir pastral)」と名づけるが、彼によれば、「生-権力」はまさにこのような「牧人=司祭型権力」の系譜において現われたのである。

さらに、このような権力像の転換は、国家統治をめぐる議論の変化とも対応している。フーコーはこの問題を取り扱うにあたって、新たに「統治性(gouvernementalité)」という彼の独自の概念を提起している(5)[Foucault 1978]。彼が近代の「統治性」を振り返る研究においてまず着目するのが、国家理性をめぐる議論である[Foucault 1978, 1979]。国家理性論は、「君主の鑑」に見られる伝統的な理想君主論に代わる、新しい国家統治をめぐる言説と技術として、イタリアを中心に、一六世紀後半から一七世紀にかけて生まれた。この国家理性論は、権力者の権力運用術を実務的・体系的に展開するものであったが、国家それ自体を自己目的とし、その維持と発展を最大の課題とした。国家の富は君主個人の富と区別され、国家理性は君主と臣民の双方を拘束するとされた。このような国家理性の実

(5) フーコーは「統治性」についての研究を著作の形で完成することができなかった。したがって、その研究の内容については、コレージュ・ド・フランスにおける講義録や、その他講演記録等からうかがうしかない。このような限られた資料条件の下で、[米谷 1994]は、フーコーの「統治性」について、一貫した展望を与えてくれる貴重な研究である。本書の「国家理性」や「自由主義」についての以下の記述も、米谷(重田)の研究に拠るところが大きい。

現に向けて、社会の治安と秩序のために取り締まりを行うと同時に、住民の福祉を向上させるべき機能を果たす組織と学問が、「ポリツァイ（ポリス）」であった。普通、狭く治安や警察活動を行う組織と見なされがちな「ポリツァイ」であるが、その担当する範囲は経済的な規制から、治安対策、衛生にまで広く及んだ。

一八世紀にはさらなる展開が生まれる。国家理性論を批判する「自由主義」の登場である[(6)]。ここで「自由主義」としてフーコーの念頭にあるのは、フランソワ・ケネーらの重農主義者たちやアダム・スミスである。彼らの「自由主義」や「政治経済論」は、国家による統治の過剰を批判し、議論の中心を国家から社会へと移す。しかしながら、社会の全体的な富を増大させるという視点においては国家理性論と共通しており、権力による強制を排し、個人の自由を強調することで、むしろ国家理性のより良い実現、すなわち富と人口の最大化を図っていると、フーコーは理解する。「自由主義」は、社会の自然性を原理として発展させ、経済内在的な合理性を最大化するという点で、従来の国家理性論よりさらに洗練された統治の形態であると言えるからである。したがって、フーコーの視点からすれば、「自由主義」はそれ以前の国家理性論との断絶よりはむしろ、その発展形態として捉えられるべきものなのである。すなわち、「自由主義」はマクロ・レベルでのより発展したリスク管理のテクノロジーにほかならない。彼の見るところ、国家と市民社会の分離もまた、このような変化の産物である。国家が最小化され、社会が自律するのではなく、国家と社会との新しい独特な関係が出現したに過ぎない。むしろその基底にあったのは、「生-権力」の歴史的発展なのである。

（6）フーコーの「自由主義」という用語については、[Bonnafous-Boucher 2001]を参照。

フーコーの自由論

第三点として、このような権力論を背景に、フーコーがいかなる自由論を展開したかが重要である。彼が批判した伝統的な権力論においては、しばしば自由は強制や支配の不在として消極的に表現されることが多かった。権力と個人の自由の領域とが二項対立的に捉えられ、権力の及ばない範囲がすなわち自由の領域であると考えられていたのである。これに対し、権力が個人の内面にまで浸透し、むしろ主体は権力の働きによって生まれるとしたフーコーの自由論は、はるかに複雑なものにならざるをえなかった。彼にとって、もはや権力と自由を二項対立的に捉えることはできない。権力による拘束を排除さえすれば、自由が実現するというような議論はもはや不可能なのである。かといって彼は、主体は権力によって生み出されるのだから、そもそも主体の自由はありえないという立場もとらない。

それでは、フーコーの自由論はいかなる地平において可能となるのか。彼によれば、まさしく自由は、権力による主体の形成と、それに対する主体の側からの批判と抵抗とのせめぎ合いの中にこそある。すなわち、主体化のプロセスに自由の可能性も秘められているのである。フーコーによれば、主体の側に一切の批判と抵抗の可能性が絶たれたとき、そのような一方的関係は「支配」と呼ばれるべきであって、「権力関係」とは区別される。逆に言えば、「権力関係」には、「支配」と異なり、なお主体の側に批判と抵抗の可能性が残されているのである。したがって、彼の自由論のポイントは、権力関係を前提に、そのような権力関係の中にどれだけ実質的に批判と抵抗の可能性があるか、という点に向けられる。私たちがどれだけ状況を変え、抵抗することができるか、それこそが自由であるということの内実とされる。このような見地からフーコーが晩年つねに関心を持ち続けたのが、「自己への配慮」の問題であった。権力関係のただ中にあって自由を獲得するためには、まず何より自己統治、そして自己への絶え間ない批判が重要であると考えられたためである。そのため、フーコーは古代ギリシアに遡り、「自己への配慮」[Foucault 1984b] や「自己のテクノロジー」[Foucault 1982] に着目した。さらに彼は自由であるための存在論を「倫理」と呼び、「道徳」と区別した。彼の関心は、そのような意味での「倫理」の可能性に集中したのである。

　このようにしてフーコーは、権力の微視的《ミクロ》分析から最終的には「自己への配慮」に行き着いた。このようなフーコーによる権力論は、一方で法や制度に重きを置いた伝統的な自由論とも、他方で階級闘争や革命論に重きを置いたマルクス主義的な自由論とも異なる、新しい自由論の地平を開いた。しかしながら、フーコーの権力論が、根源的な主体の内的反省とそれに基づく批判と変革の可能性をいかに示したとしても、同時に、政治哲学を非常に困難な状況へと導いたということもまた確かである[7]。と言うのも、彼の指摘するように、権力を批判し、それを乗り越えていくためには、まず主体の内的な自己反省が必要である。しかしながら、その自己反省にはつねに困難がつきまとう。というのも、主体がそもそも権力によって構成されている以上、そのような主体が自由に自らを振り返ることは容易でないからである。また、主体は自己を思うように作り変えることもできない。したがって、自己を反省するためには、自己の主体化の段階まで遡って、今ある自己がどのようにして形成されたかを、ねばり強くたどっていかなければならない。それも、そのような自己反省は、権力関係のまっただ中においてなされなければならない。それが実際にはどれだけ困難なものであるかは明らかであろう。

（7）この点について、[佐々木 1999:56] を見よ。

さらに、そのような主体の自己批判が達成されたとしても、それがはたして具体的な社会変革とどのようにして結びつきうるかという点についても、フーコーはけっして明快に述べているとは言えない。

それでは、フーコーによる自由論の理論的達成は、完全な行き詰まりにたどり着いてしまったのだろうか。必ずしも、そうとは言い切れない。なぜなら、フーコーによる理論的達成は今日一つの参照点となり、そこから新たな展開も生まれつつあるからである。そのような現代的展開についてさらに検討しないことには、フーコーによる権力論刷新の最終的な評価はできないであろう。

ドゥルーズの権力論

ところで、フーコーの権力論のさらなる展開を検討するに先立ち、フーコーと理論的には非常に近い位置にありながら、政治的には異なるヴィジョンを示したジル・ドゥルーズ*の議論を見ておくことが有意義である。政治的に異なるヴィジョンと言っても、二人は相互に高く評価しあい、実践的な政治活動においても連帯することが多かった。よく知られているように、フーコーは「いつの日か、世紀はドゥルーズのものとなろう」と述べたのに対し、ドゥルーズは後に『フーコー』[Deleuze 1986] という本にまとめられることになる、いくつかの重要なフーコー論を書いている。とはいえ、二人の間にははっきりした違いがあり、政治的に示唆される指針も大きく異なっている。それはいったいどのような違いなのか。

違いを検討する前に、二人の共有している部分をまず確認しておこう。フーコーが精神医療や狂気

ジル・ドゥルーズ (Gilles Deleuze 1925-95)

パリに生まれ、パリ大学（ソルボンヌ）で学ぶ。ヒューム、ベルグソン、ニーチェ、カント、スピノザなどについての哲学史的研究から出発し、『差異と反復』（一九六八）では、差異と反復についての哲学を構築した。さらに精神科医であるフェリックス・ガタリとの協力の下に、『アンチ・オイディプス』（一九七二）、『千のプラトー』（一九八〇）において、独自な社会哲学を展開した。九五年に自殺により生涯を閉じた。

の歴史への関心からその研究を出発したように、ドゥルーズもまた精神分析と社会との関係を重視し、この分野において活発な実践活動を続けてきたフェリックス・ガタリ*とともに『アンチ・オイディプス』と『千のプラトー』という二つの重要な著作を発表している。(8) ドゥルーズの「管理社会」論もまた、「規律権力」からさらに一歩進み情報技術を通じてのより徹底した監視と管理を実現した現代社会への危惧を、フーコーと共有している。

『アンチ・オイディプス』と『千のプラトー』の副題が「資本主義と分裂症」であるように、ドゥルーズとガタリは近代資本主義と分裂症との間にある本質的な結びつきに注目している。彼らによれば、すべての社会は欲望のダイナミックな運動体であるが、そのような社会は、それぞれに欲望の多形的な流れを安定化するためのコードと価値のヒエラルキーを持っている。ところが、このようなコードと価値のヒエラルキーを持った伝統的社会を脱した資本主義社会は、そのような伝統的な価値のヒエラルキーを破壊することによって、すなわち、コードを脱コード化してしまうことによって成立する。この脱コード化によって、自由になった資本は無限の自己運動を開始すると同時に、伝統的な社会に君臨した王のような権力の中心は不可視化される。しかし、それでは資本主義社会とは欲望の無方向的な氾濫を意味するのかと言えば、そうではない。ドゥルーズとガタリは、むしろ資本主義社会には、特有の「公理系」があるとする。「公理系」とは、彼らによれば、欲望の運動を一定方向に誘導することで管理するメカニズムを意味する。コードと違い、「公理系」は欲望の運動の不可視な整流器に過ぎない。それでは資本主義社会の「公理系」とは何か。「エディプス・コンプレックス」*的な家族こそが、まさしく資本主義社会における安定化のためのメカニズムの要であるというの

(8)　ドゥルーズとガタリの二つの著作については、やはり［浅田 1983］が依然として参考になる。

フェリックス・ガタリ
(Félix Guattari 1930-92)
共産主義者同盟に参加しながらボルドーの精神病院などに勤務した後、ラボルド精神病院院長に。ラカン派の精神分析を学んだが、ドゥルーズと出会い、共同で執筆を行う。共著に『アンチ・オイディプス』（一九七二）、『千のプラトー』（一九八〇）がある。

「エディプス・コンプレックス」
ギリシア神話に由来する、エディプス王の悲劇的運命になぞってつくられた、フロイトの精神分析の用語。彼によれば、男の子は三歳から五歳にかけて、父親に敵意を抱き、母親に対して愛情を求めようとする性的願望を持つとされる。

が、彼らの答えである。「父」の権威を否定して「独立した」主体となること、これこそ伝統的な価値の体系から放り出された諸個人を大量に生み出す資本主義社会において要請されるものである。エディプス的な個人は、自分で自分を監視し、一定の方向へと自己運動していく。しかも、そのことによってむしろ、資本主義という機械の部品となっていくのである。

それでは、ドゥルーズとガタリにとっての権力論とは、どのようなものだろうか。彼らによれば、伝統的な社会と違い、資本主義社会では権力は顔を失い、非人称化される。そのことによって、権力は社会のあらゆる領域に拡散し、日常生活に浸透する。このような権力が、エディプス的家族を通じて、個々の主体の中に内面化されるというわけである。

しかしながら、現実を諸力の運動として捉えるドゥルーズとガタリは、いかなるシステムもそのような諸力を完全には閉じこめることができないとする。資本主義もまた、このような諸力をいったん解放した上で、それを一定の方向に誘導しようとする。これに対して彼らがユートピア的に展望するのが、このような諸力の整流器を否定し、諸力を外に開き、多様化・多形化することである。そのために彼らは「ノマディスム（遊牧性）」、「リゾーム（根茎）」、「戦争機械」といった個性的な概念を提起する。土地に縛られることなくたえず移動を続ける遊牧民。一つの幹からすべての枝が分岐するトゥリー状の組織に対して、中心も枝もない根茎的な秩序。国家の全体性と統合性に対抗し「国家なき社会」を実現するための戦争機械。言葉の本質的な意味において、彼らが志向するのはアナーキーな秩序のあり方である。すなわちアナーキーは無秩序ではない。秩序か渾沌かという二項対立を乗り越えたところにある、諸力の運動こそ、彼らが肯定しようとしたものであった。

フーコーとドゥルーズ

それでは、フーコーとドゥルーズらの違いは、どこにあるのだろうか。両者の違いを総合的に評価することは、本書の任務ではないし、また筆者にその能力はない。ここでは、両者の権力論の示す自由への展望の違いにのみ、言及しておきたい。

すでに指摘したように、フーコーは権力への抵抗の可能性を主体化のプロセスの中に求めた。すなわち主体の形成こそ、権力による介入とそれへの抵抗がせめぎあう場であった。フーコーはこの抵抗の可能性をつねに否定しなかったが、問題は、主体の形成の場において権力に抵抗するものとは何か、それはどのようにして出現するのか、ということであった。主体の形成において権力に抵抗するものを、もはや抵抗の主体とは呼べない。その何かを求めて、フーコーは、「自己のテクノロジー」や「自己への配慮」を問い続けたのである。その意味で、遍在する権力の分析から出発したフーコーは、自由の可能性を求めて主体化のプロセスの分析に行き着いたと見なすことができるであろう。

これに対し、ドゥルーズもまた権力の遍在化を問題化し、資本主義社会における「公理系」としてのエディプス的家族の中で生み出される主体に注目した。しかしながら、あえて彼の自由論と呼ぶべきものを探せば、それは、現実を複数の諸力の織り成す運動として理解するところにある。すなわち欲望をいったんは脱コード化しつつ、それを一定方向へとコントロールしようとする資本主義の装置に対して、この欲望を外へと開き、多様・多形な単独性を解放することが、ドゥルーズの自由論の中核を構成している。彼は自らの自由論を、精神医学の言葉を借りて「パラノイア（偏執症）」に対する「スキゾフレニー（分裂症）」の肯定として表現する。彼はこの自由のイメージを「ノマド（遊牧民）」にも託しているが、これ自体は非常に抽象的なユートピア的ヴィジョンと言えなくもない。しかしながら、この抽象的なユートピア的ヴィジョンこそ、マルクス主義と弁証法の陥った隘路から左翼運動を救い出し、資本主義におけるパラノイア的主体化と遍在する権力装置から個の単独性を解放する視座として、今日多くの左翼的思想家から熱い期待を受けていることも間違いない。ドゥルーズがこのような見通しから着目するのがスピノザであり、ドゥルーズによって哲学史の中から救い出されたスピノザは、マルクス主義以後の解放の理論として、今日アントニオ・ネグリ*［Negri 1982］をはじめとする諸思想家によって受け継がれ発展させられている。フーコーの自由論が新しい自己のテクノロジーの戦略へと行き着いたとすれば、ドゥルーズの自由論は新しい社会理論、新しい解放の戦略として読まれていると特徴づけることができるだろう。

「生-権力」論の展開

ここまでフーコーとドゥルーズらの権力論を検討してきた。以下では、両者の議論のさらなる展開を見ていくことにしたい。まずはフーコーの「生-権力」論についてであるが、フーコーの分析が正しいとすれば、権力はかつての「殺す権力」から「生かす権力」へと変わってきたはずである。権力は人の生を管理し制御することで、人口を増加させ、富を増大させることを目指す。けれども、そうだとしたら、なぜ二〇世紀はかくも戦争と大量虐殺とに血塗られた世紀となってしまったのだろうか。

アントニオ・ネグリ（Antonio Negri 1933-）
　現代イタリアを代表する政治哲学者。急進左翼のアウトノミア運動の理論的指導者として活躍し、テロリストグループ「赤い旅団」との関係を疑われ、投獄される。後に国会議員となり釈放されるが、国会での議決により再収監が決まり、フランスに亡命。パリ第八（サン＝ドニ）大学などで教鞭をとる。一九九七年に逮捕を覚悟の上帰国し、再び拘束されている。近年、マイケル・ハートとの共著『帝国』（二〇〇〇）が、話題になっている。主著に『野生のアノマリー』（一九八二）、『構成的権力』（一九九二）などがある。

二つの世界大戦、アウシュヴィッツ、強制収容所をはじめ、二〇世紀はかつてないほどの規模と残虐さの暴力を目撃し続けた。かつて権力が「殺す権力」であった時代と比べ、権力が「生かす権力」となった時代に、戦争は総力戦化し、人を殺すテクノロジーは飛躍的に発展を遂げた。これはフーコーの図式において、いかに説明されるのだろうか。

もちろん、フーコー自身、このことには十分自覚的であり、「生-権力」がいかに排除や暴力と結びつくかについて思索を続けた。またフーコーの議論を受けて、現在さらにこの問題を徹底的に考えようとしているのが、イタリアの政治哲学者*ジョルジョ・アガンベンである。本来、現代フランスの政治哲学を検討する本書にとって、イタリアの政治哲学者アガンベンを取り上げることは、いささか守備範囲を越えているが、今日フランスとイタリアの政治哲学研究は密接に連携しており、これを無理に分断する方が不自然と言えなくもない。同じくイタリア人であるアントニオ・ネグリとともに、アガンベンはフランスで著名な政治哲学者であると同時に、彼ら自身フランスでの議論の文脈を前提に、自分たちの議論を展開している。その意味で、フーコーの権力論の次なる展開として、ここでアガンベンを取り上げることが適当であろう。

アガンベンは、その著作『ホモ・サケル』において、古代ギリシア語における生を意味する言葉に「ビオス」と「ゾーエ」とがあったことを重視している［Aganben 1997］。彼によれば、「ビオス」が社会的な生を意味したのに対し、「ゾーエ」は生物学的な生を意味した。したがって古代ギリシアの政治や哲学がもっぱらその対象としたのは、「ビオス」の方であって、「ゾーエ」ではなかった。「ゾーエ」はむしろ、公的空間とは区別される家《オイコス》の管轄すべきものとされたからである。ところが、

*ジョルジョ・アガンベン（Giorgio Agamben 1942-）　イタリアの哲学者。ヴァルター・ベンヤミン研究の視点から哲学、美学、詩学を論じ、近年は政治哲学についても活発に論じている。現在はヴェローナ大学教授。政治哲学における主著である『ホモ・サケル』では、カール・シュミットの「例外状態」論や、アウシュヴィッツの問題を論じている。

近代の権力はむしろ「ゾーエ」をその対象とするようになる。この点こそ、古代と近代の権力の本質的な差異であり、フーコーのいう「生-権力」とはまさしく、近代の権力のこの側面に注目したものにほかならない。その重大な帰結は、近代の「生-権力」の前においては、個人は「ゾーエ」として、すなわちむき出しの裸の生物体として扱われることであった。「生-権力」、すなわちそのような裸の生を生かす権力は、同時にそれを大量殺戮する権力でもある。したがって、二〇世紀の惨禍もまた「生-権力」のなせる業であった、というのがアガンベンの結論である。

ネグリの権力論

最後に、フーコーやドゥルーズらの権力論を用いて、すなわち「生-権力」や「コントロール社会」といった概念を用いて、現代政治の展開を理解しようとする試みとして、アントニオ・ネグリとマイケル・ハート*の『帝国』に触れておきたい [Negri et Hardt 2000]。この本は、二〇〇一年九月一一日のアメリカにおける同時多発テロ事件以前に出版され、事件後「帝国」的な状況の出現を予言したとして注目されることになった著作である。二人の著者のうち主導的な立場にあるネグリは、イタリア急進左派のアウトノミア運動の指導者として、またスピノザ研究者としても知られる政治哲学者であるが、彼はスピノザの「群衆=多数者 (multitude)」の概念や、フランス革命期の、通常「憲法制定権力」と訳される「構成的権力 (pouvoir constituant)」の概念を通じて [Negri 1997]、現代におけるデモクラシーの再活性化のための理論的模索を続けてきた人物である。

*マイケル・ハート (Michael Hardt 1960-)
アメリカ・ワシントン大学で比較文学を修めた後、パリ大学でアントニオ・ネグリの下、政治哲学を学ぶ。現在はデューク大学で教鞭をとる。著書に『ジル・ドゥルーズ』(一九九三) などがある。最近、師でもあるネグリとの共著『帝国』(二〇〇〇) が話題となった。

ネグリらはこの本の中で、「生-権力」や「コントロール社会」ばかりでなく、それらの諸概念とは由来をまったく異にする「混合政体」や「共和政」といった政治思想史上の概念、さらには、レーニンやホブソンの帝国主義論から、従属理論*、そして世界システム論*にまで言及する。このような複合的な分析枠組みによって、ネグリらはどのように「帝国」を説明するのだろうか。

　ネグリらが強調するのはまず、「帝国」を可能にした基礎的条件としての、コミュニケーション・テクノロジーの発達である。というのも、この発達により、権力による諸個人の生をコントロールする技術もまた格段に向上したからである。彼らにとっての「帝国」とは、このようなテクノロジーによって一体化した世界であり、したがって、「帝国」の秩序が即座にアメリカ主導の世界秩序を意味するわけではない。しかしながら、このような一体化した世界秩序を主導する役割に最も合致していたのが、アメリカであったことも否定できない。ネグリらは、このことをマキアヴェリの「拡大する共和国」*という議論を援用して説明する。マキアヴェリはその『リヴィウス論』において、ローマが発展したのは、その内部における対立を否定することなく、むしろそのエネルギーを対外的拡張へと転化することに成功したことにあるとしているが、アメリカもまた内部における対立を対外拡張のエネルギー源とする「拡大する共和国」であるというのが、ネグリらの説明である。アメリカの特徴は、対内的には多元的でハイブリッドな共和政であり、対外的には絶えずフロンティアを拡張する帝国であるという点にある。言いかえれば民主的共和政と帝国とを結びつけたということにある。アメリカの膨張の運動は、フロンティアの消滅後も、新たなフロンティアを求めて対外拡張へとつながっていく。セオドア・ルーズヴェルトの帝国主義、ウッドロー・ウィルソンの国際主義を経て、フランク

従属理論
　先進資本主義国の経済発展は、第三世界の低開発と機能的に関連していると主張する経済理論。アンドレ・ギュンター・フランクらによって提唱された。経済的先進国と後発国は、歴史的時間の先後関係にあるのではなく、むしろ後発国は先進国によって作り出されたとする。

世界システム論
　国民経済を自立的システムとして扱う従来の経済史を批判するために、イマニュエル・ウォーラスティンによって提唱された理論構想。中核部と周辺部、および半周辺部から構成される資本主義的な支配連関構造が一五世紀末のヨーロッパに形成され、以後中核部の変化を伴いつつ地球規模に拡大していったとされる。

「拡大する共和国」
　ニッコロ・マキアヴェリ

リン・ルーズヴェルトのニューディール政策へと至る二〇世紀のアメリカは、まさしく「自由の帝国」であった。ヴェトナム戦争はたしかに挫折であり、「自由の帝国」は転換を余儀なくされたが、やがて運動は形を変えて再開し、湾岸戦争に至ったとする。このようなアメリカの「拡大する共和国」としての特徴は、ネットワーク化された権力に非常に親和的である点に見いだせる。したがって、今日の「帝国」化した状況において、アメリカが主導的役割を担っている理由の一つは、この点に見いだせる。

ネグリらは、このような「帝国」的秩序が、伝統的な国際法的秩序と異なること、すなわち、「帝国」によって、近代の主権国家と主権国家間の国際法の枠組みは決定的に相対化されてしまったことを強調する。しかしながら、このことは、何ら権力の支配力が低下したことを意味しない。というのも、個々の政府の政策の有効性は低下しても、国家を越えた権力のネットワークはむしろその力を増しているからである。「帝国」とは、まさに「生-権力」のネットワーク的支配にほかならず、「帝国」の下、権力と主体との関係は、より微妙になっている。権力は、知識や情報、コミュニケーションを通じて主体に働きかける。そのため、帝国という機械は、まずコミュニケーション産業から機能している。

この点に関して、フーコーが「規律権力」が主体を生み出す場として、家族・学校・工場・監獄を注目したのに対し、ネグリらは、もはや権力は特定の場所や制度との結びつきを持たなくなってきているとする。むしろ近代を支えてきたこれら諸制度一般の危機を背景に、帝国の権力は成立したというのが、彼らの考えなのである。その意味で、権力は今日、非-場所化している。そのことは同時に

の用語。彼は古代ローマの共和政を高く評価したが、その理由は、その対外的な拡張能力にあった。

権力への抵抗を困難にもしている。というのも、権力のある一点をたたくことで、そこから世界的に同時に革命の連鎖が起こるというようなことは想定しにくくなっているからである。過去においては、世界の労働者による革命が語られたのに対し、現在世界各地で起こっている様々な紛争や対立には各々に固有のローカルな事情があり、それらを貫く共通の大義を見いだすことは容易でない。かつて労働者によるインターナショナリズムがあったとすれば、今日国境を越えて形成されるのは、むしろ帝国の権力のネットワークである。

このようなネグリらの議論の持つ皮肉は、彼らがアメリカの「帝国」的秩序に対して批判的であるにもかかわらず、ある意味でその出現の必然性を説明する理論となっている点にある。実際、ネグリらは、このような「帝国」の出現を可能にしたのはグローバリゼーションによって活発化した「群衆＝多数者」の力であり、その意味で「帝国」の存在それ自体を根本的に否定することはできないとする。今後「帝国」それ自体を打倒しようとする抵抗運動は不可能であり、唯一可能な変革運動は「帝国」の外部からではなく、内部から起こるであろうと予言している。

この点とも関連するが、ポストモダニズムやポストコロニアリズムによる「差異の戦略」、すなわち文化・宗教・性をめぐって差異を肯定し、多様性やハイブリッド性を擁護する戦略は、帝国の時代にあっては必ずしも有効でないと、ネグリらは言う。なぜならこのような戦略は、むしろ権力の側の新しい戦略に沿うものであり、帝国の権力はこれらの差異を否定せず、むしろ肯定した上で統合しようとするからである。帝国の装置は世界を統合した上で、そこでの差異を肯定し、それを最大限効率的に配置しようとする。様々な少数集団を囲い込んだ上で、それらの差異を柔軟に扱う組織こそ、帝国の得意とするところである。差異を肯定し、それを最大限有効に活用・コントロールすることこそ、帝国のマーケティングであり、マネージメントなのである。

ここで、新しい人種主義《レイシズム》についても触れておきたい。現代の人種主義は、人類を生物学的な差異のカテゴリーに分類することよりも、むしろ歴史的に決定された文化的差異に依拠するようになっている。各々の社会には固有の文化的伝統がある。この一見寛容と相互理解を尊重する言明が、場合によっては、文化の両立可能性には限界があり、どうしても越えられない壁があるという議論と結びつく。その結果、むしろ社会的分離や囲い込みを擁護することにつながる可能性がある。今日世界は一体になり、ある意味で絶対的な他者はいなくなった。残るのは内部における微妙で偶然的な差異である。したがって、帝国の統治にとって、そのような差異に基づく社会的分離を生産・再生産することが必要不可欠となる。このような文化的差異による人種主義こそ、帝国の人種主義にほかならない。

このようなネグリらの議論に、フーコーやドゥルーズらの権力論を継承しつつ、それを現代世界の新たな展開とつきあわせることで、さらなる理論的・実践的な発展を目指すという意図を見いだすことは容易であろう。

権力論の行方

以上検討してきたような権力論の展開を、どのように評価すべきだろうか。これらの議論は共通して、近代的権力の本質的特徴をその不可視性と遍在性に見いだしている。権力の所在はかつてのように明らかではなく、社会の中に分散し、特定の場所や人物との結びつきを失いつつある。にもかかわらず、権力の浸透性は格段に高まっており、権力は政府やその他の政治的諸組織のみならず、学校や家族を通じて、個人の内面に働きかける。そのような権力のあり方に対して、伝統的な自由論はその有効性を失っている。すなわち、権力の及ばない外部に自由の領域を見いだすことはできない。したがって、自由論は主体の内部へ、あるいは資本主義や権力のネットワークの内部へと向かわざるをえない。今後、自由と権力は、二項対立的な関係としてではなく、互いに複雑にからみあう複合体としてより良く理解されるであろう。そして自由論は内側からの変革の可能性の模索という形をとるであろう。それがどれだけ、理論的あるいは実践的に困難なことであれ、現代フランスにおける権力論の一つの結論なのである。

第六章　人権と市民権の間

『人権宣言』の残した問い

フランスにおいて人権と市民権[1]の問題を考えようとするとき、つねに問題になるのが『人権宣言』（一七八九年）である。問題になるということの第一の意味はもちろん、一つの模範として、一つのモデルとして参照されるという意味である。しかしながら、第二の意味として、文字通りの「問題」、つまりいまだ決定的な解決を見ておらず、つねに問い直されている事柄という意味においても、『人権宣言』は問題であり続けている。

それでは、何が問題なのだろうか。ことの本質はその名称においてすでに現われている。『人権宣言』は、正確には『人間および市民の権利の宣言』という[2]。すなわち、ここには「人間（homme）」の権利と「市民（citoyen）」の権利とが併記されているのである。そのことから両者の関係が直ちに問われざるをえない。人が人であるがゆえに当然に認められるべき権利を「人権＝人の権利」と呼び、ある人が特定の政治的共同体の構成員であることに基づく権利を「市民権＝市民の権利」であると考えるならば、両者は直ちには同義語であるとは言えないからである。それでは、両者は異なる権利で

（1）　ここで「市民権」と呼んでいるものは、フランス語で言えば 'droits du citoyen' と 'citoyenneté' の両方に対応している。この二つの言葉はフランス語において互換的に用いられることが多いが、'citoyenneté' の場合は「市民としての権利」だけではなく、「市民であること」、「市民としての活動」をも同時に意味する。しかしながら、これらの含意に適切に対応する日本語表現が存在しないため、以下本書においては、これらの含意を念頭に置きつつ「市民権」という訳語で統一する。

（2）　全タイトルは 'La déclaration de droit de l'homme et du citoyen' である。

あり、『人権宣言』はその両者を慎重に区別しているのかと言えば、そうとも言い切れない。『人権宣言』の条文を読むかぎり、両者はまったく区別されていないようにも見えるからである。それではなぜ人権と市民権は併記されたのだろうか。

もし両者が併記されていなかったならばどうなっていたか。このことを想像してみることが、問題を考えるにあたっての一助となるであろう。例えば、仮に『人間および市民の権利の宣言』ではなく、『市民の権利の宣言』という名称であったとする。その場合、「市民」とは直ちに、フランスという特定の政治共同体の構成員を意味することになるであろう。したがって『市民の権利の宣言』とは、『フランス市民の権利の宣言』を意味したはずである。もしこの宣言の名称がそのようなものであったならば、保守主義の古典とされる、エドマンド・バークの『フランス革命の省察』は書かれなかったかもしれない。というのも、バークはこの本の中で、フランス革命が抽象的な理論に導かれた革命であることを批判しているが、彼の言うフランス革命の抽象性とは、「人権」という概念に向けられたものであったからである［Burke 1790:120, 邦訳 42］。バークにとって、人間とは抽象的な存在ではなく、つねに具体的な社会的属性を帯び、具体的な関係性の中で生きる存在である。したがって、その権利もまた、ある特定の社会の具体的な歴史過程の中で、一つひとつ確認され承認されてきたものにほかならない。したがって、「イギリス人の権利」は想定することができるとしても、およそ抽象的に「人間」の権利を論じることはできない。ましてそのような抽象的な権利に基づいて社会を構想、あるいは変革しようとすることなど、無益を通り越して有害でさえある。というのも、そのような抽象的な変革への熱情はむしろ、歴史的に形成されてきた社会の調和を破壊し、無秩序をもたらしかねないからである。バークの目には、フランス革命の持つ暴力性は、人権概念の抽象性と不可分のものに見えたのである。

このような批判は、バークだけのものではない。例えば*ジョゼフ・ド・メーストルはこのように言っている。「この世に人間なるものは存在しない。私は生涯の中でフランス人や、イタリア人や、ロシア人その他を見てきた。モンテスキューのおかげで（彼の『ペルシア人の手紙』を指している：筆者註）、人はペルシア人にだってなれることも知っている。だが、宣言してもいいが、人間なるものにはいまだかつてお目にかかったことがない（強調原文）」[Maistre 1797:145]。これだけでは、言葉尻をとらえた批判に見えるかもしれないが、ここでの批判の眼目は人権というものの抽象性にある。あるいはその形而上学性である。

したがって、仮に『人権宣言』が『人間および市民の権利の宣言』ではなく、『フランス市民の権利の宣言』であり、フランス人が歴史的に獲得した諸権利のカタログであったとすれば、バークやメーストルのフランス革命批判も、よほど違ったものになっていたはずである。しかし逆に言えば、『人権宣言』の画期性は、革命による新生フランスの発足にあたって、フランス人の諸権利を、単にフランス市民の諸権利としてではなく、「人権」、すなわち、およそ人間が人間であるがゆえに当然認められるべき諸権利として提示したことにある。またそのことによって、すべての人間が、理論的には政治的権利への道を開かれたことにある。『人権宣言』の影響がフランス一国を越え、同時に、フランスの内外を問わず批判を誘発したのは、以上述べてきた事情のためであった。

ジョゼフ・ド・メーストル
二九頁参照。

人権と市民権の間

ある一つの国家において、諸権利のカタログを人権として提示し、その意味で人権と市民権を同一視したことの意味は、その後の歴史的展開の中で、様々な形で問い直されることになった。

根源的な問題の一つは、人権が本当に人権、すなわちおよそ人間が人間であるがゆえに当然認められるべき諸権利であるならば、ある特定の一国がそれを明文化してその憲法もしくはそれに準ずる法に組み込む必要があるのか、という点にある。人権は人権である限り必然的に普遍的なものであるが、それが特定の政治共同体の明文化された規定となりうるのか、という問題である。何が人権かということに関しては無限の可能性があり、これを特定のカタログにしてしまうことによって、その可能性に不当な制限を加えるのではないかという懸念がありうるのである。

しかしながら、逆に、人権といえども、一国の実定的権利として明確に規定されない限り、現実における効果は持ちえないのではないか、という別の疑問も生じる。このことは、以後の歴史の中で、市民権が法的身分として、すなわち国籍と同一視されるようになることで、さらに深刻な問題になっていった。*ハンナ・アレントが『全体主義の起源』で指摘したように、世界が国民国家によってくまなく覆われるようになる中で、いかなる国籍をも奪われてしまった無国籍者は市民でありえず、市民としてのいかなる実定的権利をも保障されない無国籍者は、危機的状況においては、およそ人間としての最低限の権利すら認められないという事態が生じたのである［Arendt 1951:290-302, 邦訳 2,270-290］。

ハンナ・アレント
四三頁参照。

このような人権と市民権の間にある違い、あるいはその緊張関係は、今日相対的には薄まっているように見える。現代において、人権の内容は実に広範な範囲に及ぶようになっているし、抽象的・理念的な存在にとどまらず、国際人権規約など、一定の実定的な効力を持つようになっている。逆に市民権の方は、ヨーロッパ市民権が論じられるなど、特定の国家への帰属という縛りから次第に解放されつつある。その結果、市民と国家との結びつきが、あらためて問い直されている。しかし、それにもかかわらず、やはり人権と市民権の違いは残っている。むしろ人間と市民を同一視することの政治的抑圧性が認識されるようになると同時に、人権と市民権との間の緊張関係がもたらす、実定的諸権利の絶えざる問い直しが評価されるようになってきているのである。以下、人権論と市民権論の理論的・実践的地平を、現代フランスの政治哲学者たちの議論を通じて確認していきたい。

マルクスの人権批判

すでに述べたように、人権という理念は世界に大きな影響を及ぼしたが、同時に、それに劣らぬ批判をも引き起こした。その初期の批判者であるバークやメーストルが、伝統的な秩序の立場から人権批判を行ったとすれば、これとはまったく異なる立場から人権批判を行った思想家が、カール・マルクスであった。マルクスはその若き日の著作『ユダヤ人問題によせて』の中で人権批判を展開しているが、彼にとって、真に人間を解放するためには、法的・政治的な次元で人権や市民権を承認するだけでは不十分であった。むしろ法的・政治的次元での解放を真の解放と取り違えることで、現実の疎外を隠蔽する危険性が生じるとマルクスには思われたのである。このような懐疑や危惧は、以後のマルクス主義陣営における人権の問題への取り組みを冷淡なものにするという逆説的な帰結をもたらした。ソヴィエト連邦における人権抑圧も、起源をたどればマルクスに責任があるという批判さえある。本書にもすでに登場している*クロード・ルフォールは、マルクス主義の内部からソ連の共産主義批判を開始した「社会主義か野蛮か」の一員であるが、彼の批判もまた、その焦点の一つは人権論にあった。しかしながらルフォールの人権論に入る前に、やはりマルクスの議論を正確に振り返っておく必要があろう。なぜ、またどのように、マルクスは『ユダヤ人問題によせて』の中で人権批判を展開したのであろうか。

この書で、マルクスは*ブルーノ・バウアーの著作の紹介とその批判を行っているのだが、論じられている議論の射程はそれにとどまらず、宗教と政治的解放の関係、政治的国家と市民社会の関係の本質にまで議論は及んでいる(3)。彼はまず、アメリカ合衆国を例にとり、国家は国教を否定し、宗教を個人の私的な事柄とすることで、自らを政治的に解放すると論じる。国家は宗教の存在を否定しないが、これを市民社会の問題とすることで、自らを宗教問題から切り離すのである。このことによって、国家は自らの普遍性を確認する。したがって、キリスト教に基礎を置くキリスト教国家は、その意味から言えば「非国家」にすぎない。しかしながら、このような分離の結果として、個人は国家と市民社会との間で切り裂かれることになる。というのも、個人は国家においてはシトワイアンであるが、市民社会においてはブルジョワであり（ここでマルクスはフランス語のシトワイアンとブルジョワという言葉を用いている）、宗教にかかわるのはもっぱら市民社会における私的個人、すなわちブルジョ

(3)『ユダヤ人問題によせて』の分析としては、[吉岡 1992] が参考になる。

クロード・ルフォール
六二頁参照。

ブルーノ・バウアー
(Bruno Bauer 1809-1882)
ヘーゲル左派の代表的哲学者。聖書の歴史的・批判的検討を通じてキリスト教の発生史研究で業績を残した。自己意識を軸とする独自の歴史哲学を展開し、マルクスにも影響を与えたが、晩年には反ユダヤ主義的傾向を強めた。

ワの資格においてに限られるからである。宗教をはじめとする多くの事柄は公的な意味を失い、個人の私的な事柄とされる。その結果、個人は一方においてシトワイアンとして普遍的利益を追求するが、他方においてブルジョワとしてそれ以外の私的利益を追求することになる。一人の個人がシトワイアンとしての側面と、ブルジョワとしての側面に分裂せざるをえないのである。

本章の議論との関連で重要なことは、マルクスが『人権宣言』における、「人間」の権利と「市民」の権利の併記を、このような分裂という文脈において読み込んだという点にある。マルクスにとって、このタイトルはまさしく個人がシトワイアンとブルジョワの間で、そして政治的国家と市民社会の間で切り裂かれ、分裂していることの表現として理解された。「人間の権利すなわち人権は、そのものとしては、市民の権利すなわち市民権から区別される。市民から区別された人間とは誰なのか？　市民社会の成員にほかならない。（中略）いわゆる人権、つまり市民の権利から区別された人間の権利は、市民社会の成員の権利、つまり利己的人間の権利、人間および共同体から切り離された人間の権利にほかならない」。つまり、あえて市民権と区別される人権とは、他の人間との公的な紐帯を失って、私的利害に閉じ込められたブルジョワとしての人間の権利にほかならないと言うのである。これをマルクスは、「孤立して自分の中に閉じこもっているモナドとしての人間の自由」と呼ぶ。彼はさらに述べる。「自由という人権は、人間と人間との結合に基づくものではなく、むしろ人間と人間の分離に基づいている。それは、このような分離の権利であり、局限された個人の権利、自己に局限された個人の権利である」[Marx 1843:157-158, 邦訳 41-44]。マルクスがこのように断定する根拠は、『人権宣言』第二条において、権利の中味として列挙された「平等、自由、安全、所有権」と、

第六条における、他人を害さない限りすべてのことをなす権利という自由の定義である。これをもって、マルクスは人権を「分離の権利」として理解したのである。

マルクスの眼には、人権とは分離の権利と映った。彼にとって、近代ブルジョワ社会とそれと不可分のデモクラシーは、人間と人間を切り離し、何よりもまず個人の排他的な所有権に基礎を置くものであった。このような分離した諸個人に対するマルクスの批判には、間違いなく同時代の保守主義者がなした批判と共通する部分があった。しかし、それにもかかわらず、彼の最終的目的が、政治的国家と市民社会、シトワイアンとブルジョワとに引き裂かれた個人の分裂の克服であったことは忘れてはならない。彼は単に法的・政治的次元での解放を批判するだけでなく、その次元を越えた新しい人間的紐帯を求めたのである。ところが、このようなマルクスの視点は、その結果として、人権を、私的利害に閉じ込められた個人の「分離の権利」として否定的に評価することにもつながった。そうだとすれば、たしかにマルクス主義によって正当性を与えられた共産主義体制が、全体主義に陥ったのは偶然ではないということになる。ルフォールの批判は、この点に向けられたものであった。

ルフォールの人権論

すでに触れたように、ルフォールは、西欧マルクス主義者たちの内で、最も早い時期から、社会主義の内部からの社会主義批判を開始し、ソヴィエト連邦内部における人権抑圧の事実に注目した一人である。* ソルジェニーツィンの『収容所群島』の告発の衝撃は、ソヴィエト連邦内部における人権抑

＊アレクサンドル・ソルジェニーツィン
二七頁参照。

圧の事実を明らかにしたばかりでなく、それが例外的というよりは、体制の一つの本質なのではないかという深刻な疑問を、多くの西欧マルクス主義者たちの間に生み出した。ルフォールもまたその一人であり、彼はその衝撃から、対立するものの共存としてのデモクラシー、および内なる対立の否定としての全体主義という、彼独自の理論を構築した。その際に彼にとって重要であった問いは、なぜマルクス主義によって正当化された政治体制が、彼の言うところの全体主義に陥ったのか、という点にあった。

マルクスは人権を批判したが、全体主義において踏みにじられたのも、まさしく人権ではなかったのか。ルフォールの問いは、この点に向けられた。彼は『政治の創設』[Lefort 1981] 所収の論文「人権と政治」の中で、マルクス主義と人権の関係を問い直す。その際に彼が注目したのが、やはりマルクスの『ユダヤ人問題によせて』であった。ルフォールは、若きマルクスのこの著作の分析を通じて、マルクス主義と人権、さらにはマルクス主義と政治の関係を問題化するのである。

とくにルフォールが問題にするのが、マルクスが言論の自由を評価しなかったことである。ルフォールは問う。マルクスは、『人権宣言』の第一〇条（言論の自由）および第一一条（表現の自由）を、ブルジョワ的所有権の擁護論の一パターンとしか見なかったが、これは、マルクスが自らのブルジョワ革命の定式にあまりにとらわれていたことの現われではないか。言論の自由の中に、人と人がコミュニケーションによって、狭い自己を越えてつながりを形成するという可能性があることを、マルクスは見落としていたのではないか。ルフォールは、マルクスとは正反対に、人権の中にむしろ人と人とをつなぐ権利を見いだそうとする。そしてそこにこそ政治の条件を見いだそうとする。このように人権をあらためて政治の可能性と結びつけて考えようとした点が、人権論に対するルフォールの独自の視点であったと言える。

ルフォールがこのような視点を確立するにあたって重要な役割を持ったのがトクヴィルであった。ルフォールは、トクヴィル読解を通じて、現代の専制である全体主義は、個人と個人の間の紐帯を破壊し、各個人を孤独な無力の中に閉じ込めることで成立すると考えるようになった［Lefort 1986:24-32, 邦訳 45-51］。このような視点からすれば、マルクスは人権が人と人とを切り離すとしたが、むしろ全体主義が可能になったのは、逆に、人権を否定したためではないかということになる。マルクスは人権を人と人とをつなぐ権利ではなく、「分離の権利」であるとして否定的に評価することによって、むしろ全体主義への道を整えてしまったのではないか。ルフォールはそのように問うのである。

また、マルクスは法的・政治的解放に満足することを批判した。彼によれば、法的・政治的な次元における解放に満足することは、政治と人権による人間の自律性というものに幻想を抱くことにほかならなかった。しかしながら、ルフォールは逆に問い直す。むしろ、現実の全体主義は、あらゆる人間の自律の可能性を完全に否定したのではないか。だとしたら、重要なのはむしろ人権であり、政治なのではないか。マルクスは、法的・政治的解放にとどまることを批判することによって、むしろ政治の意味についての正当な評価に失敗したというのが、ルフォールの人権論の結論であった。

マルクスの影響もあって、これまでマルクス主義系の知識人は人権について必ずしも積極的に論じてこなかった。人権という法的・制度的問題よりも、社会変革を通じての疎外や抑圧の根源的な克服こそが重要であると考えたためである。しかしながら、近年状況は大きく変化している。多かれ少なかれマルクス主義の影響を受け、一度はその洗礼を受けた知識人が、あらためて人権あるいは市民権をめぐって積極的に発言するようになっている。そして、今日の左派系知識人による人権・市民権論が展開しているのは、ここまで述べてきたルフォール的な視点の延長線上においてなのである。

人権は政治か？——ゴーシェの問い

ルフォールによってマルクスの人権批判への反批判が行われたことで、人権の批判者はついにいなくなったように思われる。ところが、皮肉なことに、人権の言説に対する新たな批判を開始したのは、ほかでもない、ルフォールの弟子であるマルセル・ゴーシェ*であった。さらに皮肉なことに、ゴーシェの批判には、どこかしら若きマルクスの批判と同じ響きが感じられるのである。これはいったいどういうことなのか。ゴーシェの議論を見てみたい。

ゴーシェは、一九八〇年に『デバ（*Débat*）』誌において「人権は政治（la politique）ではない」という論文を発表しているが、それから二〇年後の二〇〇〇年に再度同じ主題を取り上げ、「人権が政治になるとき」という論文を発表し、さらに、この二つの論文を巻頭と巻末に置く論文集『自らに抗するデモクラシー』を公刊している。この間に、本質的には彼の議論は変化していない。たしかに彼はけっして人権を否定しているわけではないし、全体主義における人権の否定を告発したルフォールの議論を無意味だと言っているわけでもない。しかしながら、ゴーシェは問うのである。人権ははた

＊マルセル・ゴーシェ　八八頁参照。

して政治なのか。

人権が政治的言説の中で再び脚光を浴びるようになったのは一九七〇年代（ソルジェニーツィンの『収容所群島』がフランスで刊行され、ルフォールが人権論を展開したのも、この時期である）のことである。ゴーシェは、このことにまず注意を向ける［Gauchet 2002:333］。この時期には理由があるのではないだろうか。というのも、ゴーシェの見るところ、七〇年代とは、まず先進産業諸国における経済的危機という形で現われた、歴史の大きな転換期であったからである。この時期、第二次世界大戦後の西側諸国において中核的役割を果たした福祉国家の枠組みが危機に陥り、さらには国家の統治能力それ自体への疑問の声があがった。それと同時に、保守主義、自由主義、社会主義というイデオロギーの枠組みをはじめとする、一九世紀初頭以来の政治的・社会的言説が動揺することになった。ゴーシェがとくに強調するのは、「伝統」、「進歩」、「革命」の言説である［Gauchet 2002:346］。この三つは、それぞれ保守主義、自由主義、社会主義の言説の中核にあった理念であったが、この三つの理念に対する信頼性の空洞化は、三つのイデオロギーそのものの信頼性の空洞化につながった。しかしながら、ゴーシェにとって決定的に重要なのは、「イデオロギーの終焉」そのものではない。それ以上に重要なのは、「伝統」、「進歩」、「革命」の三つの理念が社会を導く力を失うことで、社会は未来についていかに構想すべきかの指針を失うことになったのではないかという疑問であった。

このように考えてくると、人権の言説が再度脚光を浴びたのが一九七〇年代であったのは偶然でないことになる。ゴーシェの考えるところ、人権の言説が公的な舞台に現われた真の理由は、一九世紀以来の政治的・社会的言説の失効による認識的・規範的な空洞を埋めるためであった［Gauchet 2002:

347]。人々の共存と集団の自己統治という問題を考えるにあたって、その枠組みとなるものは、もはや人権しかなくなってしまったのである。あるいは少なくとも、そのように見えるようになったのである。そうだとすれば、人権の言説が再度脚光を浴びたからといって、それを両手をあげて歓迎するわけにはいかない。ゴーシェは、重大な懐疑を提示する。はたして、人権はわれわれの社会の未来について、本当に指針を与えてくれるのだろうか。第三章で検討したように、《政治》が、社会の既存の枠組みを問い直し、自らの力でこれを変革していくことであるとすれば、人権ははたしてそのような意味での《政治》であろうか。

ゴーシェの答えは否定的である。たしかに人権は、社会の中の抑圧を告発し、それに対抗するための手段として有効である。しかしながら、人権の役割はそこで終わる。人権は、社会の未来については、いかなる指針も示さない [Gauchet 2002:12]。人権のプロジェクトには最小限主義と最大限主義とがあり、前者はともかくも既得権を確保しようとするし、後者は権利要求を拡大して既存の社会枠組みを揺さぶる。さらには「差異への権利」、すなわち性差、エスニシティ、世代差などに基づく権利の主張をも生み出す。しかしいずれにせよ、人権という形式的な自由を擁護するにとどまり、それ以上の視野を持たないという点においては、穏健な人権論も過激な人権論も異なるところがない。このように考えるゴーシェは次のように言う。まずは諸個人がいる。あるいは、もはや諸個人しかいない。問題はそこからである。今後いかに諸個人の共存を考えるべきか、このような還元不能な多元性にまで分断された異質な存在から、どのように有効な集合性を生み出すべきなのか。人権の言説は、この問いに答えてくれない。

一九九〇年代に、社会主義体制は最終的に崩壊し、自由民主主義は勝利を謳歌した。ゴーシェはこれを「人権のデモクラシー」と呼ぶ。この「人権のデモクラシー」は、従来の社会的枠組みから切り離された諸個人が生み出すダイナミズムと、人権の論理に基づく政治の再定義を組み合わせることで、すなわち社会的現実と教養を結びつけることで発展した。そこで中核的な役割を果たしたのが「市場」というイメージであった。しかしながら、ゴーシェにとって、「市場」のイメージが政治的・社会的言説に持ち込まれるということは、諸個人の権利ということ以外、社会の未来についてのいかなる視座も存在しないということの現われに過ぎない。人権の性格は変化してしまった。人権の強調はもはや非政治化・私化しか意味していない、とゴーシェは説く。ここには若きマルクスの人権とは「分離の権利」に過ぎないという批判の反響を聞くことができる。マルクスは言った。かつて宗教とは人と人をつなぐものであった。しかしながら、今日、宗教が公的意味を失い、信仰が個人の事柄とされることで、「信仰の自由」は人と人の差異を擁護する権利となっている。このように人権は、人と人をつなぐものではなく、本質的に人と人を分離する権利である、と。もちろんゴーシェが念頭に置いているのは、マルクスとまったく異なる時代状況である。しかしながら、そのような違いを越えて、二人の議論にはどこか似たところがある。両者は人権それ自体を批判しているのではない。むしろ現実社会において、人と人が分離へと向かい、人々を再びつなぐ原理が不在であることを強調しようとしているのである。人権の強調が問題なのではなく、人権しかないことが問題なのである。その意味で、ゴーシェの、そしてマルクスの問いかけは、けっして軽くないはずである。

バリバールの市民権論

このように、ゴーシェの人権論は、非常に困難な理論的・実践的地平へと行き着いてしまった。そこで次に、ゴーシェとはまったく異なる視座から、人権そして市民権を論じ、その積極的意義を強調している論者として、エチエンヌ・バリバール*の議論を検討してみたい。第二章でも述べたように、若きアルチュセール派の俊英として出発したバリバールは近年、市民権、移民や外国人、欧州統合、レイシズム等をめぐって多数の著作を発表しており、現代フランスを代表する政治哲学者の一人となっている。

バリバールが出発点とするのも『人権宣言』、すなわち『人間および市民の権利の宣言』である。しかしながら、バリバールの人権および市民権論は、若きマルクスの批判から始まる。バリバールは、市民と区別される人間を、国家の構成員である市民と区別される私的な個人として理解するマルクスの読解を、「根本的に誤解」[Balibar 1992:133, 邦訳 59] であると断じる。バリバールの理解においては、『人権宣言』にある人間とは私的な個人ではなく、市民にほかならないからである。その条文を読む限り、人権と市民権の間にはいかなる隔たりも差異も存在せず、結果として、人間と市民の間にも差異は存在しないことになる。むしろ、両者の間に、いかなる隔たりも差異も存在しないことを宣言することこそ『人権宣言』の目的であったと、バリバールは言う。

『人権宣言』は、自らの基盤あるいは保障として、超自然的な神学論はもちろん、いかなる「人間本性」論も前提にしていない。『人権宣言』が依拠するのは、ただ平等な諸個人が相互に権利を承認

*エチエンヌ・バリバール (Étienne Balibar 1942-)
アルチュセールの弟子であると同時に協力者としても知られる。現在は、市民権や欧州統合について、また人種主義批判をめぐって、活発に政治哲学的研究を進めている。パリ第一〇大学(ナンテール)教授。

しあうという相互性の原理のみである。すなわち、諸個人は、一方的な決定や恩寵によって自由になるのではなく、他のすべての人間と平等であるがゆえに自由である。諸個人は相互に解放の源泉なのである。したがって、もはや自由を限定するものは、自己限定しかない。自由は、平等の規則を守るように、すなわち、自らの原理に合致し続けるように自分自身で定めた制限以外には、制限を持たない。その意味で、『人権宣言』が実際に述べているのは、自由と平等は同一のものであるということにほかならない。これをバリバールは「平等＝自由（égaliberté）」の命題[4]と呼ぶ。

したがって、バリバールによれば、『人権宣言』とは人間と市民との間にはいかなる差異もないこと、そして自由と平等は同一のものであることを、宣言したものである。市民になるためには、特性なしにただ人間であるだけで十分である。すべての個人は、他の諸個人と平等な資格において、権利を承認しあう限りで市民となる。すべての個人は自由であるが、その自由を制限するものは平等の規則のみであり、それは自由の自己限定である。このような意味において、バリバールは、カントが自律の哲学を作り出したのと同じ時期に、フランス革命において、君主の臣民が絶滅させられ、その代わりに共和政の市民が誕生したのは、偶然ではないとする［バリバール 1996:46］。

しかしながら、他方でバリバールは、このような人権の普遍的な政治的指示と、現実の歴史的諸条件の下で実現され制度化される市民権との間には、つねに緊張が残ることを認めている。市民権という概念はつねに闘争の賭け金であり、歴史的に変質を被ってきたからである。その例としてバリバールは、フランス革命後においても、能動市民と受動市民の区別が生まれ、また女性の参政権承認については、一九四五年まで待たなければならなかった事実を指摘する。プロレタリア、女性、植民地化

（4）この「平等＝自由」の命題は、トクヴィルの『アメリカにおけるデモクラシー』第二巻の第二部第一章に前例があるほか、現代ではジョン・ロールズの「正義の二原理」の第一原理とも相通じるものがある。

され隷属化された人々の解放の歴史は、その意味で、権利要求の歴史というより、すでに宣言された権利を享受するための現実的な闘争の歴史であった。彼らはつねに平等な自由の命題に訴えたが、この命題からすれば、彼らの訴えを原理的に退けることはできない。むしろ、このような訴えこそ、この命題の実効性を確証するものであった。すなわち既成秩序への異議申し立ては、この秩序の原理とは異なる別の原理への訴えではなく、むしろその原理の同一性に訴えることであった。このような考えに基づいて、バリバールは現在「サン・パピエ」と呼ばれる、文字どおりには公的書類なしにフランスで働く「不法滞在者」の異議申し立ての運動に深く関与している。「サン・パピエ」は単にその権利を擁護されるべき存在ではない。むしろ、彼らこそ、デモクラシーを維持発展させるために連帯すべき存在にほかならないと、バリバールは説く [Balibar 1997:23-25, 邦訳 31-34]。

このように見てくると、バリバールにとって、『人権宣言』の持つ真の意義は、人間と市民とを同一視することによって、むしろ人権の普遍性と、市民権の歴史的諸条件によって限定された現実との間に、恒久的な緊張状態を生み出したことにあると言えるだろう。その意味で、ゴーシェと違い、バリバールにとって「人権の政治」は可能である。むしろ、「人権の政治」による解放の契機こそ、政治を構成する最重要な諸要素の一つである。(5) そして、そのようなバリバールにとって、市民権とは制度や地位ではない。むしろ、市民権とは、人間の公共空間を拡大するための集団的実践そのものなのである。

(5) 第一章において、バリバールの「変革」の政治という考えに触れた（註8）。[Balibar 1997] においては、「解放」の政治、「変革」の政治、「市民性」の政治の三つを、政治を構成する主要概念であるとしている。

市民権の諸類型

ここで、市民権の歴史的な諸モデルについて整理しておきたい[6]。市民権についてはいくつかのモデルがあるが、そのうちの重要なものは古代に遡る。古代においても、とくにギリシアの市民とローマの市民を区別すべきである。

古代ギリシアの都市国家において、自由で平等な共同体の構成員としての市民の理念が生まれた。市民の役割は何よりも、他の市民とともに公共の事柄の審議と決定に参加することであり、これこそが、ギリシアの都市国家をペルシア帝国などの国々と区別する最大の特徴であるとされた。ギリシア人はポリスの市民であるがゆえに自由である、というのが彼らの強烈な自負であった。しかしながら、ギリシアの都市国家において、市民の資格は出生に基づいており、アテナイならアテナイ市民の男系の子孫でないかぎりその市民となることはできなかった。したがってアテナイに何年生活しようとも、外国人、奴隷、女性には市民となる道が閉ざされていたのである。

これに対し、ローマの市民権を特徴づけるのは、その開放性である。ローマは都市国家から拡大していく過程で、併合した都市国家の自由民にもローマの市民権を付与していった。この点こそ、ローマ拡大の原因であり、閉鎖的なギリシアの市民との最大の違いであった。このことは市民権の内実にも影響を与えた。すなわち、ローマの市民権とは、公的意志決定に参加することよりはむしろ、諸権利の主体であることを意味した。したがってローマが帝政に移行した後も、市民権には変化がなかった。帝国と開放的な市民権は矛盾しないどころか、ある意味できわめて相性が良かったと言えるので

（6）以下の市民権の歴史的な諸モデルについては、[Schnapper 2000] を参照している。

ある。このような、閉鎖的かつ公的意志決定への参加に強調点のあるギリシアの市民と、開放的かつ諸権利の享受に重きの置かれたローマの市民とは、市民権についての相異なる二つのモデルとなったのである。

歴史的な市民権のモデルには、第三のものがある。それは中世に起源があり、自治都市や王国の「ブルジョワ」がその例となる。ルソーが『社会契約論』の中で嘆いているように、シトワイアンとブルジョワ（文字通りには城壁の内側の民）とは元来、まったく異質なものであった［Rousseau 1762: I, 6］。シトワイアンが本来その名が示すように都市国家の構成員であり、公的意志決定の担い手であったのに対し、ブルジョワは王や封建君主の支配に服し、一定の範囲で経済的・社会的諸特権を享受する存在であったからである。それはまさしく自治と隷属のバランスの上に立脚した存在であった。

これら三つのモデルに対し、近代の市民権のモデルは、そのある部分を受け継ぎつつも、まったく異なる特徴を持っている。その典型的な例はやはりフランス革命において見いだされる。フランス革命は、伝統的な王権の権威を否定し、自由で平等な市民の諸権利のみによって、自らの政治的正当化をはかった。すなわちフランス革命にとって市民の諸権利は、単に共同体を構成する市民が享受する諸権利であるにとどまらず、政治体の新しい正当性の源泉でもあった。カントは『啓蒙とは何か』の冒頭で有名な啓蒙の定義をしている。「啓蒙とは、人間が自分の未成年状態から抜け出ることである。（中略）それだから「あえて賢かれ！」、「自分自身の悟性を使用する勇気を持て！」――これがすなわち啓蒙の標語である」［Kant 1784:1, 邦訳 7］。人間が他者の庇護や後見を抜け出て、自らの意志で自らの決定をなすこと、これが啓蒙の理念であり、自律の理念であった。フランス革命はまさしくこの理念に基づき、新たな権利のモデルを提示した。すなわち、権利を基礎づけるのは、もはや神や伝統ではない。今後権利は、自由で平等な諸個人の相互承認によってのみ基礎づけられる。またそれと並行して革命は、そのような諸個人から成る政治体の集団的意志決定の原理を打ち立てた。新しい人権の理念と自治の理念は、ともに自律という理念に貫かれており、その限りで不可分のものとされた。

共和主義の市民権論

フランス革命はこのように独自の市民権の理念を提示した。それは、個人は諸権利の主体であるが、それはそのような諸個人から成る政治体の集団的意志決定と不可分であり、かつそのことによって、政治体の政治的正当性の源泉ともなっている。このようなフランス革命によって提示された市民権の理念に忠実であるのが、フランス共和主義の伝統である。この伝統について詳しくは第八章で検討するが、人権・市民権との関係において重要なのは、フランス共和主義においては、個人の権利の擁護は共和政の擁護と不可分であると考えられたことである。共和政こそ、個人の権利を擁護するにあたって最適の政体であり、権利の保障、公的意志決定、政治的正当性の三つは不可分のものである。このような信念こそ、フランス共和主義の一つの背骨となっているのである。

今日、このような共和主義的な市民権理念が取り組まなければならない、重要な諸問題がある。欧州統合と多文化主義*（Multiculturalism）の問題である。

多文化主義　一つの国家ないしは社会の中で、複数の異なる文化が共存できるよう、集団間の不平等を是正し、エスニシティ、人種、性差、宗教に基づく市民の文化的アイデンティティを承認、尊重していこうとする主張および運動。

まず欧州統合の問題であるが、これがなぜ共和主義の市民権論にとって重要な意味を持ってくるのかと言えば、それがフランス共和国の相対化ということと関連しているからである。伝統的な共和主義にとって、諸個人の権利を保障し社会的正義を実現するのは、あくまで共和国であった。人民主権とデモクラシーの舞台も共和国である。したがって、欧州統合の結果として、共和国の主権が相対化されることは、共和主義者にとって大きな危惧と警戒心を呼び起こしかねない。はたしてヨーロッパレベルで公共空間は成立するのか。デモクラシーは維持されるのか。それは共和主義の終焉を意味するのではないか。現在フランス政治において、欧州統合に懐疑的な勢力がしばしば自らを共和主義者と呼ぶことにも、フランス共和主義の持つ含意をうかがうことができる。

次に多文化主義であるが、これも共和主義の市民権論にとって、欧州統合に劣らぬ問題性をはらんでいる。フランスの共和主義は伝統的に、その「普遍主義」ゆえに、民族・エスニシティ・宗教などの多様性を、法的・政治的な次元で取り扱うことに躊躇があった。すなわち、その立場からすれば、共和政と政教分離の普遍的理念こそが、民族・エスニシティ・宗教による諸属性に優位すべきであり、したがってそれらの「特殊な」属性は私的な事柄であり、公的空間に登場すべきではない。この問題が顕著に現われたのは、イスラム系住民の子女がイスラムのシンボルである「スカーフ」をかぶって公立学校に登校することの是非をめぐる論争であった。この事件を通じて、宗教の介入を認めないフランスの公教育体制と、宗教的・民族的な「差異への権利」の主張とが、正面から衝突したのである。この点において、近年アングロサクソン圏においてさかんな多文化主義と、フランス共和主義的な市民権理念との違いは顕著である。(7)

(7) この点については、[北川 2001] が参考になる。

これらの点に関して、今日最も積極的に論じている一人が、ドミニク・シュナペール*である。著名な社会学者であり、レイモン・アロン*の娘としても知られるシュナペールは、とくに多文化主義の挑戦や現代における平等の問題という視点から、市民権や共和政の問題にアプローチしている。(8) シュナペールの主たる関心は、多文化主義の挑戦を受け止めつつ、共和主義の原理をいかに維持するかにある。彼女はたしかに多文化主義的な議論を現代的な市民権理論に取り込むことに、他の人々より積極的である。しかしながら、彼女もまたフランス共和主義の多文化主義に対する躊躇を共有しており、普遍的な市民権の原理に基づいて共和政を擁護するという点においては他の共和主義者と変わらない。全面的に多文化主義を肯定するわけではないのである。彼女の議論をより詳しく検討してみよう。

市民権理論は、多文化主義の主張をどのように受け止めるべきか。伝統的な共和主義の立場からすれば、社会の中の諸集団の文化的・宗教的な個別性は、自由と平等という普遍的な政治原理と矛盾しない限り、私的な事柄として尊重される。すなわち、公的・私的の区分に基づいて問題は処理されるのであり、諸個人はその私的生活、あるいは社会生活において、彼らの文化的・宗教的な諸価値に対する関与や実践を行う権利を保障される。しかしながら、それらの価値を公的場所において主張すること、政治的意味を持たせることは許されない。これに対し、現代の多文化主義は、諸個人が真にその尊厳を尊重されていると思えるためには、単に抽象的な市民としてのみでなく、歴史的・宗教的な諸属性を持った具体的な個人として承認される必要があると主張する。すなわち彼らの文化的・宗教的な諸価値に基づくアイデンティティを、単に私的にではなく、公的に承認されることを求めているのである。

(8) シュナペールの市民権論として、［Schnapper 1994, 2000, 2002］を参照。また、シュナペールの共和主義と多文化主義論についての解説としては、［北川 2001］が参考になる。

ドミニク・シュナペール
(Dominique Schnapper)
　現代フランスの社会学者、社会科学高等研究院教授。イタリア研究から出発し、移民問題や失業問題、さらに近年は特に市民権の問題に積極的に発言している。著作に『統合のフランス』(一九九一)、『市民の共同体』(一九九四)、『他者への関係』(一九九八)などがある。

レイモン・アロン
二八頁参照。

シュナペールは、伝統的な共和主義の不十分さを認めている。というのも、伝統的な共和主義は、このような文化的アイデンティティへの主張を、普遍的な市民権を理由に退けてきたが、結果として普遍性の名の下に、社会の中の少数派の文化を抑圧することを正当化してきたからである。しかしながら、同時に彼女は文化の特殊性に基づく権利の主張の危険性をも強調する。なぜなら、このような主張は、個人をその所属する集団に閉じ込め、そのかぎりで、個人の自由の原則と抵触しうるからである。ある集団の属性を不変のものとして集団への帰属を法的に認定し固定化することは、個人の選択の自由の侵害となる。またシュナペールは、このような個別主義的な帰属を実体化する結果として、社会が諸集団によって断片化されてしまう危険性を指摘する。

それではシュナペールはどのように市民権を捉えるのであろうか。彼女は文化的個別性の主張を許容する「寛容な共和主義」を構想するが、しかしながらこのような個別性を絶対化する本質主義的な思考を拒絶する。あくまで人権の普遍性が大前提であり、自由と平等という普遍的原理に基づく市民権は、文化の個別主義的主張より優位しなければならない。その意味で市民権の超越性は、文化の相対主義に対し擁護されなければならない [Schnapper 2002]。したがって、彼女は「相対的な相対主義」は許容するが、「絶対的な相対主義」を否定する。

次に彼女の欧州統合についての見解にも触れておきたい。彼女は、ヨーロッパ市民権という国境を越えた市民権によってナショナルな市民権を相対化していこうとする議論に対し、批判的である。例えばドイツのユルゲン・ハーバーマス*が、ヨーロッパ諸国民による、国境を越えた新しい民主的な公共空間の建設を主張するのに対し、シュナペールは、現状における、また近い将来における、一つの

＊ユルゲン・ハーバーマス　一一九頁参照。

「ヨーロッパの人民」なるものの存在自体に懐疑的である[*Le Monde*, 28 décembre 2000]。デモクラシーの実践のためには対話と交渉のための公共空間が必要であるが、それを可能にするのは歴史的に形成されてきた共通言語や共有された価値観である。この条件を欠いたまま統合を進めれば、むしろデモクラシーの基盤を危うくする危険性がある。抽象的な原理に対する忠誠だけでは不十分であり、あくまで政治的な「ネイション」があってこそ、はじめてデモクラシーの実践も可能になるのである。

人権・市民権論の行方

以上、現代フランスにおける様々な人権・市民権論を見てきた。各論者の間の違いが大きく、これを現代フランスの人権・市民権論としてひと括りにするのは困難であるとしても、大きな傾向のようなものは指摘できるであろう。

フランスにおける人権・市民権論を今日なおリードしているのは、『人権宣言』が残した問いかけ、すなわち人権と市民権はたしてどのような関係にあるのか、という問いかけである。これに対し、一方において、市民権とあえて区別される人権をもって、非政治的な「分離の権利」であるとするマルクスの批判を受けて、「人権の政治」批判を展開するゴーシェがいる。他方において、人権と市民権の区別を、最も実り多い緊張関係において捉えようとするバリバールがいる。この見解からすれば、人権の持つ普遍性への志向は、つねにあらゆる相対主義・個別主義への歯止めとしての意味を持つ。この普遍性はもちろん理念的なものであり、完全に現実化されることはありえない。しかしながら、それはけっして現実に対して無力であることを意味せず、むしろカントのいう意味における統制的原理*の役割を果たしている。これに対し、現実の市民権は、歴史的な諸条件において決定され、つねに人権の普遍性との間にずれを持つ。したがって、つねに市民権から排除される人間は存在し、不平等はなくならない。しかしながら、重要なのは、このような排除に対する闘争がつねに継続し、それを支えたのが人権の普遍性の理念であったという歴史的事実である。その意味で、人権と市民権の間の緊張こそが、この不断の闘争を生み出したと言えるのである。

また、このような人権と市民権がつねに共和国の存在と不可分に考えられてきたのも、フランスの政治的伝統であった。このような伝統は、今日欧州統合と多文化主義の挑戦と向き合っている。フランス共和国の相対化と文化の個別主義的な権利の主張に対し、これを正面から受け止めつつも、なお共和国とそのデモクラシーと密接に結びついた市民権、あくまで自由と平等という普遍的原理の優越を強調する人権の理念に忠実であろうとする点に、フランスの政治的伝統の影響を見ることができる。

フランスの人権・市民権は、つねにその独自のダイナミズムの中にある。

統制的原理
　現象世界の経験的認識に究極の統一を与えるべき方向を指示する理性の理念を指す、カントの批判哲学の用語。カントによれば、現象の世界を越えた「物自体」の世界についての形而上学的認識は、理論的な学としては成立せず、もろもろの理念はただ統制的原理としてのみ認められる。

第七章　新しい国制論

国制論とは

「われわれは、いかなる政治社会において暮らしているのか」。これこそ、政治哲学の伝統において、最も基本的な問いであった。自分たちの生活している政治社会のあり方、その形式、それを動かす原理、これらを比較の視座において捉えようとする営みこそ、古代ギリシア以来、政治哲学の主要な関心を形成してきた。このような関心をここでは国制論と呼ぶことにしたい。

この「国制」という言葉は現在、日本語としてはほぼ死語に近い。元来はドイツ語の'Verfassung'や英・仏語の'constitution'などの訳語として採用された言葉であるが、今日一般的にはほとんど用いられていない。'Verfassung'や'constitution'は、今日もっぱら憲法と訳されているが、憲法と訳された場合、成文・非成文を問わず国家の最高法規を指すのに対し、国制の方はより広く憲法典を含む国家の諸制度の総体、その仕組みや、運用のあり方全般を意味する。このような意味での国制という概念は、遡れば古代ギリシアの「ポリテイア」という言葉に行き着く。プラトンの対話篇のうち、しばしば『国家』あるいは『共和国』という題名において知られる一篇もまた、ギリシア語では『ポリテイア』である。この『ポリテイア』を『国家』と訳すことで、近代語にいう「国家」、すなわち'state' 'état' 'Staat' などを想像するとすれば、これは誤解と言わねばならない。なぜなら、近代語にいう「国家」とはイタリア語の 'stato' に由来する言葉であり、この意味での「国家」は、古代ギリシア語のポリスやローマのキヴィタスとはまったく別系統の言葉だからである。[1] プラトンの『ポリテイア』とは、近代語にいう「国家」論ではなく、むしろ「正義」とは何かを問うことで、理想の政治社会のあり方を人間の精神のあり方と関連させつつ論じた著作であった。

(1) 日本語においてはすべて「国家」と訳されてしまうこれらの言葉については、[福田 1988]、[佐々木 1989] を参照。

国制論の諸類型

政治社会のあり方、その形式、それを動かす原理を、比較の視座において捉えようとする関心をここでは国制論と呼ぶとした。比較の視座においてということは、国制論はつねに類型論とともにあるということでもある。最も根源的な類型区分としては、「自由な国制」と「専制」の区別がある。この区別は、古代ギリシア人が、ポリスの政治を自由で平等な市民による自治として理解し、これを一人の君主がそれ以外のすべての人間を隷属させるペルシアの専制政治と対比したことに由来している。この区別に基づいて政治哲学は、ある政治社会が自由であるか、あるいは専制の下にあるかを、最も本質的な違いと見なし続けてきた。

次なる類型論が、王政・貴族政・民主政の区分である。この区分は、狭義における政体論とも呼ばれ、プラトンとアリストテレスによって、その理論的基礎が打ち立てられた。この類型論は、支配者の数によって、一人の支配、少数者の支配、多数者の支配を区別するものであり、さらには、これに法や公共善にかなっているかという質的な区別を加えることで、六類型にもなる。この諸類型のいずれが望ましいかという問いこそが、長らく政治哲学の議論を活性化してきた。また、ポリビウス以来、王政・貴族政・民主政の三つを組み合わせた混合政体もまた独自の類型と見なされ、古代ローマの共和政の知的権威とともに、一つのモデルとなってきた。

さらに、これらとは異なる区別もある。都市国家、帝国、国民国家という類型論がそれである(2)。これらのうち、国民国家が最も新しく、近代西欧社会に起源を持つ。近年「国民国家の終焉」が語られ、それとともに新しい帝国の出現の可能性も論じられるに至り、俄然この類型論が脚光を浴びるようになってきている。都市国家というモデルは、もちろん古代ギリシアに由来する。古代ギリシアの持つ知的影響力により、そのローカルな経験は、一つの政治社会のモデルとして長くヨーロッパ社会において参照され続けてきた。これに対し帝国もまた、古代ローマ帝国の記憶とともに、ヨーロッパ史に大きな影響力を持ち続けた。都市国家の理念が、公共空間における自由で平等な市民による自治であったとすれば、帝国の理念は、唯一の権力の下に全世界が統合されるという人類の統一と人間性の普遍性であった。しかしながら、近世以後のヨーロッパ史の持つ独自性は、この由緒ある二つではなく、この二つに比べてあまり華々しくない王政こそが、その主導的役割を担ったということにある[Manent 1987:25, 邦訳 24]。この王政は、帝国ほど普遍的でなく、都市国家ほど特殊でない、ある意味で中間的な性格を持つ。しかしながら、この王政が次第に「ネイション」の理念と結びつくことでナショナルな王政となり、このナショナルな王政を母胎に国民国家が形成されていったのである。この

(2)　この区別についても、［福田 1988］を参照。

点については、後ほど詳論する。

国制論の復活

今日、このような国制に関する議論が再活性化しつつある。長らく、あたかも、およそすべての政治社会が目指すべき一般的モデルであるかのごとく考えられた国民国家という枠組みが動揺してきていることについては、すでに触れた。この結果、新しい帝国論が論じられるに至っている。また第三章で取り上げたクロード・ルフォール*は、政治哲学を政治科学と対置し、その際に政治哲学にとって伝統的に重要であった「自由な国制」と「専制」という区別の今日的意味を強調している［Lefort 1986:18, 邦訳 41］。また第四章では、近代において唯一の正当な国制と見なされたデモクラシーの意味を再び問い直す多様な議論が、今日登場していることを検討した。

このことは、逆に言えば、つい最近に至るまで、国制に関する議論が低調であったことを意味する。国制論とは、すでに決着のついた議論であると見なされてきたのである。この結果、「自由な国制」という言葉は死語となり、国民国家とデモクラシーの組み合わせが、唯一正当なものと見なされるに至って久しい。ところが今日、揺さぶられているのは、まさにこの組み合わせにほかならない。デモクラシーは国民国家においてのみ可能なのか、それとも国民国家を越えたデモクラシーは可能なのかということが、今日真剣な問い直しの対象となっている。

しかしながら、これらの問題について議論を進める前に、現代における国制論復活の意味をもう少

*クロード・ルフォール　六二頁参照。

し踏み込んで考えておきたい。

政治哲学と国制論

国制論は、なぜ伝統的に政治哲学において重要なテーマとされてきたのか。例えばナチス・ドイツを逐われ、アメリカで活躍した政治哲学者＊レオ・シュトラウスは、『政治哲学とは何か』の中で、次のように論じている。彼は「国制（politeia）」あるいはこの語の現代語訳である「体制（regime）」こそが、政治哲学の主導的なテーマであるとする。なぜであろうか。「体制《レジーム》とは、社会にその性格を与える秩序であり、形態である。それゆえ、体制とは、特殊な生活の仕方のことである。体制とは、共に生きることとしての生活の形態のことであり、社会の、そして社会における、生活の仕方のことである」。「体制というのは、社会の生の形態、社会の生活スタイル、社会の道徳的性情、社会形態、国家形態、統治形態、法の精神をも同時に意味している」。このような国制あるいは体制はつねに複数あるし、それらが相互に衝突しあうことも珍しくない。だとしたら、究極的にはどの体制が最善かという問いは不可避のものである。だからこそシュトラウスは、「古典的政治哲学は、最善の体制への問いによって導かれている」［Strauss 1959:34, 邦訳 45-46］と結論するのである。

ここで問題になっているのは、「よき人間」と「よき市民」との緊張関係であるとシュトラウスは言う。祖国に忠誠を誓うものは「よき市民」であろう。しかしある国で「よき市民」が、他の国では「悪しき市民」であることもありうる。ヒトラーのドイツにおける「よき市民」がその例となる。し

レオ・シュトラウス（Leo Strauss 1899-1973）
　ドイツ生まれの哲学者。フッサール、ハイデガーから思想的影響を受け、コジェーヴ、レーヴィット、ガダマーとも交流する。イギリスに渡ってホッブズ研究を行い、さらにアメリカに定住する。主にシカゴ大学で教鞭をとり、独自の影響を残した。著作として『自然権と歴史』（一九五三）、『ホッブズの政治学』（一九六五）などがある。

たがって、「よき人間」が「よき市民」であるのは、ただ体制が最善の場合に限られる。その場合にのみ、体制と人間のよさが一致するのである。シュトラウスは、愛国心とは次元を異にする、体制のよし悪しを判断する基準が存在しなくてはならないとする。彼が重視するのは、国制あるいは体制のあり方とのかかわりにおける、人間の魂の問題である。国制と人間の魂とは無縁ではありえない、というのが「古典的な」政治哲学の答えであった。

これに対し、「近代的な」政治哲学は異なる答えを与えた。マキアヴェリ以降の政治哲学は、国制あるいは体制に関心を持たない。シュトラウスによれば、「古典的な」政治哲学が体制の変革によって人間の徳を実現しようとしたとすれば、「近代的な」政治哲学は、人間の徳の如何にかかわらず安定的な制度の構想を目指した。「近代的な」政治哲学は、人間に自己保存の欲望以上のものを期待せず、そのような人間を前提に制度を構想しようとしたのである。「古典的な」政治哲学が、人間の徳の実現を目指したという意味で野心的であったとすれば、「近代的な」政治哲学は、人間の徳の如何にかかわらず安定的な制度を構想したという意味で野心的であった。「近代的な」政治哲学は、国制あるいは体制と、人間の魂との結びつきを断ったのである。

このようなシュトラウスの議論の是非はここでは措くとしても、国制論の中核にあった問題意識、すなわち人間の精神のあり方を、その人が暮らす政治社会のあり方とのかかわりにおいて、とくにその類型論において捉えようとする視点については、近代の政治哲学の歴史において、たしかに後退していった印象がある。共和政・王政・専制を、その原理である徳・名誉・恐怖と関連させて論じたモンテスキューの類型論は、数少ない例外であったが、彼の類型論すら、実は純粋の国制論とは言いがたい。というのも、共和政は古代、王政は中世、専制は東洋的政体を念頭に置いて作られた国制の類型であり、その意味で固有の政体論に歴史論が混入していると言えるからである。ルソーは、あらためて個人の自由と国制のあり方の関係に焦点を当てたが、彼の場合、王政・貴族政・民主政の区分は主権論と切り離され、純粋に政府の構成の問題に引き下げられている。

相対的に見れば、アングロサクソン圏のとくに自由主義的伝統と比べれば、モンテスキュー、ルソーと、フランスの政治哲学の伝統においては、国制論の伝統がより濃厚に見られると言うことはできるかもしれない。しかしながら、いずれにせよ、国制論の伝統が次第に過去のものと見なされるようになったことは否定できない。その国制論が今日、復活しつつあるとすれば、それはいったい何を意味しているのであろうか。

国民国家の終焉？

話を再び「国民国家の終焉」に戻そう。まず注意しておいた方がよいことは、ここで終焉が語られているのは国家のあり方の一つとしてのナショナルな形式であり、それが直ちに「国民」や「ナショナリズム」の終焉を意味するわけではないということである。「国民」にせよ「ナショナリズム」にせよ、実に定義の困難な概念である。また現在最もさかんに論じられている主題でもある。「国民とは何か」、「ナショナリズムとは何か」を論じた著作は、遠く一九世紀の*エルンスト・ルナンから、今日の*ベネディクト・アンダーソンや*アーネスト・ゲルナーに至るまで汗牛充棟である。そもそも一方

ジョゼフ=エルネスト・ルナン
(Joseph-Ernest Renan 1823-1892)
神学、ヘブライ語をはじめとする諸言語を学び、「理性によるキリスト教の検証」を生涯の課題とした。主著に『イエスの生涯』(一八六三)がある。『国民とは何か』(一八八二)によって、フランスにおける「国民」概念のイデオロギー的基礎を提供したことでも知られる。

ベネディクト・アンダーソン
(Benedict Anderson 1936-2015)
中国に生まれ、ケンブリッジ大学で古典を、コーネル大学でインドネシア研究を専攻し、現在は同大学で教鞭をとっている。東南アジア研究のほか、『想像の共同体』(一九八三)で知られる。

で「国民国家の終焉」が語られているのに対し、他方で国民とは何かについて活発に議論されているというのは、おかしな話である。一方でそれが何を指しているか議論が定まらないものを、他方でそれが終わったと言っていることになるからである。議論は錯綜するが、ここで議論するのはあくまで、国家の一つのあり方としてのナショナルな形式、すなわち「国民」という観念を軸に構成される国家のあり方についてである。

現在、あるいは現在も、と言うべきであろうが、世界には大きな不均衡が存在する。国民国家についても同様である。一例をあげると、ヨーロッパでは今日EUによる欧州統合が進みつつある。加盟国の多くはユーロに参加することで、通貨という伝統的な国民国家にとっての最重要政策に対する独占的権限までを放棄している。その意味でヨーロッパ諸国はすでにポスト国民国家の時代に突入していると言えるだろう。そうかと思うと、旧ユーゴスラヴィアのボスニアでは、EUの代表も加わって、真剣に「国民国家建設（nation-building）」が語られている。タリバン政権崩壊後のアフガニスタンでも同様である。国際介入による国民国家の建設という奇妙な事態がアイロニーでなく語られているのである。一方で国民国家を十分に経験した成熟した社会、他方でこれから国民国家を学習すべき社会があるかのような二分法が平然とまかり通っている。

また、現在アメリカ合衆国を、あるいはそれを中心とする世界秩序を「帝国」の名で呼ぶことが珍しくなくなっている。その代表的な著作である、アントニオ・ネグリ*とマイケル・ハート*の著書『帝国』にはすでに触れたが、彼らの著作は別にしても、一見しただけで、現在のアメリカを帝国と呼ぶだけの理由があるように思われる。アメリカは冷戦後唯一の超大国となり、その覇権は湾岸戦争と同

アーネスト・ゲルナー（Ernest Gellner 1925-95）
パリに生まれ、チェコスロヴァキア、イギリスで教育を受け、オックスフォード大学で政治学、哲学、経済学を学んだ。ロンドン・スクール・オブ・エコノミクス教授をへて、ケンブリッジ大学教授。北アフリカをフィールドとする社会人類学研究のほか、幅広い分野で活躍している。主著に『民族とナショナリズム』（一九八三）などがある。

アントニオ・ネグリ
一一八頁参照。

マイケル・ハート
一二〇頁参照。

時多発テロ事件の後のアフガニスタン攻撃、そして対イラク戦争を通じてさらに強化された。しかしながら、一つの超大国の覇権と言うだけでは、帝国と呼ぶには不十分である。また現在のアメリカが帝国であるのは、従来の帝国主義という概念とも区別されなければならない。アメリカの世界政策は、伝統的な植民地政策とまったく異なっているからである。帝国とは、あえて言えば理念的なものに支えられている。それは普遍的な世界という理念であり、単一の理念の下に全世界を一つに統合するというヴィジョンである。実際、現在アメリカは、「自由」、「デモクラシー」、「正義」の名の下、世界秩序の担い手を自認し、世界秩序の名の下に世界各地に介入している。

アメリカ主導の現在の世界秩序が帝国的になっていることの最も顕著な現われは、警察と軍隊の区別の消滅である。伝統的な国際法理解においては、国内の治安問題と国外の安全保障問題とがはっきりと区別され、前者は警察、後者は軍隊の管轄とされていた。ところが現在のアメリカは、「世界の警察」として行動し、テロ事件は直ちに対外的な報復戦争に直結する。伝統的な警察と軍隊の区別が微妙になりつつあることは明らかである。このような状況に対して、現代の政治哲学はどのような分析を試みているであろうか。

国民国家の起源？

そもそも「国民国家の終焉」というが、それでは「国民国家の起源」は存在するのか。終わりがあるならば始まりがあってしかるべきであるが、しかし、ものごとは実際には必ずしもそうならない。

多くのものは終わりに近づいたとき初めてその存在が意識され、その起源が歴史を遡って探される。しばしば起源は遡及的に発見され、場合によっては捏造されることもある。

過去二世紀にわたって、国民国家という形式は一つの絶対的なモデルであった。フランス革命の影響下に西欧諸国で創造された国民国家という理念は、これら諸国の帝国主義支配を通じて逆説的に世界に輸出された。まず第一次世界大戦を受けて、ヨーロッパに残る諸帝国、すなわちドイツ帝国、オーストリア・ハンガリー帝国、ロシア帝国、そしてオスマン・トルコ帝国が解体された。その結果、民族や文化の違いを越えて一人の皇帝の支配に服する帝国という形式は時代遅れと見なされるに至った。さらに第二次大戦後に、旧宗主国からの支配を脱して独立を達成した、多くの旧植民地国家が国民国家の建設を目指すに至って、国民国家モデルはさらなる普遍性を獲得したかに見えた。

しかしながら、国民国家という形式は、西欧という特定の歴史的伝統の中に出現し、その固有の条件に規定されたものであったことを忘れるわけにはいかない。例えば国民国家のモデルとしてしばしば論じられるフランスであるが、フランス共和国はフランス王国の版図をほとんどそのまま継承して生まれた。この版図内には、言語をはじめ相異なる文化的伝統を持つ多様な地域が含まれていたが、この多様な地域を結び合わせたのは王権の力であり、所与としての国民的同質性が前もって存在したわけではなかった。むしろ王権の支配の下に、行政的規則からはじまって言語に至るまで、次第に様々なつながりや同質性が生まれ、そこから国民という枠組みが形成されていったと見なすべきであろう。国民国家の原型は絶対王政の中にあったわけである。

ゴーシェの国民国家論

それでは、絶対王権の中から、いかにしてナショナルなものの理念が生まれたのか。様々な解釈が可能であるが、本書においてここまでたびたび登場したマルセル・ゴーシェ*の考えを見てみよう。主著に『世界の脱呪術化』があるゴーシェは、政治的なものと宗教的なものとの関係の見直しを前提に、現代のデモクラシーに関する独自の理論を展開している。ここでは彼の論文「国家理性の鏡に映った国家―フランスとキリスト教世界」に触れたい［Gauchet 1994］。彼はこの論文で国家理性という観念に着目している。国家理性論によれば、一国の政治の規準はまず何よりも国家の利益にあるとされる。この場合、国家の利益は国王の利益とは区別されなければならない。ところで国家の利益という発想が生まれる前提としてはまず、国家の視点が成り立たなければならない。しかし、この視点が成り立つためには、カトリック教会が体現していたキリスト教社会の一体性に代わって、複数の国家がその独自の存在を承認させることがまず必要であった。そのためには、現世での権威の再定義が不可欠であったとゴーシェは指摘する。すなわち、国家それ自体が超越的存在となり、教会に代わって、天と地、可視的なものと不可視的なもの、彼岸と此岸とを媒介する存在とならなければならなかった。さもなければ、国家の視点の上位にはつねに超越的な審級が存在し、その審級からすれば国家の利益は従属的な意味しか持たないからである。通常の理解では、世俗の自律性を強調することで、近代国家は政教分離を実現し、自らの存在の正当性を確立したとされる。これに対し、ゴーシェは反宗教改革の側における国家理性論の系譜を丁寧に読み直すことを通して、むしろ国家が宗教を自らの内に籠絡

*マルセル・ゴーシェ　八八頁参照。

することで、結果的に政治と宗教の二つの領域が分離したと主張する。王権神授説に明らかなように、君主が教会を経由することなしに直接神からの授権を強調することが可能になった結果、はじめて主権について、共同体からの内在的な説明が可能になったのである。

このようなゴーシェの理解の前提には、彼の独自の近代理解がある。すでに触れたように、ゴーシェは、近代社会は「宗教からの脱出」によって生まれたとしても、それはけっして宗教的なるものと無縁な社会ではないとする。彼によれば、むしろ宗教的なるものはつねに近代社会の中にも残っており、ただ政治的なるものと宗教的なるものとの関係が変わっただけのことなのである。彼の関心は、この新たな関係における政治的なるものと宗教的なるものとを、国家がいかに自らの内に取り込み、そのことによって自らの超越性を確立したかという点に向けられる。

ところで、すでに触れたように、エルンスト・カントーロヴィッチ*の『王の二つの身体』では、後期中世から初期ルネサンスにかけて人々を支配した、王は二つの身体を持っているとする不思議な発想が取り上げられている［Kantorowicz 1957］。すなわち、この発想によれば、王は自らの自然的身体の他に不死の政治的身体を持っているとされるが、カントーロヴィッチによれば、この王の不死の身体という発想の中から、時間を超えて存続する団体という独自の観念が発展したとされる。ゴーシェはこの議論に依拠した上で、君主の個人的な利益が国家全体の利益へと発展し、国家利益こそが臣民と君主をともに拘束する第三の審級になっていく過程を追跡する。この過程の結果としてはじめて、国家の視点は他の種類の考慮から独立した視点となっていったのである。

ゴーシェは、この過程で政治的感受性は大きく変わったとする。政治と宗教の関係、政治秩序の目

* エルンスト・ハルトヴィヒ・カントーロヴィッチ　八三頁参照。

的、そして政治体の形式が根源的に変化したと言うのである。ナショナルな王政の観念はここから生まれた。それは王権が宗教を自らの内に取り込むことで自己を抽象化した結果であり、近代的な意味での政治体は、抽象化した王政、すなわち絶対王政が、諸個人を帝国やキリスト教の普遍主義から切り離すことに成功したとき、はじめて可能になった。したがってナショナルなものとは、けっして社会的な所与ではない。それは普遍と特殊とを媒介する独自の回路としての王政によって形成されていった、抽象的な思索の産物なのである。

マナンの国民国家論

それでは、このようなヨーロッパの王政の独自のダイナミズムはどこから生まれてきたのであろうか。そこで、次に、『自由主義の政治思想』を主著とするピエール・マナン*の議論を見てみよう[Manent 1987]。マナンはレイモン・アロン*の弟子であり、その師と同様、アングロサクソン圏の自由主義の伝統のよき理解者であると同時に、先に言及したレオ・シュトラウス的な理念に忠実な政治哲学者の一人でもある(3)。

マナンはまず、西ローマ帝国の没落以降、人々にとって想像可能であった政治形態が三つあったと言う。帝国、都市国家、そしてカトリック教会である。まず帝国とは、すでに指摘したように、唯一の権力の下に既知の全世界を統合することであり、人間本性の普遍性に対応する政治形態とされる。次に都市国家とは、公共空間の中で市民が公共の事柄を審議し、決定することであり、人々が自らの

(3)　マナンについては、英語版のアンソロジーが編集されており[Manent 1998]、編者解説が有益である。

ピエール・マナン　七七頁参照。

レイモン・アロン　二八頁参照。

力でその存在条件を制御することを可能にする政治形態とされた。この二つの政治形態は輝かしい過去の実例を持ち、望ましい政治的可能性としてつねに人々の脳裏にあった。ところが、現実のヨーロッパ史において発展したのは、このいずれの形態でもなかった。それは第三の形態、すなわちカトリック教会に原因がある。

カトリック教会は普通、政治形態の一つとは見なされない。なぜなら、カトリック教会は、明らかに帝国や都市国家とは異なる次元に立っていたからである。とはいえ、事実問題として西ローマ帝国の没落以降、ヨーロッパ世界の一体性を保障したのはカトリック教会であり、必然的に一定の政治的・社会的機能を担わざるをえなかった。しかしながら、本来の目的は来世における救済であり、現世はそれ自体としては価値を持たないとするカトリック教会が、そのような機能を持たざるをえないことは矛盾であった。その結果、カトリック教会は、一方で現世での秩序を世俗の君主に委ねるとしつつ、他方であらゆる人間の「監視の義務」を名目に、彼らを神権政治に服させようとしたのである。

このような矛盾をかかえたカトリック教会の存在が、ヨーロッパ史の展開を独自のものにした。都市国家は一定の地域で発展したが、それ以上には拡大できなかった。その原因の一つは、この国制に特有な内部での党派争いから生じる内乱であるが、それ以外にも固有のイデオロギー的な脆弱性があった。すなわち、帝国と教会という二つの普遍的なものに対しては、都市国家はつねに特殊の地位にとどまり、自らの独自性を主張することができなかったのである。むしろ、都市国家の内部には、これらの普遍的なものに対応してゲルフ党（教皇派）とギベリン党（皇帝派）の党争までが起きてしまった。帝国の成功はさらに小規模にとどまった。その原因は、地理的な困難もさることながら、帝国の体現するはずの普遍性の理念が、前もってすでに教会によって占められてしまっていることが大きかった。

結果的にヨーロッパ史において現実に発展したのは、都市国家ほどには特殊的でなく、帝国ほどには普遍的でない王政という政治形態であった。王権は都市国家と違い、神権によって自らを正当化することが可能であったが、帝国と違って普遍性をめぐって教会と闘争することを避けることができた。神権を主張すると同時に——それと矛盾するが——君主を頂点とする世俗的な人間組織を教会から根本的に自立させることで、王政はヨーロッパ史固有の条件にもっとも適合した政治形態となったのである。その際に、その実践的な帰結として、王は神に直接依拠し、自らの王国内の宗教的組織の頂点に立とうとした。この結果、王はつねに二面性を持つことになった。一方で王はよきキリスト教徒であり、王権と教会の結合が強調されるが、他方で王は教会に対する政治体の自立を主張して王国内での宗教的な主権を要求した（叙任権闘争）。この二面性、すなわち王の一身における、宗教的な聖性と政治的な聖性の独自の結びつきとその緊張関係こそが、ヨーロッパの王政の独自のダイナミズムを生み出したのであり、世俗的な政治社会が実現したのはその結果であった。これこそヨーロッパ史の始原的な衝動であり、今日のヨーロッパ社会もなおこの衝動の中にあるとマナンは指摘する。

したがって、マナンによれば、ヨーロッパ史の鍵は「神学-政治学問題[4]」にある。このような視点は、ゴーシェの、政治的なるものと宗教的なるものとの関係の見直しと相通じるものがある。両者はともに、政治を考えるにあたって、普遍性と特殊性、超越性と内在性、可視的なものと不可視的なものの媒介のあり方が非常に重要な意味を持っているとする。政治体はこの普遍性と特殊性の微妙なバ

（4）この用語はルフォールにならうものである。[Lefort 1986] を参照。

ランスの上に成立するのであり、その形式やサイズはけっして任意のものではない。政治体の具体的なありようは各々の社会における歴史的伝統の中で、その固有の条件の範囲内において、決定されるものである。この意味で、ナショナルな国家組織が、少なくとも歴史的に考察する限り、きわめて特殊ヨーロッパ的な歴史条件の中で生成したことは間違いない。

しかしながら、このような王権によって育まれたナショナルなものが、国民国家におけるナショナルなものと完全に直結しているわけではないとマナンは指摘する。両者の間には当然のことながら、非連続がある。この非連続に関して重要なのが、古代の都市国家におけるデモクラシーの経験とその記憶であった。これまで繰り返し指摘してきたように、公共空間の中で市民が公共の事柄を審議し、決定するという自律の理念は、都市国家の記憶とともに、長くヨーロッパ史に影響を与えたし、一八世紀の末になって再度花開くことになる。アメリカ独立革命とフランス革命において、ギリシアの都市国家や共和政ローマが頻繁に参照されたことは周知の通りである。このように、王権によって育まれたナショナルなものは、古典古代のデモクラシーの記憶の復活とともに、国民国家におけるナショナルなものへと変質したのである。

しかしながら、忘れてはならない現実がある。古代の都市国家の一つの本質は、それがつねに戦争とともにあったということにある。絶えざる対外戦争だけでなく、党派の争いはつねに内乱を引き起こした。たしかに都市国家内部における富者と貧者の間の闘争は、マキアヴェリがその『リヴィウス論』*で強調しているように、むしろ都市国家のエネルギーとなり、政治制度を発展させると同時に、対外拡張の原動力ともなった。しかし、それはつねに都市国家の内部崩壊の原因にもなったことを忘

*『リヴィウス論』六七頁参照。

れてはならない。事実ギリシアの都市国家は後にマケドニアの王政、そしてマケドニアの王子アレクサンドロスの帝国に征服されることになった。また、都市国家としての共和政ローマは、対外拡張とともに帝政へと変質していった。都市国家における自由はつねに戦争と結びついていたのであり、それが結局のところ都市国家の命運を決定した。

マナンは『政治哲学講義』において、これを「悲しい真実」と呼んでいる［Manent 2001:77］。たしかに近代のデモクラシーは古代のデモクラシーにはなかったいくつかの特質を持っている。第一は代表制の導入、第二は利益の多元主義の承認である。近代のデモクラシーの市民は直接的な市民ではなく、むしろ第一義的には私的な利益の担い手であり、私的な利益の担い手たる個人が市民である限りにおいて、代表制による媒介を必要とする構造になっている。しかしながら、近代のデモクラシーが古代のデモクラシーの道を歩まないとは限らない。古代の帝政は、ある意味で、戦争のたえない都市国家に代わって、平和を担保する存在として登場した（パックス・ロマーナ）。近代のデモクラシーもまた二〇世紀に二度の世界大戦を引き起こした。さらに、コミュニケーション技術と経済の実態は、国境の壁を引き下げつつある。再度、帝国の時代が到来する可能性をマナン自身否定し切れない。

『帝国』

ここで再度、ネグリとハートの『帝国』の議論を見てみよう。この本の概要については、すでに第五章で検討した。彼らは、ゴーシェやマナンが指摘するきわめて西欧的な歴史の刻印の押された国民国家と、そのような国民国家から成る国際法システムとが、いまや危機にあり、この危機の中から新しい「帝国」の秩序が生まれつつあるとする［Negri et Hardt 2000］。

本章との関係でとくに重要なのは、彼らのアメリカ理解である。彼らが言う「帝国」とは必ずしもアメリカの覇権を意味するものではない。しかしながら、「帝国」的な状況に対して、アメリカがきわめて適合的であることを、彼らも否定しない。その背景には、アメリカが近代西欧の国民国家とはまったく異なる性質を持つ国家として出発した点があった。西欧の国民国家は、ナショナルな王政を母胎としつつ、これを克服するかたちで生まれてきた。この結果、たしかに絶対王権の父権的・神権的基礎に代えて、人民主権の原理を自らの正当性の基礎とした。しかしながら、このような正当性の所在の変更にもかかわらず、西欧の国民国家は、国民の精神的な自己同一性を自らの超越的基礎とするようになる。この結果、ナショナルな原理は、政治的共同体を構想する唯一の仕方になってしまった。西欧の国民国家が内向的・閉鎖的なものになってしまったのも、そのためである。これに対し、すでに指摘したように、アメリカは多元的でハイブリッドな共同体として出発し、フロンティアを越えてたえず拡大し続けていった。対内的には多元的でハイブリッドな共和政であり、対外的には絶えざるフロンティアの拡張運動による帝国であるアメリカは、ナショナルな原理に基づかない、「拡大*する共和国」であった。アメリカの国制を特徴づけるのは、開かれた空間と互いに異質な個人のネットワーク化であり、このような特徴こそ、行き詰まりを見せつつある西欧の国民国家に対し、アメリカの帝国が、新たな世界モデルとして登場してきた重要な背景であった。ネグリらによれば、国家主権の有効性が低下する今日、内部のハイブリッドな構成とネットワーク状の権力によって国境を越え

＊「拡大する共和国」一一二頁参照。

て拡大する「帝国」が、資本主義の現状に最も適合した国制である。というのも、現在、資本は世界規模で移動し、生産拠点も世界中に拡散しているが、それらを結びつけ支配しているのは、コミュニケーション技術を伴った情報・サービス産業である。このような資本主義の現状に適合するのは、まさしくネットワーク状の権力なのである。

問われているもの

はたしてこのようなネグリらの分析が正しいのか否か、新しい世界秩序はいかなるものになっていくのか、これらの問いに答えることは本書の直接の課題ではない(5)。本書にとって重要なのは、このような「帝国」論とともに復活した国制論の意味を問うことである。

現在動揺しているのは、国家の一つのあり方としてのナショナルな形式、すなわち「ネイション」という観念を軸に構成される国家のあり方である。ここまで述べてきたように、このような形式は、西欧のきわめて独特な歴史的展開の中で形成されてきたものである。帝国と都市国家という、より古くからあり、より明確な理念に基づく二つのモデルの存在にもかかわらず、この両者を押しのけて、国民国家は近代西欧社会の一般的なモデルとなった。それどころか、国家のナショナルな形式は、やがて西欧を越えて広く一般的なモデルとさえ見なされるようになったのである。たしかに現代世界では、一方において、このモデルの限界が指摘され、その相対化が論じられている。しかしながら、他方において、なおもこのモデルに基づく新たな国民国家形成が語られている地域も存在する。国民国

(5)　対イラク戦争をめぐるアメリカとフランスの対立は、今後の世界秩序のあり方をめぐる対立でもあった。すなわち、そこで問われたのは、帝国のモデルか、それとも国民国家に基づく国際法秩序かという選択であった。

家モデルはすでに過去のものとなったと簡単に言い切ることなどできない。

ここで興味深いのは、今日西欧に起源を持つ国民国家モデルを脅かしているのが、一度は国民国家によって否定されたはずの帝国というモデルであり、また西欧社会に由来しつつも国民国家モデルをとらなかったアメリカの「拡大する共和国」であるということである。すなわち、同じ政治的文化の伝統を継承しつつも、西欧とアメリカは、今日対極的な国制のモデルを提示しているのである。その結果、国制論の諸類型が、古代ギリシアやローマにまで遡りつつ、再び日の目を見るようになっている。間違いないことは、今日、再び複数の国制モデルが競合する時代に突入しているということである。問題は、単にそのいずれが今後優位するかの予測に尽きるのではない。むしろそのいずれがより望ましいのか、最善の国制の探究が再開されつつあると言えるだろう。

そこで重要になるのが、ここ数世紀の間真剣に疑われることのなかった、国民国家とデモクラシーの結びつきの必然性である。国民国家というモデルが西欧のきわめて独特な歴史的展開の中で形成されてきたものであるにもかかわらず、西欧を越える一般的な意味を持つようになったのは、デモクラシーの理念と結びつくことによってであった。市民が公共の事柄について自ら決定するという理念は、古代の都市国家に生まれ、近代の国民国家に受け継がれた。その際に、デモクラシーの実践のための公共空間が成立するためには、言語や価値観における一定の共通性が必要であるとの考えの下に、デモクラシーと国民国家の結合も自明視されるようになった。しかしながら、今日この結合はもはや当然とは見なされない。はたして、デモクラシーはナショナルな国家形式においてのみ可能なのか。異なる公共空間は想定できないのか。はたしてデモクラシーに共通言語は不可欠なのか。様々な問いが提起されている。

したがって、帝国か国民国家かという問題は、単にグローバリゼーションによる世界の経済的一体化にのみ還元できるものではない。現代においてリアリティを持つ公共空間のサイズや、人々のコミュニケーションの可能性もまた問われることになる。デモクラシーの実現のためには、共通の言語や価値観に基づく、相対的には「閉じられた」社会が必要なのか。それとも、帝国という「開かれた」ネットワーク的な秩序が、むしろそれに適しているのか。人々の自律と解放を可能にする国制、人々が自らを組織化し、社会を変革していく力を持ちえる国制が問われている。

「群衆＝多数者」の可能性

この問いに関して、ネグリらの与える答えは、次の通りである。彼らが注目するのは、「群衆＝多数者（multitude）」という概念である。彼らによると、あらゆる政治体制を真に支えているのは、「群衆＝多数者」の根源的な力である。この「群衆＝多数者」は、「人民（peuple）」と区別されなければならない。というのも、「人民」がすでに一つの集合体としてのアイデンティティを与えられ、包括的に捉えられた存在であるのに対し、「群衆＝多数者」はそのようなアイデンティティに包括される前の、より多元的で根源的な存在を意味するからである。ある意味で、「人民」から「国民」まではほんの一歩であり、「群衆＝多数者」と「人民」の間にある違いと比べれば、「人民」と「国民」の違いなど、はるかに小さいとネグリらは主張する。ネグリについて言えば、彼は前著の『構成的権力』において、立法権・行政権・司法権といった憲法によって制定された権力と区別される、憲法を制定する権力を意味する「構成的権力（pouvoir constituant）」を、この「群衆＝多数者」の根源的な力の現われとして理解した［Negri 1997］。ネグリにとって、「群衆＝多数者」の根源的な力は憲法制定後もつねに潜在的には存在し、歴史を真に動かしていく原動力とされる。この力はたしかに近代国家の主権論によって、一定の枠内に封じ込められてきた。しかしながら、ポストモダン的状況の中、このような枠組みが流動化されることで、新たな状況が生まれつつある。ネグリらは、「帝国」の実現を準備したのも、グローバリゼーションによって活発化した「群衆＝多数者」の力であるとする。したがって、「帝国」の存在それ自体を根本的に否定することは、もはや可能でもないし、望ましくもない。「帝国」的状況を実現したのが「群衆＝多数者」である以上、今後「帝国」の「群衆＝多数者」による変革運動は、「帝国」の外部からではなく、その内部から起こるであろうと彼らは予言する［Negri et Hardt 2000］。

しかしながら、ネグリらの予言は、きわめてあいまいなものであることは否定できない。どのようにして、またどのような枠組みで、「帝国」の内部から「群衆＝多数者」の変革運動が起こるのであろうか。ネグリらは答えるであろう。「群衆＝多数者」はあらゆる制度化と矛盾する根源的な力である。その力の現われ方をあらかじめ枠組みにおいて想定することはできない、と。しかし、そうであるとすれば、「帝国」における「群衆＝多数者」の自律に向けての運動は、きわめて無限定的・無方向的なものにならざるをえない。「帝国」におけるデモクラシーの可能性については、なんら確たることを言えないのである。「帝国」における政治的主体の問題はまったくこれからの検討課題である。

国制論の行方

プラトンはその『ポリテイア』において、「正義」とは何かを問うことで、理想の国制と人間の魂の関係を考えようとした。彼の考察を貫くのは、人間の魂に配慮するにあたって理想の政治社会の考察は欠かせないし、理想の政治社会を構想するにあたって人間の魂の問題との関係を問わないわけにはいかない、という信念であった。人間の魂と国制との間の緊張にみちた関係こそが、彼の考察の核にあったことは間違いない。レオ・シュトラウスは『政治哲学とは何か』の中で、この信念を呼び覚まそうと努力した。それは、彼にとっての二〇世紀体験の反省の結果にほかならなかった。彼にとっての二〇世紀は、「よき人間」であろうとする努力と、「よき市民」であろうとする努力が衝突する時代であり、自らの魂の問題に配慮しようとする意志が政治社会のあり方によって踏みにじられる時代であった。

このようにして二〇世紀に甦った国制論への関心は、現在、国家のナショナルな形式の動揺とともに、新たな意味を持ちつつある。デモクラシーの実践、「群衆=多数者」の変革運動、経済とコミュニケーションの大変動、これらの諸要因が相まって、再度、自分たちの生活している政治社会のあり方、その形式、それを動かす原理、これらを比較の視座において捉え、これを価値的に判断する努力を不可避のものとしている。「帝国」や欧州統合の問題は、その一端に過ぎない。二一世紀の国制論は、ようやく始まったばかりなのである。

第八章　共和主義と自由主義

共和主義理解のずれ

共和主義とは何か。近年、共和主義という言葉を耳にすることが多くなった。おそらく社会主義というオルタナティヴが決定的にその魅力を失った時代において、それに代わる役割を期待されてのことであろう。[1]しかしながら、その概念はけっして自明なものではない。およそあらゆる政治的思潮において、その概念の両義性やあいまいさが見られるとしても、共和主義には固有の概念的混乱の理由がある。

まず、話を英米圏に限定すれば、この言葉は必ずしも古いものではない。少なくとも、現在用いられているような意味での共和主義の歴史は比較的新しいものである。元々は狭く政治思想史研究者の間でのみ用いられていたこの語は、社会主義体制の崩壊と自由民主主義の最終的勝利が語られる中、新しい政治的含意を伴って脚光を浴びるようになった。これに対し、視点をフランスに転じると、共和主義はけっして新しい言葉ではない。フランス革命後、様々な政治体制が目まぐるしく転換する中で、共和政を支持する政治的立場として、共和主義はつねに重要な役割を果たしてきた。この点にお

(1)　この点につき、例えば［森 2002:55］を参照。

いて、今日なお大きな変化はない。英米圏において自由主義がつねに支配的であり、近年になってそれとの対抗上、共和主義が語られるようになったとすれば、フランスではまさにその正反対に、共和主義はとくに第三共和政の発足後（一八七一年）、つねに正統的な地位にあり続け、対するに自由主義は、保守主義や社会主義の間にあって、独自の位置を見つけるのに苦闘してきたと言える。「自由主義の復権」が語られるようになったのは、近年のことに過ぎない。

このような英米圏とフランスにおける共和主義理解のずれは、しばしば両者の間の相互理解を妨げると同時に、共和主義概念自体の混乱の原因ともなっている。今日英米圏とフランスを隔てる知的な障壁は以前と比べてはるかに低くなってきているものの、双方の政治的伝統の違いからくる食い違いは依然、完全にはなくなっていない。後述するように、共和主義概念をめぐる両者の隔たりを埋めようとする知的・政治的営為がすでに開始されているが、隔たりを埋めようとする営為それ自体に、なお過去からの影響を見て取れる。

このことは否定的な意味しか持たないわけではない。というのも、英米圏とフランスの間の知的・政治的な違いと交錯を探るのに、共和主義と、それとの関連における自由主義というテーマほど、適したものはないからである。以下、本章では共和主義と自由主義というテーマを追うことで、英米とフランスの間の政治的言説のずれと重なり合いを検討することにしたい。

英米圏における共和主義

まず英米圏における共和主義概念への関心から検討していきたい。よく知られているように、共和国や共和政を意味する‘republic’は、ラテン語の‘res publica’、字義通りには「公共の事柄」を意味する言葉に由来するが、英語においては、この言葉の逐語訳である‘commonwealth’という言葉も存在する。その結果、とくにイギリスでは自国を表現するのにもっぱら‘commonwealth’が用いられたのに対し、王政が維持されたこともあって、‘republic’はあまり用いられてこなかった。共和主義(republicanism)という概念もまた、それほど多用されることはなかったと言える。これに対しアメリカでは、独立に際し、王政から共和政への移行という政治体制の変革が明確に意識され、非王政としての共和政は、その重要な政治的語彙となった。合衆国の発足後にはフェデラリスト党に対抗するリパブリカン党が形成され、また後にはこれとは別に共和党が結成され二大政党の一翼を担うことになった。しかしながら、基本的には王政復古論者が存在しないアメリカ政治において、共和政の意味はぼやけがちであり、共和主義という概念についても同様の傾向が見られた。

英米圏における共和主義概念への注目を一躍高めるのに寄与したのは、J・G・A・ポーコック*とクエンティン・スキナー*という二人の政治思想史研究者であった。それぞれ『マキアヴェリアン・モーメント』、『近代政治思想の基礎』という主著で知られる二人であるが、彼らの共和主義への注目の原点は、マキアヴェリとフィレンツェを中心とする、ルネサンス期のイタリア政治思想研究にある[Pocock 1975, Skinner 1978]。彼らの研究はさらに遡れば、ハンス・バロン*が提起した「政治的人文主

J・G・A・ポーコック
(J. G. A. Pocock 1924-)
ロンドンに生まれ、ニュージーランドで育ち、ケンブリッジ大学で博士号を取得した。ニュージーランドのカンタベリー大学などで教鞭をとった後に、ジョンズ・ホプキンズ大学教授。イギリス史の再検討から出発し、政治思想史研究、方法論において、次々と斬新な視点を提起した。とくに政治的人文主義研究において、政治思想史学に与えた影響は大きい。

クエンティン・スキナー
(Quentin Skinner 1940-)
ケンブリッジ大学を卒業後、同大学で教鞭をとり、政治学教授、近代史欽定講座教授をつとめている。ホッブズをめぐる思想史的文脈の研究から出発し、主著『近代政治思想の基礎』(一九七八)のほか、思想史の方法論をめぐって活発な問題提起を行い、論争を

義（civic humanism）」という概念に行き着く。バロンは『初期イタリア・ルネサンスの危機』においてこの概念を提示している［Baron 1966］。一四〇二年のミラノの侵攻により危機に陥ったフィレンツェにおいて、共和政を擁護するために立ち上がったのは、政治家や軍人だけでなく、それまで政治にはあまり関心を示さなかった人文主義的な思想家や著述家たちであった。この事件に注目することで、バロンは、非政治的人文主義とは異なる政治的人文主義の伝統を見いだし、この政治的人文主義の発見によって、ブルクハルトのルネサンス理解に挑戦を試みた。すなわち、ブルクハルトのルネサンス理解においては、もっぱら「芸術作品としての国家」を制作する個人主義的な専制君主に光が当てられたのに対し、バロンはむしろ、共和主義的で愛国的な人文主義者の精神に注目したのである。ポーコックの研究は、バロンを受けて、さらにルネサンス期イタリアから初期近代イングランドへの政治思想上の影響に注目したものである。人文主義的な古典古代への言語文献的な研究を介して、背後の社会、とくにギリシアの都市国家と共和政ローマにあらためて注目が集まり、そこから人々が自由に政治に参加する仕組みや共和政への関心が復活する。これこそが政治的人文主義の伝統であった。

現在、多くの政治哲学者たちが、このような政治思想史研究から得られた知見を拡張・発展することで、そこに現代的な意味を持たせようとしている。すなわち、政治的人文主義の概念から共和主義的な徳という理念を抽出し、この徳の理念によって自由主義的な個人主義を相対化しようと試みているのである。このような共和主義的な徳の理念は、古典的にはモンテスキューが『法の精神』の中で定式化したものである。モンテスキューはこの本の中で、徳を個人の利益を公共のために犠牲にすることと定義し、それを共和政に固有な原理であるとしている［Montesquieu 1748: IV, 5］。その後、自

喚起した。さらに『自由主義に先立つ自由』（一九九八）では、「ネオ・ローマン的な自由」の概念を提唱している。

ハンス・バロン

(Hans Baron 1900-88)

ドイツに生まれ、アメリカで教鞭をとった。中世からルネサンス期におけるフィレンツェ研究を通じて、政治的人文主義概念を提唱したことで知られる。主著に『初期イタリア・ルネサンスの危機』（一九六六）がある。

由主義的な個人主義が、このような徳の理念を批判し、むしろ個人の利益を強調していったとすれば、今日の共和主義の意図するものは、強調されすぎた個人主義的なバイアスを、徳の理念によって再び相対化することにあると考えられる。

しかしながら、このことは必ずしも共和主義が徳の理念に尽きるということを意味しない。例えばポーコックであるが、彼の『マキアヴェリアン・モーメント』において強調されているものは、はるかに複雑で豊饒な諸要素である。例えば、時間の中で人間が自らの運命を支配する可能性、複数の主体の相互関係によって生み出される自由の空間、政治参加の人間論的意味といったものが、この本の中から抽出できよう [Pocock 1975]。このようなポーコックの議論に、ハンナ・アレント*の影響を見いだすことができる。またスキナーにしても、例えば彼が『自由に先立つ自由主義』で強調しているのは、自由主義の成立以前に見られた自由概念の含意である。すなわち、彼によれば、自由とは元来、他人の意志に隷属しないことであり、奴隷と対比される自由な市民というイメージこそが、伝統的な自由概念の中核にあった。このような、隷属と対比されるものとしての自由の理念は、個人だけでなく国家の属性としても用いられた。すなわち、「自由な個人」と「自由な国家」とは、連続的に捉えられていたのである。彼はこのような自由の理念を「ネオ・ローマン的な自由」と呼び、このような「ネオ・ローマン的な自由」の歴史的継承と変質を追究していく [Skinner 1998]。

このように、現在の英米圏における共和主義概念は政治思想史研究に由来しており、その際に重要なのは、古代ギリシア・ローマからルネサンス期イタリアへ、そして初期近代イングランドへとつながる思想的な継承関係が想定されていることである。これをポーコックは「トンネル的歴史」と呼ん

*ハンナ・アレント　四三頁参照。

でいるのだが、このような継承関係の存在それ自体は、実証的な歴史研究によって検証されるべきものであろう。ポーコックはさらに、このような伝統は大西洋を越えて、独立戦争期のアメリカへと受け継がれたとするが、バーナード・ベイリン*らの歴史研究もあり［Bailyn 1967］、独立戦争期のアメリカ政治思想において、ジョン・ロック的な自由主義的伝統と、これとは異質な共和主義的伝統のいずれがより重要な役割を果したかについては、現在もなお議論が続いている。だが、問題ははたしてこのような伝統が実証的に確認できるか否かに限られるわけではない。というのも、このような伝統を強調することの意味は、歴史の見方それ自体を修正することにあるからである。すなわち、近代というものを理解するにあたって、これを前近代的なものとの断絶によって捉えるか、あるいはむしろ古代以来の連続性において捉えるべきか、このような問いがそこに隠されているのである。おそらく今日の共和主義的な政治哲学のねらいは、復古的な古代評価の印象を退け（ハンナ・アレントにはその印象がある）、むしろ近代の中にある古代以来の要素を確認することで、自由主義的な近代理解と異なる、いわばもう一つの近代理解を示すことにある［Mansfield 2001］。この企ての歴史的な妥当性の検討とは別に、この企ての思想的意味も問われてしかるべきであろう。

バーナード・ベイリン
（Bernard Bailyn 1922-）
ハーヴァード大学で歴史学の博士号を取得し、同大学で教鞭をとった。イギリスの政治思想とアメリカ独立期の政治思想との関連を探り、『アメリカ革命のイデオロギー的起源』（一九六七）、『アメリカ政治の起源』（一九六八）などの著作がある。

フランスにおける共和主義

このように、英米圏で近年理解されているような共和主義にとって重要なのが、古典古代への言及と、公共への献身としての徳の理念などであるとすれば、フランスにおける共和主義は、これらの要素を共有しないわけではないものの、かなり異なる諸特徴をそれらにつけ加えている。これらの諸特徴を生み出した最大の理由は、フランスにおいて共和政とその理念を生み出したのがフランス革命であった、という事実にある。結果として、フランス共和主義を理解するにあたっては、フランス革命との関係こそが最も重要な鍵となる。すでに何度か指摘したように、フランス革命が示したのが人民主権と人民の自律の理念であったとすれば、これを可能にする政体は共和政であり、共和政の実現こそ革命によって示された最大の課題であるとする政治的・思想的潮流が、フランスに形成された。王政から共和政への劇的な移行によって生まれた、共和政という政治体制そのものへの強い関与の姿勢こそが、フランス共和主義を形成したのである。

ここで、フランスにおける共和国＝共和政の理念についてのこれまでの研究のうち最も包括的な著作であるクロード・ニコレ*の『フランスにおける共和主義理念　一七八九－一九二四年』にしたがって、フランスにおける共和主義の歴史を振り返ってみたい［Nicolet 1982］。

たしかに、フランスにおいても、英米圏と同様、共和主義理念の生成にあたって、古典古代への言及が一定の役割をはたした。'res publica' に由来する 'republique' が頻繁に用いられ、モンテスキューやルソーの例が示すように、おおむね非王政的な統治形態一般を指し示す言葉として使用された。しかしながら、決定的に重要であったのは、一七九二年の王政廃止と共和政の実現であった。ヨーロッパにおける近代的な王政の典型とされてきたフランスに共和政が現実化したことの衝撃は大きかった。事件は歴史の不可逆な一歩と見なされたのである。この第一共和政のイメージとしては、しばしばジャコバン独裁期のロベスピエールやサン＝ジュスト*らの、徳の理念を強調する古代崇拝の

クロード・ニコレ（Claude Nicolet 1930-2010）
古代共和政ローマ研究とともに、近代フランスの共和主義研究で知られる歴史家。ピエール・マンデス＝フランスの協力者でもあった。著書に『共和政ローマにおける市民の職分』（一九七六）、『フランスにおける共和主義理念』（一九八二）などがある。

ルイ・アントワーヌ・レオン・サン＝ジュスト（Louis Antoine Léon Saint-Just 1767-94）
フランス革命後、国民公会、さらに公安委員会に加わり、ロベスピエールとともに恐怖政治の中心人物となる。テルミドールの反動で死刑になるものの、共和国についての思想的影響を残す。

傾向が強調される。これに対しニコレは、コンドルセと彼の影響下にあった観念学派*（イデオローグ）と呼ばれる一群の知識人政治家にむしろ注目している。彼らはフランス啓蒙の後継者であり、宗教やあらゆる形而上学的独断を排除した、感覚論的で演繹的な知識哲学の上に、新しい共和国を打ち立てようとした。彼らが重視したのが教育であり、彼らは公教育の充実を通じて平等化と知識の普及を目指し、それによって人民の自律を可能にしようと考えたのである。この結果、彼らの影響下に、フランスの共和主義には「科学」や、「科学」による「進歩」といった理念が持ち込まれることになった。公教育制度の発展を通じ、コンドルセやデステュット・ド・トラシ*らイデオローグの影響は持続的に展開し、やがて第三共和政の発足後には、その「公的哲学」になっていったのである。

この結果、フランス共和政の精神的祖先として、デカルトやヴォルテールらが位置づけられることになった。しかしながら、これはある意味で奇妙なことであった。なぜなら、彼ら自身は必ずしも共和政を支持したわけではなかったからである。それにもかかわらず、フランス革命においてカトリック教会が標的とされたこともあり、彼らは革命の精神的先駆者として位置づけられることになった。このことは、一九世紀になって「世俗性（ライシテ）」の原則が確立されるに至ってさらに強化され、反宗教的な科学の精神こそが共和主義の一つの核と見なされるようになった。対するにルソーは、フランス共和主義にとって、不可欠の言及対象でありながら、同時に対立と混乱の原因にもなりかねない存在であった。ルソーはむしろ啓蒙の文明社会論を批判し、「進歩」の理念を退けたからである。第三共和政において優位したのは、ジャコバン的な「徳の共和国」ではなく、むしろコンドルセ的な「知の共和国」であった。

アントワーヌ・ニコラ・コンドルセ
(Antoine Nicoals Condorcet 1743-94)
　数学者として出発し、後に啓蒙思想運動の中心人物の一人となる。フランス革命後、憲法制定や公教育制度改革の分野において活躍したが、ジャコバン独裁期に死刑を宣告され、自殺した。主著に『人間精神の進歩に関する歴史的展望の素描』（一七九五）がある。

アントワーヌ＝ルイ＝クロード・デステュット・ド・トラシ
(Antoine-Louis-Claude Destutt de Tracy 1754-1836)
　フランス革命後に活躍した軍人、政治家、政治思想家。総裁政府期に公教育委員会のメンバーとなり、公教育制度確立に貢献。その理論的基礎として『イデオロジー要綱』を執筆した。「観念学（イデオロジー）」を提唱したことで知られる。

このこととは別に、フランス革命後の展開の中で、フランス共和主義に独自な性格がもう一つ加わった。自由主義との緊張関係である。*スタール夫人や*バンジャマン・コンスタンらに代表されるフランス自由主義は、フランス革命における恐怖政治、テルミドールの反動後の政治的動揺、そしてナポレオン帝政へという歴史的変動の中で形成されていった。このようなフランス自由主義は、革命の正当性を基本的に承認する点においては、共和主義と変わらない。具体的には、思想・言論の自由、所有権、立憲主義、代議政体などを、革命による貴重な達成として重視する。しかしながら、その後の政治的諸変動の中で、自由主義は、共和主義との違いを次第に顕在化させていく。というのも、自由主義にとっては、共和政か王政かの違いよりは、個人の諸権利とそれを保障する制度の方が重要であり、この点において、あくまで共和政にこだわる共和主義との違いは明白であったからである。自由主義にとって、主権の所在や統治形態それ自体は、最終的には手段に過ぎない。目的は個人の諸権利の保障にあり、目的と手段を混同することは、自由主義には耐えがたい誤りとして映った。共和主義にとっては個人の諸権利の実現と共和政が不可分であったとしても、自由主義の立場からすれば、両者は論理的には分離可能であり、現実的にも、もし共和政が不安定を脱することができないのならば、場合によっては制限王政の方が望ましいことも十分にありえた。例えばコンスタンは、決定的に重要なのは、誰に主権があるかではなく主権の及ぶ範囲であり、主権者のあり方にかかわらず、個人の侵されえない領域を確保することこそ追求されるべき課題であるとした。このような政治的判断の違いを通じて、共和主義と自由主義の対立は顕在化していった。結果として、フランス共和主義は、正統王朝派の復古主義に対しては自由主義と連携しうるものの、統治形態と主権の所在をめぐっては

スタール夫人
(Anne Louise Germaine Necker, baronne de Staël-Holstein 1766-1817)
スイス、フランスで活躍した思想家、評論家、小説家。絶対王政期の蔵相ネッケルの娘。革命後のフランスにおいて、コンスタンとともに自由主義の立場から議論を展開。フランス・ロマン主義の先駆でもある。

バンジャマン・コンスタン
三二一頁参照。

自由主義と対立し、一九世紀後半にはむしろ社会主義を新たなパートナーとして選択することとなった。

フランス自由主義の運命

対するに、自由主義はその後のフランスの歴史的過程の中で、どのような運命をたどっていったのだろうか。(2) これまで何度か強調してきたように、結論から言えば、自由主義は左右対立の構図の中に埋没し、独自の位置を確保することに失敗した。そうなった一つの背景として、フランスにおける政治的党派の分節化にあたって、フランス革命に対する姿勢が決定的に重要な役割をはたしたということがある。フランス革命の正当性を承認するにあたり、自由主義は共和主義と同じ側に立ち、保守主義や反動勢力と対峙した。しかしながら、フランス革命の直接的な継承者としての地位についたのは共和主義であり、自由主義は革命に対し微妙な態度を取らざるをえなかった。自由主義の立場からすれば、フランス革命は所有権をはじめとする個人の諸権利の確立にあたってたしかに大きな意義を持ったが、反面、恐怖政治に見られるように、革命の行き過ぎによって個人の諸権利をむしろ脅かす結果となった。このことは自由主義のフランス革命評価を両義的なものとした。その結果、フランス革命を自己の権威づけとして利用するにあたり、自由主義は共和主義に比べはるかに不利な立場に置かれた。もう一つの背景として、フランス自由主義の精神的体質が、そもそも保守主義や反動と近い位置にあったこともあげられる。例えば宗教をめぐり、共和主義が明確に反宗教の姿勢をとり、世俗

(2) コンスタン、トクヴィルらフランス自由主義についての邦語文献としては、[田中 1970]、[宇野 1994] がある。さらにトクヴィル以後のフランス自由主義の展開についての研究としては、[Logue 1983] がある。

性原則こそを自らの重要な構成要素としたのに対し、自由主義はしばしば粗野な唯物論を否定し、むしろ宗教の持つ精神性を高く評価した。この結果、自由主義はしばしば保守主義の側に精神的に吸い寄せられることにもなった。また労働者階級からのブルジョワ的な所有権批判に対しては、自由主義はしばしば保守主義と結合して秩序派を形成し、むしろ社会主義と接近した共和主義と対立するに至った。左の社会主義と共和主義の連合、右の保守主義と反動勢力の狭間にあって、自由主義がどっちつかずの立場に追い込まれることになったのは、このためである。その限りで、フランス自由主義の埋没は必然の結果であったと言えよう。もちろん、フランスにおいて自由主義的な諸価値が尊重されなかったわけではない。しかしながら、それらの諸価値は自由主義という枠組みの中で表現されることはなかった。自由主義はと言えば、それは一つの政治的党派を意味することになり、政治的党派としての自由主義は不毛な道をたどらざるをえなかった。一九世紀後半にも、シャルル・ルヌヴィエ*らのような自由主義的な共和派の伝統は存在したが(3)、一九世紀前半のコンスタンやトクヴィルらのような固有の自由主義的伝統は次第に忘却されていった。彼らはむしろフランスにおいてより、英米圏において評価され読み継がれていったのである。

その後、このようにして形成されたフランスにおける反自由主義的な傾向を強化したのは、ヘーゲルやマルクスの影響であった [Lilla 1994:10]。ロシア革命の結果、単に社会主義の影響が高まったばかりでなく、後にフランソワ・フュレ*が批判するような、ロシア革命をフランス革命の精神的継承者と見なす知的・政治的傾向が生まれた。さらには両大戦間期にはロシアからの亡命者であるアレクサンドル・コジェーヴ*によって新しいヘーゲル解釈が紹介され、フランスの知的世界には、一種のドイ

(3) ルヌヴィエについては、[Blais 2000] を参照。

シャルル・ルヌヴィエ (Charles Bernard Renouvier 1815-1903)
カントの批判哲学を起点に「新批判哲学」を展開したフランスの哲学者。実証主義的な学風を持ち、独自な哲学を主張すると同時に、熱烈な共和主義者でもあった。

フランソワ・フュレ
五三頁参照。

アレクサンドル・コジェーヴ (Alexandre Kojève 1902-68)
ロシア出身のフランスの哲学者。コイレに招かれてパリの高等研究院で行ったヘーゲルの『精神現象学』についての講義は、その後のフランス思想界に多大な影響を及ぼした。第二次世界大戦後にはヨーロッパ経済共同体の高級官僚にもなった。主著に『ヘーゲル読解入門』(初版一九四七、

ツ・ブームが起こることになった。その結果、それまでの知的には鎖国気味であったフランスに、(4) ヘーゲル、マルクス、さらにはハイデガーの圧倒的な知的影響力が成立したのである。それらの影響は矛盾しあうことも珍しくなかったが、自由主義的な個人主義に敵対的である点においては一致していた。

第二次大戦後に成立した第五共和政は、立法権に対抗する強力な行政権、二院制など、共和主義的と言うよりむしろ自由主義的傾向を持った政治体制であった。また共和主義の持つ強い道徳的影響力は相対的に低下し、宗教に対する寛容も定着していった。それにもかかわらず、知的には反自由主義の伝統は近年に至るまで持続した。これが変化したのは一九八〇年代になってからのことであり、この時期マルクス主義の影響が決定的に後退し、反自由主義的伝統が弱まると同時に、世界的な自由主義の盛り上がりの影響がフランスにも及ぶようになった［Lilla 1994:14］。この時期になってようやく、フランスにおける「自由主義の復権」が語られるようになったのである。

フランス自由主義の復権

しかしながら、フランス「自由主義の復権」は単にイデオロギー的な潮流の変化を意味するだけではなく、それ以上の知的・政治的な意味を持っている。いわば、大革命以後のフランスの政治的伝統の中で見失われたものに着目することで、その伝統を相対化する視点を提供すると同時に、現代政治哲学に対しても大きな理論的寄与をなしうる可能性を秘めている。

第二版一九六八）がある。

（4）この時期のフランスの知的鎖国については、［Hughes 1968］を参照。

現代フランスにおける「自由主義の復権」を実現した理論家として、ここまで本書においても何度か検討してきたクロード・ルフォール、*マルセル・ゴーシェのほか、*ピエール・ロザンヴァロン、*ピエール・マナン、*フィリップ・レイノー、*ツヴェタン・トドロフらの名をあげることができよう。彼らはいずれも社会科学高等研究院レイモン・アロン政治研究センターに活動の拠点を置いているが、このことはけっして偶然ではない。というのも、このセンターの名称ともなっているレイモン・アロ*ンは、第二次世界大戦後のフランスにおける自由主義の例外的な擁護者であったし、彼の名を冠したこのセンターを設立するにあたって中心的な役割をはたしたのは、フランス革命研究において共和主義的な正統派に対する「修正主義的」解釈を提示したフランソワ・フュレであったからである。

これらの理論家たちは、しばしば「ネオ・トクヴィリアン」、「市民社会論」者、「デモクラシー派」などと呼ばれることがある。これらは、むしろ彼らに対し批判的な側から与えられた呼び名であることが多いにもかかわらず、ある意味で彼らの関心の所在を明らかにしているとも言える。というのも、彼らはまず、長くフランスにおいて一部の専門家以外にはほとんど忘れられた存在であったトクヴィル、さらにはコンスタン再評価の機運を高めたからである。これらの理論家たちは、彼らを忘却の淵から救い出すことによって、その意義を明らかにしたばかりでなく、再評価の仕事を通じて、彼らの意義を見えにくくしてしまったフランスの政治哲学固有のバイアスを浮き彫りにすることにもなった。

それでは、トクヴィルやコンスタンを再評価することに、どのような意味があったのか。彼らはすでに指摘したようにフランス革命の基本的な正当性を承認しつつ、しかしながらそれが恐怖政治とそ

クロード・ルフォール
六二頁参照。

マルセル・ゴーシェ
八八頁参照。

ピエール・ロザンヴァロン
二一二頁参照。

ピエール・マナン
七七頁参照。

フィリップ・レイノー
(Philippe Raynaud 1952-)
現在パリ第二大学（パンテオン-アサス）で政治学を教える。『政治哲学事典』の編集で知られ、主著に『マックス・ウェーバーと近代的理性のジレンマ』（一九八七）がある。

ツヴェタン・トドロフ
(Tzvetan Todorov 1939-)
ブルガリアに生まれ、一九六三年パリに来て、ロラン・バルトの下で学ぶ。構造主義的・記号論的な文学評論、文芸理論の分野で活躍し、さらにそのような視点から「他者」の問題につ

の後行き着いた政治的混乱を重視した。彼らは、フランス革命の中にかつてない自由の高まりと同時に自由の自己否定を見いだしたのである。自由の体制を確立し、人民のかつてない自律を可能にするための試みが、なぜ逆説的に自由を否定してしまったのか。革命における自由と自律の企図の持つ両義性への着目こそが彼らの思想的個性をかたちづくった。トクヴィルとコンスタンが、両義的な視点をルソーに投げかけたとすれば、現代の「ネオ・トクヴィリアン」たちは、同じ両義的な視点を共和主義に振り向けているのである。「市民社会論」の強調はその結果にほかならない。

第四章で検討したように、ルフォールはデモクラシーの本質を対立するものの共存に見いだし、それを受けてゴーシェは、とくに国家と社会の分離をデモクラシーにとって不可欠な要素として強調した。それでは、国家と社会の分離がなぜデモクラシーにとって重要なのか。彼によれば、デモクラシーに必要なのは、自己の内なる矛盾や対立を否定して自己同一性を維持することではなく、むしろ自己の内に、自己と、自己を監視し自己を制御するもう一つの自己との分離を作り出すことであった。国家と社会の分離をあえて強調したのはそのためであり、彼が最も恐れたのは、一般意志の名の下に両者の分離が否定されることであった。その意味で、「ネオ・トクヴィリアン」の「市民社会論」の強調はまさにフランス共和主義の伝統への異議申し立てであった。言い換えれば、人民の一般意志に基づく単一不可分の共和国においてこそ、個人の諸権利と人民の自律とが最善の形で実現されるという信念に対する問題提起であった。夜警国家論以来の、国家の社会への干渉を警戒するアングロサクソン的な自由主義の伝統と異なり、フランス共和主義においては、むしろ共和国こそが自由・平等・博愛を実現するものとしての期待を一身に担った。この結果、共和国の内部に分離を制度化する企て

いて考察を展開した。主著に『他者の記号学』（一九八二）や『われわれと他者』（一九八九）がある。政治的・道徳的エッセイも数多く発表している。

レイモン・アロン　二八頁参照。

はつねに警戒の目にさらされることになった。この意味からすれば、今日の「自由主義の復権」の一つの意義は、共和国の内に分離と差異化の仕組みをもたらすことで、むしろデモクラシーの機能を高度化しうるという主張にある。

したがって、現代フランスにおける「自由主義の復権」は、必ずしも英米的な自由主義への回帰を意味していない。現代フランス自由主義は、個人の諸権利の強調、国家と社会の分離、権力分立、多元主義といった点において、たしかに英米の自由主義と多くを共有している。とはいえ、その目的は、国家による社会への干渉の批判よりはむしろ、デモクラシーの高度化にある。また、個人の諸権利を強調するにしても、他方で、第六章で検討したように、ゴーシェは「人権の政治」批判も展開している。その目的は、もちろん人権の価値を否定したり、それを用済みと見なすことではなかった。むしろ、個人の諸権利を強調するだけでは、異なる利害や信念の共存を可能にするデモクラシーの空間を構築するには不十分であることを指摘することこそが、その意図であった。したがって、現代フランスにおける「自由主義の復権」は、まさにデモクラシー論の新展開である。その意味で、「ネオ・トクヴィリアン」は「市民社会論」者であり、「デモクラシー派」なのである。それは、従来のフランス政治哲学の伝統に欠けた視点を強調するものであり、英米の自由主義とは異なる自由主義の理論的展開を示すものとして理解できよう。

フランス共和主義の現代的革新

フランスにおける「自由主義の復権」が語られるようになったのが、一九八〇年代以降のことであるとすれば、同じ時期に、それと並行してフランス共和主義にも新たな展開が見られるようになった(5)。すでに触れたように、フランスにおける共和主義はとくに第三共和政の発足以後、いわば体制の公的哲学となった。しかし、その後共和主義は、一方において社会主義と接近することで新たな原動力を獲得したものの、他方において固有の思想的個性を失っていった印象がある。さらに二〇世紀の後半になって、ソ連の社会主義への批判が高まるとともに、共和主義を支えた「科学」や「進歩」への信頼が揺るぎ、八〇年代にはフランスにおいてそれまで強固に持続してきた反自由主義的な伝統がようやく弱まり始めることとなった。ここに至って、フランス共和主義はようやく深刻な自己確認の時期を迎えることになったのである。

かつてマンデス=フランス*政権にも関与し、伝統的な共和主義勢力と近い立場にあったクロード・ニコレがすでにあげた『フランスにおける共和主義理念』を執筆したのも、このような共和主義の自己確認の嚆矢となる出来事であった(6)。その後、共和主義理念の現代的意味を訴える知識人の数が次第に増加し始め、さらには九〇年代に欧州統合や地方分権の動きが高まるにつれて、フランス共和国という枠組みを改めて強調する機運も高まっている。このような状況の中で、今日共和主義の現代的革新とも言うべき知的・政治的動向がはっきりとその姿を示しつつある。

しかしながら、この共和主義の現代的革新をより細かに観察するならば、それがかなり多様な諸要

(5) 現代フランスにおける共和主義の展開について、[北川 2001] を参照。

(6) その後もニコレは、共和主義に関して [Nicolet 1992, 2000] といった著作を発表している。

ピエール・マンデス=フランス (Pierre Mendés-France 1907-82)
　フランス第四共和政において首相をつとめた政治家・財政家。インドシナ戦争から撤収し、ジュネーヴ協定による停戦を実現した。

素からなる混合体であることがわかる。大きく分ければ、一方において伝統的な共和主義が動揺する中で改めてその理念を再確認しようとする、いわば伝統的な共和主義との連続性が強いグループと、むしろ「自由主義の復権」を受けて、自由主義とのかかわりの中で新たに共和主義を再定義しようとする、新しい共和主義を模索するグループとに区別することができる。両者はしばしば一体化し、その境界線は必ずしも明らかではない。とはいえ、現代における共和主義の革新の一翼を担うアラン・ルノー*が、フランスの伝統的な'republicains'と区別して、英米の新しい共和主義者を示すためにとくに'republicanistes'という言葉を作り出しているように、フランス共和主義と英米の現代共和主義との違いについてはかなり明確に認識されている。フランスにおける新しい共和主義の潮流は、英米の共和主義とも連携をとりつつ、自由主義的諸理念と共和主義の両立というテーマをより自覚的に追究しているのである。

まず前者であるが、第六章で検討した欧州統合と多文化主義をめぐって、人権の実現とデモクラシーの舞台としてあくまで単一不可分の共和国の存在にこだわり、その本質を政教分離に基づく「普遍主義」にあるとして、イスラム系子女の公立学校における「スカーフ」の着用に激しい拒否反応を示す人々に、その代表例を見いだせる。宗教とは私的な事柄であり、いかなる信仰であるにせよ個人の内面にとどまる限り、その個人の自由である。しかし、もし信仰が個人の内面を越えて、公的な場所においてその存在を主張するようになるとき、それは政教分離原則の重大な違反となる。公立学校とはまさしくそのような公的な場所であり、そこでイスラムの信仰と結びついた衣裳をまとうことを権利として要求するならば、それは公立学校の世俗性を脅かすことになる。このような論理に基づき、

アラン・ルノー　五五頁参照。

彼ら共和主義者は、断固として公立学校における世俗性原則を、普遍主義の証として保守しようとするのである。このように考える知識人の代表例として[7]、*アラン・フィンケルクロートの『思考の敗北』をあげることができよう［Finkielkraut 1987］。興味深いことに、このような共和主義者の中に、一九六〇年代には新左翼運動の闘士であり、近年では「メディオロジー」を提唱し、新しいメディア分析によって名を知られる*レジス・ドブレや[8]、共産党幹部の家庭に育ち自分自身かつては毛沢東主義に接近した*ブランディーヌ・クリージェルも含まれている[9]。このグループ（グループと言うほどの凝集性はないのだが）にはしばしば、アメリカ的なもの、もしくはアングロサクソン的なものへの強い対抗意識も見受けられる。彼らはまさしく非アメリカ的なもの、非アングロサクソン的なものの核として、共和主義の理念を再評価しようとしている。したがって、このグループにしばしば素朴なフランス・ナショナリズムの傾向が見られるとしても不思議ではない。

このような、いわば再覚醒した伝統的共和主義者に対し、新しい現代共和主義者の一群が存在する。このグループはより複雑である。伝統的な共和主義者が右から左までの広範な現実の政治勢力との連携を保っているとすれば[10]、新しい現代共和主義者は、今までのところアカデミズム内部にとどまっている。とはいえ、このグループに属する*リュック・フェリーが青少年・教育・研究大臣に任命されたように、今後影響力を拡大する可能性は少なくない。第六章で検討した*ドミニク・シュナペールのように、共和主義の立場は維持しつつも、多文化主義などについてはかなり理解を示す人々も、新しい種類の共和主義者に近いかもしれない。ここでは主に、リュック・フェリーとアラン・ルノーに注目することにしたい[11]。

（7）　多文化主義に対するフランス知識人の反応について、［三浦 2001］の編者による序文、および［同 2003］を参照。

（8）　ドブレについては、［三浦 2003］を参照。

（9）　クリージェルの共和主義に関する著作としては、［Kriegel 1998a, 1998b］がある。

（10）　ド・ゴール派はしばしば共和派とも呼ばれ、現在その直系であるジャック・シラク大統領率いる政党名はＲＰＲ（共和国連合）である。また左はジャン＝ピエール・シェヴェヌマンから右はジャン＝マリ・ルペンまで、欧州統合に反対する勢力もしばしば自らを「共和主義者（républicains）」と呼ぶ。

（11）　ルノーとフェリーについて、［北川 2001］を参照。

フェリーやルノーらに共通して見られるのは、フランス・ナショナリズム的傾向の強い伝統的共和主義者と異なり、英米圏の政治哲学との対話を重視し、自由主義的諸価値への積極的な関与の姿勢を示している点である。その結果、彼らの関心は共和主義と自由主義がどこまで両立しうるかという問題に向けられている。第二章で検討したように、彼らは哲学を中心とする学校教育の場を拠点とし、あくまで《近代》、《主体性》、《理性》の理念を擁護するという点において一九世紀的なフランス共和主義の後継者であるが、彼らにとってもはや自由主義はライヴァルではなく、むしろそれを前提にして議論を進める出発点となっている。

フェリーとルノーの共和主義論

フェリーとルノーの研究は、カントやフィヒテなどのドイツ哲学からスタートしているが、彼らはカントやフィヒテの哲学を、間主観性による公共空間の創造を目的とする政治哲学のプロジェクトとして理解する。すなわちアリストテレス的な目的論の秩序から手を切った近代の哲学は、個人の主観性を正当性の基礎にすえたが、レオ・シュトラウス*が批判するように、そのことは直ちに人間性の実現やその倫理的意味を放棄したわけではない。フェリーらによれば、カント以降のドイツ観念論は個人の主観性から出発して、理想と現実とを歴史の中で媒介し、自由の理念を実現していくプロジェクトであった。たしかにヘーゲル的な合理主義の持つ理性の越権は批判されなければならない。そうだとしても、形而上学的幻想が否定された後にも、間主観性のコミュニケーション空間における可能性

アラン・フィンケルクロート
(Alain Finkielkraut 1930-)
　高等師範学校で学び、そこでの同級だったベルナール=アンリ・レヴィらとともに、「ヌーヴォー・フィロゾーフ（新哲学者）」と呼ばれるようになる。思想的エッセーの執筆のほか、マス・メディアで活躍し、『思考の敗北』（一九八七）は大ベストセラーになった。

レジス・ドブレ
(Régis Debray 1940-)
　パリの高等師範学校で学び、一九六〇年代にはカストロやゲバラとともに中南米でゲリラ闘争を行った。一九七〇年代にフランスに帰国して「左翼連合」を結成し、一九八〇年代にはミッテラン側近として政権の要職にもついた。一貫して知識人と権力の問題を積極的に論じてきたが、近年はとくに「メディオロジー」を提唱し、社会集団間の問題を、伝達手段とい

は残されている。カントの形而上学批判と『判断力批判』によって切り開かれた間主観性の空間に、政治哲学的意味を見いだしたのがフィヒテであった。

フェリーとルノーはこのような視点から、ルソーと共和主義の理念を擁護する。ルソーはコンスタンが批判したような古代的自由の信奉者ではなく、あくまで近代的な主観性に基づく自由の理念の可能性を極限まで展開した思想家であった。共和主義とは、個人の主観性から出発しつつ、間主観性の空間において合意と自己決定を実現するものである。そこにおいて一般意志とは、カントが言う意味で統制的原理*である。すなわちそれを実現することはできないが、現実を規制する理念として一定の役割をはたしうる。一般意志という理念があることによって、自由で合理的な社会への道が示されるのであり、一般意志の観念のせいで恐怖政治がもたらされたという批判は不当である。このようなフェリーとルノーの立場は、ユルゲン・ハーバーマス*の立場に近いと言えるであろう。しかしながら、彼らからすればハーバーマスによる主体批判は不当であり、あくまで主観性と主体こそ、彼らのよって立つところなのである。この点において、彼らはポストモダン的ニーチェ主義批判と通じるものがある。

彼らの共和主義理念をさらに理解するために、とくにルノーの「共和主義と近代」という論文を見ておきたい。この論文の中でルノーは、現代英米の共和主義を、政治的近代の内在的批判として位置づけ直し、その批判的検討を通じて自己の位置を定めようとしている［Renaut 2000］。

まずルノーは自由主義の土台となる四つの原理を抽出する。第一は国家の制限づけ、第二は代表制の媒介による人民主権、第三は個人とその諸権利の尊重、第四は宗教と道徳に関する信念や意見につ

う技術的側面に注目することで分析しようとしている。

ブランディーヌ・クリージェル
三六頁参照。

リュック・フェリー
三六頁参照。

ドミニク・シュナペール
一四七頁参照。

レオ・シュトラウス
一五五頁参照。

統制的原理
一四九頁参照。

ユルゲン・ハーバーマス
一九頁参照。

いての国家の中立性である。現代共和主義は、この四つの原理を再検討に付すものである。ルノーが、この共和主義的な自由主義を再検討する際に、モデルとするのがトクヴィルである。というのも、トクヴィルが指摘したのは、自由主義的な個人主義が、それに必要な矯正を受けない場合に、自己解体する危険性であった。自由主義の諸原理によって生み出されるダイナミズムにおいて、諸個人の独立は結果的に強大な国家権力による後見を促す可能性があるが、これはいわば四つの原理のうち、第三の原理と第一の原理の矛盾にほかならない。すなわち、個人の自由を尊重しているにもかかわらず、ただ単に個人の自由を強調するだけで、そのような個人と個人とを結びつける紐帯についての十分な配慮を欠く場合、バラバラになった諸個人はむしろ国家による庇護や貢献を求めるようになる。このような問題に対し、トクヴィルが自発的結社の役割に着目した意味を、ルノーは重視する。ルノーによれば、自発的結社の役割に着目することで、トクヴィルは参加としての自由の原理を強調したのである。これこそ、ルノーによれば、自由主義の共和主義的な修正にほかならなかった。それでは、自由主義は共和主義的な修正を加えられることで、より完全なものに近づいたと言っていいのだろうか。問題となるのは、このような共和主義的な修正が、実は自由主義の原理そのものと矛盾してしまう危険性があるということである。

この問題をより詳細に検討するために、ルノーは想像しうる共和主義的自由主義を三つのタイプに区別し、それぞれの妥当性を検証しようとする。まず第一は道徳的な共和主義的自由主義とでも呼ぶべきものである。その代表はルソーであり、彼は自由主義の個人主義的な偏向を、一般意志による個人の道徳化によって是正しようとした。しかしながら、ルソーが一般意志による強制を個人の自由の侵害ではなく、むしろそのような強制によって個人は真に自由になるという逆説を言わざるをえなくなったように、このような道徳的な共和主義的自由主義は道徳的な強制にほかならない。強制である以上、どのように理論的に彌縫しようとも、自由主義と矛盾することは否定できない。第二は文化的な共和主義的自由主義である。その代表はチャールズ・テイラー*やマイケル・ウォルツァー*であり、彼らは個人の共同体への帰属を強調する。というのも、彼らによれば、個人を集団に再統合するためには、伝統的な諸価値を体現する共同体への帰属が欠かせないからである。しかしながら、このような共同体への帰属の強調は、自由主義における至高の価値としての個人の原理、および国家の中立性の原理と矛盾する可能性がある。多文化主義にしてもこの困難を完全には免れておらず、個人を文化的集合体に解消してしまう危険や、各文化的集合体内部ではともかく、連邦レベルにおいては文化的帰属による矯正がきかないという問題を抱えている。第三は政治的な共和主義的自由主義である。トクヴィルの試みがそれであり、ルソー自身の立場もこれに近いとする。社会の複数の層にわたってより参加的・民主的な政治構造を創造することで、個人に自らの参加が意味を持っているという感情を与えようとするものである。そこで動機づけの役割をはたすのはトクヴィルがいう「正しく理解された利益」、すなわち公共の利益を実現することが結局は自己の利益にもなるという信念である。

しかしながら、トクヴィル自身が指摘するように、個人主義の結果として人々はもはや政治参加に大きな価値を見いださないかもしれない。はたして人々はいかにして「徳」ある存在、すなわち積極的に政治に参加する志向を持つようになるのか。この点についてルノーは、スキナー的な答えとポーコック的な答えがあるとする。スキナー的な答えは、いわば道具主義的な共和主義理解である。とい

チャールズ・テイラー（Charels Taylor 1931-）
カナダに生まれ、カナダのマッギル大学をへてイギリスのオックスフォード大学で哲学、政治学、経済学を学ぶ。現在はマッギル大学教授。ヘーゲル研究をはじめとする哲学研究のほか、多文化主義をめぐる政治的・学問的活動によっても知られる。著書に『哲学論集』全二巻（一九八五）などがある。

マイケル・ウォルツァー（Michael Walzer 1935-）
ハーヴァード、プリンストン大学で教鞭をとるほか、『ディセント』誌の編集委員をつとめるなど、社会的な批判活動に積極的に参加している。著書に『聖徒の革命』（一九六五）、『正義の領分』（一九八三）などがある。

うのも、スキナーによれば、政治参加のためには道徳的な動機づけは必要ではない。政治参加へ向けて人々を説得するには、それによって、自分の個人的自由をよりよく保持できると説得するだけで十分である。政治参加は個人的自由を守るための手段であって、それ自体が目的ではない。このようなスキナー的な理解に基づく限り、共和主義は自由主義の対抗モデルというよりも、自由主義を実現するための手段ということになる。これに対しポーコック的な答えにおいては、政治参加は単に手段にとどまらず、それ自体が価値とされる。すでに指摘したように、ポーコックにとって政治参加は様々な人間論的な意味を持つ。その意味で、公民的な（civil）共和主義理解と呼ぶことができる。この場合に問題になるのは、政治参加それ自体が価値と見なされることで、自由主義的な信条、すなわち価値は各個人が選択するものであるという信条を逸脱する危険性があることである。

したがって、ルノーの見るところ、現代英米の共和主義が提起した論争は最終的に、それがあくまで自由主義の諸原理の内にとどまるのか、それとも自由主義と異質な価値を提起しているのかという問題に行き着く。ルノー自身はと言えば、共和主義を自由主義に取って代わるオルタナティヴとして理解するよりは、むしろ自由主義の諸理念を再検討に付すこと、すなわち自由主義による自由主義の自己修正として捉えようとしている。いわば、共和主義と自由主義の長い対立の歴史に終止符を打ち、共和主義を自由主義の方に包摂するかたちで、両者の最終的な和解を実現することこそが、ルノーの目指すところであるように思われる。

共和主義と自由主義の関係の行き着いた場所

ここまでの話を整理しておきたい。英米圏においては自由主義が長く支配的な位置を占め続け、近年になってはじめてこれを批判するものとして共和主義が台頭してきた。その際に共和主義は古典古代への参照を重要な構成要素としたが、これは英米圏における政治的近代においてあまりにも自由主義が重要な位置を占めたあまり、これを批判する視点を獲得するには古典古代へと遡る必要があったためと考えられる。これに対しフランスにおいては、フランス革命による共和政の理念の提示を受けて、共和政を支持する政治的立場として共和主義が揺るぎない位置を獲得してきた。近年になって「自由主義の復権」が語られるようになったが、この場合の自由主義とは英米的な自由主義と完全に一致するものではなく、むしろ大革命以来のフランスにおける政治的近代を批判的に再検討する立場として理解すべきである。この「自由主義の復権」を受けて、今度は共和主義の側における現代的革新が見られるようになっている。その場合、新しい共和主義は古い共和主義と比べて、自由主義的諸価値に対してより深い理解と評価を与えている。しかしながら、それでは共和主義の現代的革新とは単に自由主義への回帰を意味するだけかと言えば、そうではない。むしろフランス共和主義の本質はあくまで、とくにフランス革命を頂点とするフランスの政治的近代の擁護にある。さらにはその延長線上に近代一般の擁護と結びついている点にフランス共和主義の特徴があり、英米の共和主義のように古典古代への参照を必ずしも最重要視しない。このように見てくると、共和主義と自由主義の関係を安易に対立的に捉えられないことは明らかである。たしかに今日、英米圏においては自由主義に対して共和主義が、フランスにおいては共和主義に対して自由主義が挑戦を試みている。しかし見方を変えれば、英米圏における共和主義とフランスにおける自由主義は、それぞれの政治的近代を批判的に再検討するための戦略的武器という共通した性格を持っている。したがって、共和主義と自由主義の対立は、多分にそれぞれの政治文化圏における固有の状況に規定されているのであり、その対立と融合は複雑にからみあっている。一方において英米圏とフランス、他方において共和主義と自由主義の関係が複雑にからみあい、議論を一望の下に俯瞰することを難しくしている。

しかしながら、理論的に見るならば、英米圏とフランス、共和主義と自由主義を隔てる壁は確実に低くなっており、今後両者の対話と融合がさらに進むことは間違いない。その際に興味深いのは、相対的に言えば、英米の共和主義が自由主義的な諸価値の強調によって排除される諸価値を重視するのに対し、フランスの共和主義はむしろ自由主義的な諸価値への関与の姿勢をより強く示し、共和主義を自由主義による自由主義の自己修正、自己矯正として理解しようと試みている点である。伝統的に自由主義が支配的であった英米圏においては、むしろ非自由主義的な諸価値への注目が始まりつつあるのに対し、フランスにおいては、長い愛憎関係の後に、ようやく自由主義的諸価値を真に自らのものとするべく真剣な思想的努力がなされていると言うことができよう。

自由主義的な諸価値はいまやあらゆる立場にとっても否定しがたい、いわば共通の出発点になりつつある。問題はそれらの諸価値がしばしば矛盾しあうことであり、さらには非自由主義的な諸価値も確固として存在するということである。自由主義の行き過ぎを是正できるのは自由主義だけであるのか。あるいは非自由主義的諸価値を大胆に提示して、自由主義的諸価値と徹底した突き合わせを行うべきなのか。現代における共和主義と自由主義の両義的な関係から、そのような問いが示唆され、そして未来への課題として残されるのである。

結び

自らの社会のよって立つ原理の反省

本書では、政治を考えるにあたって、言葉の問題から議論を開始した。したがって本書を振り返り総括するにあたって、やはり言葉という主題に立ち返る必要があろう。序で検討したように、言葉は伝達の手段であると同時に反省の手段であり、人は言葉を介して他者と認識を共有し、言葉によって自らの思考を自分自身に対して明らかにする。人は言葉によって思考の型を共有する集団の一員となるが、同時に言葉の反省機能により自らの集団の思考の型を反省する可能性を持つ。とくに、多様な情報の出会い、異なる世界観の遭遇によって、言葉の反省作用が高度化し、それまで当然と考えられていた自らの思考を振り返り、およそ真に知るとはどういうことかを問おうとしたとき、哲学が生まれた。政治哲学もまたこのような哲学の一翼を担うものであり、政治哲学とは、自らの社会の基本的枠組みを構成する諸原理を自覚的に問い直すことによって、現状と一定の批判的距離を持つための営みにほかならない。この距離を持つことによって規範的な評価が可能になり、現実を変えていく可能性も生まれてくる。

現代社会において、このように社会の存立の構造を自覚的に対象化し、自明とされていた諸前提をあらためて問題化することへの潜在的な欲求が高まっている。しかしながら、第一章でも論じたように、少なくとも現象的に見る限り、政治的無関心が完全に定着していることも間違いない。今日、なんらかのイデオロギーや理論によって人類の疎外や非人間性を克服しようとする革命的な政治にも、あるいは日々の利益配分、現状維持主義、腐敗と官僚制化によってイメージされる退屈な政治にも、ほとんど関心が向けられることはない。人々は、政治とはできるだけ無関係であることさえ願っている。ここには、すれ違いがあり、このすれ違いは不幸なものであると言わねばならない。人々は政治を語ることへの欲求を持ちながら、同時に政治に関心を持つことを忌避しているのだから。この食い違いこそ、本書が向き合わねばならない課題であった。

第三章であらためて「政治」を検討したのは、このような食い違いを乗り越えるためであった。例えばクロード・ルフォール*は、「政治」を経済、法律、道徳、宗教、その他の領域とは区別される、社会の中の一特殊領域として捉える態度に異議申し立てを試みている。彼はむしろ、これら諸領域の分節化を促す西欧近代のあり方自体を反省し、社会の根源的な分節化のあり方そのものを問い直そうとする。そこで彼が提示したのが、社会の一領域としての「政治」ではなく、それに代わるべき「政治的なるもの」の視点であった。それでは「政治的なるもの」とは何なのか。彼によれば、各々の社会が、自らを分化・分節化し、自らの内にある諸対立を処理している、その仕方こそが「政治的なるもの」である。さらに彼は、ある一つの社会の自己解釈を支える象徴の不可視の影響力を重視し、これを「権力の場」という概念を通じて問題化しようとした。

* クロード・ルフォール　六二頁参照。

現代フランス政治哲学の一つの特徴は、この「政治」から「政治的なるもの」への重心移動にある。この「政治的なるもの」の理解については必ずしも一致を見ないが、それにもかかわらず、社会の一領域としての「政治」を対象とする科学としての「政治科学」とは区別される、「政治的なるもの」――社会の基本的枠組みを定め、支配と被支配の関係を規定する根源的な何ものか――を対象とする知的営みとしての「政治哲学」に対する志向は、次第に広く共有されはじめている。換言すれば、既存のものの見方において「政治」とされる領域に閉じこもるのではなく、自らのまなざしそのものを反省し、そのようなまなざしによって実は支えられている現在の社会の基本的枠組みを問い直そうとする動きが徐々に生まれつつある。

このような重心移動の結果、興味深いことに、政治というものの元々の意味、すなわち《政治》が思い出されることになった。というのも、コルネリュウス・カストリアディス*が指摘するように、古代ギリシア人が発明した《政治》とは元来、社会の既存の諸制度を問い直すことにほかならなかったからである。諸制度の理論上の正当性の問題を提起し、そのうえで、諸制度を問い直す熟慮された明晰な共同活動。これこそが、古代ギリシア人によって発明された《政治》であった。ここには、「政治」ではなく「政治的なるもの」に注目することで、むしろ原初的な《政治》が思い出されるという、思考のあざやかな往復運動のダイナミズムを見て取れる。

* コルネリュウス・カストリアディス　一八頁参照。

不透明な時代のデモクラシー

それでは、なぜこのような「政治的なるもの」や《政治》が、今あらためて問題となるのだろうか。一つには、*マルセル・ゴーシェの強調するように、「進歩」、「革命」、「解放」といった諸理念の後退、いわば大文字の「思想」の退場こそが、現代という時代を特徴づけている、ということがある。社会の変化を意味づけ、方向づけるこれらの諸理念によって支えられ、同時に支配されてきた一つの時代がいまや終焉を迎えつつある。このような時代における社会主義の影響力の低下は決定的であった。結果として、もはや体制の選択はありえない、社会の根本的な変革を導くような指導理念も存在しない、そのような理念が存在すると考えること自体が間違いなのかもしれない、という思いが広く共有されることになった。このような思いが正しいか否かは、とりあえずここでは措く。問題はそのような思いが一般化した帰結である。

もはや自らの社会を根本的に変革するための理念は存在しない。しかしながら、だからと言って、社会の中に諸問題が残されたままであるし、対立が消滅したわけでもない。問題は残っているが、絶対的な答えへの信念はもはや存在しないとしたら、残されるのはいかなる道であろうか。

それはおそらく、自らの社会を越えたどこかに絶対的な答えを探すのではなく、自らの社会を規定する諸原理を問い直し、それを批判的に吟味し直し、それを新しい形に再構成していくという道であろう。自らの外部に答えを探すのではなく、自分自身に問いを投げ返すのである。もちろん自分自身に問い返したところで、必ずしも答えを見つけ出せるとは限らない。しかしながら、どこかに絶対的

マルセル・ゴーシェ　八八頁参照。

な答えがあることを信じて右往左往するよりは、自らの社会を規定してきた諸原理と自らの歴史を振り返り、そこに何かが欠けているならばそれを明らかにし、何かが問題であるならばそれを克服する手段を探るという方法の方が、より可能性があるかもしれない。このような視点こそが、「政治」から「政治的なるもの」へ、そして《政治》へという、現代政治哲学における関心の移動を動機づけているのである。

このことは第四章で検討したデモクラシー論にも影響を及ぼしている。なぜなら、もはや絶対的な答えはなく、自分を振り返るしか道がないとすれば、そのことによる圧力はデモクラシーに直接のしかかってくるからである。もしデモクラシーが、社会の外部に由来する諸規範を認めず、人々が自らの法を定め、それに自発的に従う政治体制であるとするならば、答えのない不透明な時代における負担と責任は、デモクラシーへと向けられる。もはやデモクラシーを外から導くものもなければ、同時に拘束するものもないとすれば、デモクラシーは必然的に自己反省と自己抑制を余儀なくされる。自らの外部を持たないデモクラシーは、内的に非常な緊張に耐えなくてはならないのである。したがって、現代の政治哲学者たちが問うのは、もはやデモクラシーの正当性ではない。むしろ、デモクラシーしかないことを前提に、それにいかにして高度な自己制御能力、自己反省能力を備えさせるか、ということが問われている。現在あらためて国家と社会の分離が論じられているのも、もはや外部を持ちえないデモクラシーに、それに代わる内なる分離、内なる外部性を作為的に作り出すためなのである。

このようなデモクラシーの自己反省の問題は、第五章で考察した権力論の内向化と無縁ではない。

現代権力論において、権力は主体の内側から作用するものとして捉えられる。主体の側からすれば、権力を外部にある対象として見ることはできないわけであり、権力を捉えるためには自己を内省するしか方法はない。また、あらゆる権力の作用から自由な、中立的な空間といったものを想定することは不可能になり、権力を抑制したり、封じ込めたりする外部の視点を無前提に想定することも難しくなっている。外部を持ちえないデモクラシーと権力論の内向化は表裏一体であり、議論を進めるためには粘り強い自己反省の道しか残されていないのである。

このような、たえず自らを振り返り、自らのよって立つ原理を確認すると同時に、その原理の生み出す結果をフィードバックすることで自己修正を繰り返す、きわめて複雑なデモクラシーにとって、その自己修正の手段、道具となるのが、第六章で論じた人権と市民権であった。たしかにゴーシェの指摘するように、人権は万能ではないかもしれない。すなわち人権の強調は、ただちに諸個人の共存について、有効な集合性や連帯の原理について、そして社会の未来について、明らかな指針を与えてくれるものではないかもしれない。しかし、そのことによって、人権の中にむしろ人と人とをつなぐ権利を見いだしたルフォールや、市民権を人間の公共空間を拡大するための集団的実践として捉えたエチエンヌ・バリバール*の議論が否定されるわけではない。人権の原理がただちに明らかな指針を与えてくれないとしても、その原理が歴史の中で、現実と緊張関係に立ちながら、一歩一歩実現されていくことで、ダイナミズムを生み出していく可能性は残されるからである。それは高度な自己反省性を備えた現代デモクラシーにふさわしい武器となりうる。

*エチエンヌ・バリバール　一四〇頁参照。

残される選択肢

二〇世紀を長く支配したのが、自由主義か社会主義かという選択であったとすれば、社会主義が決定的にオルタナティヴとしての魅力を失い、大文字の「思想」が退場してしまった今日、もはや体制選択はありえないかに見える。しかしながら、このような体制選択の大論争に決着がついたかに見える今日になって、興味深いことに新しい国制論が発展しつつある。この新しい国制論は、自らの社会の基本的枠組みを構成する諸原理を自覚的に問い直し、それらを比較の視座において捉えようとする営みである。不透明な時代の中で自己反省の営みへの欲求が高まっている今日、国制論が再び脚光を浴びつつあることになんら不思議はない。それでは現代の国制論に、はたしていかなる選択肢が残されているのだろうか。第七章で主に検討したのは、国民国家形式の動揺と新しい「帝国」の出現であった。しかしながら、そこで真に問われていたのは、現代世界のテクノロジー状況を前提にしたデモクラシーのあり方の問題であった。そこで問われているのは、これまで自明視されてきたデモクラシーと国民国家形式の結びつきの必然性である。デモクラシーの原理自体が否定されることはないとしても、それがいかなる形式において実現されるべきかについては、今後なお議論がありうる。

また第八章では、現代に残る有力な思想的対立として浮かび上がりつつある、共和主義と自由主義の関係を考察した。しかしながら、そこで明らかになったのは、両者の対立が見かけほど自明のものではなく、両者は複雑に入り組んでいることであった。自由主義がつねに支配的であり、近年になってそれとの対抗上、共和主義が語られるようになった英米圏においては、共和主義はあくまで自由主義的な個人主義を前提に、これを相対化する役割を期待されている。これに対し、むしろ共和主義が正統な位置を占め続け、「自由主義の復権」がようやく今日になって語られ始めたばかりのフランスにおいては、自由主義に共和主義の伝統に欠けた部分を補う役割が求められている。このように、自由主義と共和主義は必ずしも相互背反的でもなければ、明快な二者択一の選択肢でもない。両者は相互の原理を認めつつ、それを補い修正するものなのである。とくに現代フランスにおいて、自覚的に英米圏の政治哲学との対話を試みるアラン・ルノー*のように、共和主義はもはや自由主義に取って代わるオルタナティヴではなく、むしろ自由主義の諸理念の間の矛盾を調整すべき、自由主義の自己修正のための理念にほかならない、とする政治哲学者さえ存在するようになっている。

現代に残された選択肢は、デモクラシーや自由主義の諸原理の肯定・否定にあるのではなく、その基本的承認の上に、その諸原理の組み合わせによって生じるヴァリエーションに見いだされる。すなわち国制としてのデモクラシーと自由主義の諸原理を大枠としつつも、その大枠の中にはなお大きな幅と相互に対立しあう組み合わせが存在するのである。かつての論争が必ずしもこの大枠に収まらないことがあったのに対し、今日の論争は、この大枠の中でなされている。このことはけっして論争が収束しつつあることを意味しない。むしろ、この大枠の内部にこそ大きな論争の可能性があることが明らかになり、幅広い選択肢がそこで模索されているのである。このような論争を通じて浮かび上がる、それぞれの政治社会の質の違いに敏感になることに、現代国制論の一つの焦点がある。

＊アラン・ルノー
五五頁参照。

日本に対する示唆Ⅰ――共和主義の視点から

最後に、現代フランス政治哲学がより直接的に現代日本に対して持つ意味を再検討しておきたい。本書の最初で日本における思想的座標軸の欠如を指摘したが、現代フランス政治哲学の議論を検討した結果として、いかなる示唆が得られたのであろうか。

第八章で詳しく検討したように、現代のフランス政治哲学の動向は、大枠で言えば、自由主義の復権と、それを受けての共和主義の現代的革新とに整理することができる。したがって、日本への示唆を考えるにあたっても、この両側面にそって議論を進めることが有意義であろう。

まず共和主義から見ていきたい。あくまで共和国にこだわるフランス共和主義の持つ意味は、日本の読者にとって見えにくいかもしれない。しかしながらこのことは、これまでの日本の議論の盲点がそこにあったことも暗示している。[1] まず指摘すべきは、公共性をめぐる理解である。フランスにおいては、政治体制を考えるにあたって、公共性こそがその中核となる理念となってきた。共和国（la République）とは、まさしく公共なるもの（public）にほかならないからである。ここで重要なのは、フランスにおいては、公共性と共同体とは非常に厳密に区別されるということである。イスラム系子女の公立学校における「スカーフ」の着用事件にやや極端なかたちで現われてしまったが、フランス共和主義においては、公共性を文化的・宗教的・民族的な共同体の諸価値から峻別しようとする傾向が非常に強い。この考えに立てば、公共性とは、多様な文化、宗教、民族を背景にした諸個人にとっての共通の空間を構成するものである以上、それらの個別的諸価値とは異なる次元、あえて言えばそ

（1）日本においてはこれまで共和政か君主政かをめぐって国論が二分し、激しく抗争する経験を持たなかった。そのため天皇制という君主政を採用しているということに対し、必ずしも十分自覚的ではなかったし、その意味を反省することも稀であった。[鈴木 1998]を参照。

れを超えた次元を持たなければならない。(2) この点において、共同体主義（communitarianism ――フランス語では communautarisme）、多文化主義、そして共和主義がしばしば連続的に捉えられる英米圏の理解とは大きく異なっている。日本においても、公共性と共同体とがしばしばあいまいなまま混同され、両者の区別に必ずしも意識的ではない。(3) したがって、フランス共和主義のメッセージがあるとすれば、それはまず何よりも、共同体があれば公共性があるというわけではないということへの注意の喚起であろう。公共性とは多様な文化的・宗教的・民族的背景を持った人々に対して等しく開かれていることを意味するのである。したがって、公共性は共同体的諸価値を超越する。そうでない場合、公共性はそれ自体一つの共同体へと変質してしまうのである。

しかしながら、フランス共和主義には固有の問題性もある。すなわち、そのような公共性を実現する担い手として、もっぱらフランス共和国を想定する点である。このことは、一方においてフランス共和国を越える枠組み、すなわち欧州統合への疑念に、他方でフランス共和国の分割、すなわち地方分権に対する躊躇へとつながる。しばしばフランスでは、ドイツ型のナショナリズムとフランス型のナショナリズムの区別が語られる。この区別にしたがえば、ドイツ・ナショナリズムがドイツ民族という排他的な理念に依拠するのに対し、フランス・ナショナリズムはあくまで普遍主義に基づいているとされる。しかしながら、フランス共和国が公共性を独占すると主張することで、国家万能主義やフランス至上主義が生み出される危険性が存在することも否定できない。その意味で、伝統的なフランス共和主義がしばしばフランス・ナショナリズムと結合する傾向を示したのに対し、現代共和主義はこのような傾向を批判し、自らをより開かれた存在とするための努力をしている。普遍主義が自ら

(2)　このような態度はキリスト教にも向けられる。アメリカにおける大統領就任にあたっての、聖書に手を置いての宣誓儀礼は、フランスではしばしば政教分離原則との関係から疑問視される。

(3)　この点について、[齋藤 2000]を参照

を普遍的であると主張することから生じる排他性を、いかにして乗り越えられるか。現代共和主義の焦点の一つはそこにある。普遍主義を否定して自らの特殊性・個別性に居直るのでもなく、かと言って普遍主義の名の下に他の批判を寄せつけないのでもない。そのような可能性はあるのだろうか。このようなフランス共和主義の挑戦は、日本社会にとっても無縁のものではない。

日本に対する示唆II——自由主義の視点から

次に自由主義である。フランス自由主義は、英米の自由主義とどのように異なる示唆を日本に与えてくれるのであろうか。一つ言えることは、フランス自由主義は、市場原理を強調する新自由主義とはまったく異質な性格を持つことである。フランスにおいて新自由主義がまったく存在しないというわけではないが、少なくとも本書で検討した「自由主義の復権」として取り上げた諸潮流は、新自由主義とははっきりと一線を画している。それでは現代フランスにおける自由主義とは、いったいどのような性格を持つのか。その最大の特徴はすでに指摘したように、デモクラシーの機能の高度化にある。すなわち、フランス自由主義の新たなる展開は、同時にデモクラシー論の新地平の開拓でもあった。国家と社会という自由主義の古典的主張も、現代フランス自由主義においては、国家と社会の相互反省的機能という視点から再評価の対象となる。代表制についても、代表するものと代表されるものと間の同一性よりはむしろ分離が前提にされている。デモクラシーの社会が真に自律するためには、高度な自己反省的機能が必要であり、そのような自己反省的機能のためには、社会の中に意図的に分離を作り出し、その相互間の監視・制御を作り出していく必要がある。まさしく分離の組織化こそが、現代フランス自由主義の最大の理論的主張なのである。

フランス自由主義が示唆するのは、単なる個人の自由の強調や国家の役割の制限ではない。むしろ、その示唆するものはデモクラシーの高度化であり、デモクラシーの高度化こそ、よりよく個人の自由と社会の多元性を維持することに寄与しうるということである。このことの意味は日本社会にとっても大きいと思われる。というのも現在の日本において、しばしば陥りがちなのが、社会の全領域にわたって市場メカニズムの活用を目指すか、それともそれに抵抗し、あくまで従来の社会のあり方を維持するかという、不毛な二者択一論だからである。言い換えれば、あたかも市場か伝統的な共同体かのいずれかしかないかのように思わせる視野狭窄である。なぜそれが視野狭窄かと言えば、伝統的共同体を墨守するのでも、市場メカニズムにすべてを委ねるのでもない、もう一つの道があるからである。それが、デモクラシーの高度化による社会変革という道なのである。日本社会においても、高度な自己反省的機能を備えたデモクラシーによる変革の可能性を真剣に検討すべき時期がきているのではなかろうか。

現代フランスの自由主義が示唆するものは、デモクラシーの高度化にとどまらない。もう一点あげるとすれば、自由主義と社会民主主義の連携の可能性があげられよう。すでに強調したように、フランス自由主義においては、英米の自由主義と異なり、個人を強調しつつも、個人を社会から切り離して抽象的に捉えるのではなく、むしろ社会的諸条件の中において捉えようとする傾向が強かった。すなわち個人の自由を非歴史的な命題とするのではなく、それを可能にする、あるいはそれを制限づける社会的諸条件の分析こそを重視してきた。この結果、現代において個人の自由を論じるにあたっても、流動化する社会の中でいかに個人の自由のための諸条件を実現するかに関心が寄せられる。したがって、個人の自由、個人の自立というレトリックの下に、結果的には現代社会の様々なリスクを個人に負わせるという新自由主義的な議論とは、明らかに異質なスタンスをとる。かと言って、これまでの福祉国家やその社会保障政策をそのまま肯定するわけでもない。その一例として、現代フランス自由主義の一翼を担うピエール・ロザンヴァロン*の議論を見てみたい。

ロザンヴァロンは「社会民主主義のプロジェクトは決定的に終わった」と言う［*Le Monde*, 26-27 mai 2002］。その言わんとするところは、単なる福祉国家の否定ではない。彼の見るところ、歴史的なプロジェクトとしての社会民主主義とは、労働者階級の政治的組織化、国有化をはじめとする所有権の改革、そして社会保障制度をはじめとする福祉国家の建設等のプログラムによって構成されてきた。しかしながら、一九八〇年代から九〇年代にかけて、生産様式の変化により、組合、集団交渉、福祉国家を通じての集団的な労働者保護は決定的にその有効性を失ってしまった。すなわち、かつての資本主義が大量生産に基づいていたのに対し、今日の資本主義において、生産技術の進化にあわせて生産も消費も細分化し個別化している。したがって現代資本主義の諸条件の中で個人の解放を目指すためには、従来の集団的な救済では不十分になってきている。ロザンヴァロンはその経歴からも明らかなように、つねに社会民主主義と近い立場にあり続けた。そのロザンヴァロンが「社会民主主義のプロジェクトは決定的に終わった」と言うとき、それは新自由主義の立場からする福祉国家への死刑宣告を意味するのではなく、むしろこれまでの社会民主主義を現代的諸条件においていかに再生す

ピエール・ロザンヴァロン（Pierre Rosanvallon 1948-）

フランス民主労働総連合の経済顧問、社会科学高等研究院教授をへて、現在はコレージュ・ド・フランス教授。サン=シモン財団の事務局長もつとめる。著作に『ユートピア資本主義』（一九七九）、『ギゾーのモーメント』（一九八五）、『未完のデモクラシー』（二〇〇〇）などがある。

るかという問題意識を示している。このようなロザンヴァロンの姿勢に、自由主義と社会民主主義の新たなる連携の可能性の萌芽を見て取ることはできないであろうか。

フランスと英米圏の間で

これまでも何度か指摘してきたように、フランス政治哲学は、原理的・抽象的な諸理念への強い傾斜を持ってきた。この傾斜こそ、フランスの政治哲学の栄光と悲惨の原因であった。大革命以後のフランスの政治哲学について、バークをはじめとする批判者たちはその抽象的・観念的性格を強調してきたが、逆に言えば、歴史的・慣習的な仕方以外によってはおよそ説明しがたい共同体の構成原理について、フランス政治哲学は高度に自覚的であり、これを明確に対象化し説明しようと努めてきた。人と人の紐帯の基礎となる原理、いかなる外的権威からも独立した政治体の自律の可能性、各個人の自己と集合体の共同的自己の問題など、他の多くの社会においては、必ずしも意識的に議論されてこなかったテーマである。これらの社会においては、具体的な歴史的慣行や習俗によって、原理的な問いに踏み込むことなく、問題が処理されてきたと言えよう。一つの政治体が一つの政治体たりえているのはなぜか、そのような抽象的な問いから逃れることができなかったのが、フランスの政治哲学であった。

これと対照的であったのが、英米の政治文化であった。トクヴィルが感嘆したのは、アメリカにおいて、政治的自由が日常的に実践され、日々の生活の中に根をおろしていることであった。逆に、彼の目には、アメリカ人が自覚的に採用している原理や倫理は、しばしばきわめて単純で、場合によっては表層的なものに映った(4)。したがって、その政治的実践と自覚的に採用している原理との間には、小さからぬずれが存在するのであり、トクヴィルはこのずれのうちに、アメリカの秘密があると考えた。つねに英米圏とフランスの間で思考しようとしたトクヴィルは、このずれに注目し、それを言語化・理論化することを自らの任務とした。トクヴィルは二つのデモクラシーの間に、思考の未開の領域があると考えたのである。

このことの示唆は大きい。英米圏のデモクラシーのダイナミズムは、一般的原理から出発するのではなく、むしろ、司法、地方自治、経済活動といった、個々の現場における実践に根ざしている。もちろん、ただ単に個別的・特殊的な問題解決に終始するのではなく、個別のイニシアティヴを最大限活用した上で、そこで得られたものを一般的ルールにまで昇華すること、これこそが英米圏の政治文化の強みであった。これに対しフランスのデモクラシーは、むしろ人権、一般意志などの一般的原理を打ち立て、これをつねに未完のプロジェクトとして追求することで、ダイナミズムを生み出してきた。もちろん、これらの一般的原理が絶対化されてはならない。また現状を正当化するのに用いられてはならないということは、十分意識されてきた。これらの原理はつねに完全に実現されることはありえないが、かと言って空虚な美辞麗句でもない。そのような理念があることで現実を批判し動かしていくための原動力、未完のデモクラシーの無限運動のための原動力になってきたのである。

もちろん、以上の示唆はあくまで示唆であって、このいずれのモデルも、日本にそのまま移植可能であるとは限らない。むしろ日本の思想的座標軸は、自らの歴史に対する真摯な反省によってこそ打

(4) 一例をあげると、トクヴィルは『アメリカにおけるデモクラシー』の第二巻第二編第八章で、アメリカ人の道徳観において重要な役割を果たしている「正しく理解された利益」という教説に注目している。彼はこの教説を深遠なものとは思わないにもかかわらず、それが実際のアメリカ社会に果たしている機能を高く評価している［Tocqueville 1840: II, 8］。

ち立てられるべきである。しかしながら、忘れてならないのは、英米圏にせよフランスにせよ、つねに一般性・普遍性への志向、たえざる批判の可能性が最重要視されていることである。様々な歴史的伝統と社会的状況の中で、それぞれの社会ごとに独自な答えがありうることは間違いない。しかしながら、それは無原則な相対主義を意味するものでもない。今日の世界において、自由とデモクラシーの普遍的な理念を否定する社会に未来はない。これらの諸理念を大前提に、むしろその理念をさらに根源化することによって、多様で個性的な社会のあり方を構想することこそを模索するべきであろう。そのためにもまず、各々の社会は、自らの社会の基本的枠組みを構成する諸原理を自覚的に問い直すことを求められている。

より多様でより実効的なデモクラシーの未来は、各社会における政治哲学の営みとその対話にかかっているのである。

補　論　フランス政治哲学の現在――一五年後に振り返る

『政治哲学へ――現代フランスとの対話』を刊行してから一五年が過ぎた。この間に、政治哲学をめぐる状況も、フランスの知的状況も大きく変化した。その結果として、本書の内容それ自体には変化がないとしても、その意味づけについては、いささかの追加的説明が必要となっている。以下、著者自身による自著の回顧と合わせて論じてみたい。

政治哲学をめぐる変化

ある意味で、この間に最も大きく変化したのは政治哲学をめぐる状況かもしれない。二〇〇四年に本書を刊行した当時、そもそも「政治哲学」という言葉自体が自明ではなかった。とくに戦後日本の知的空間において、丸山眞男に象徴される「政治思想史」研究がきわめて重要な役割をはたしたのに対し、「政治哲学」という分野に注目を集めることは稀であった。もちろん個別的に見れば、いくつもの重要な政治哲学研究があったのは事実であるが、分野として「政治哲学」が脚光を浴びることはけっして多くなかった。「政治思想史」との対比において「政治哲学」というと、しばしば、「特定の方法論に基づく、歴史を超えた政治的真理の探究」という反歴史主義的な含意を持ったことは否めない。

このような状況において、本書は「政治哲学の復権」を目指すものであった。その場合、レオ・シュトラウス*が鋭く対比したように、多様な政治思想的言説に対抗して唯一の政治的真理を説こうとしたわけではない。とはいえ、個別の政治思想家に関するモノグラフを超えて、およそ「政治」、「デモクラシー」、「権力」、「人権」、「市民権」、「国制」、「共和主義」といった政治における重要概念について、何らかの哲学的考察を行うことはできないのか。そのような問題意識に立っての、いささか戦略的な「政治哲学の復権」の試みであったと言えるだろう。

しかしながら、その後の政治哲学をめぐる知的風景の変化は、著者の予想を大きく上回るものであった。ある意味で、「政治哲学」は時代の言葉にさえなったのである。一例を挙げれば、全六巻からなる岩波講座政治哲学が刊行されたのは、二〇一四年のことである。創業以来、多くの講座もののシリーズを企画してきた岩波書店であるが、政治学についての企画は初めてである。その初めての政治ものの講座名に「政治哲学」が選ばれたのは、何らかの時代の変化を反映したものであろう。

もちろん、その背景にはあるのは、世界的な「政治哲学の復権」の潮流であることは言うまでもない。一九七一年に刊行されたジョン・ロールズ*の『正義論』は、長きにわたって「過去の学問」とみなされてきた政治哲学を現代的文脈において再生した。カントの道徳哲学にインスピレーションを受けつつ、社会契約論の伝統を「原初状態」と「無知のヴェール」という独自の知的装置によって展開したロールズの議論は、公民権運動やヴェトナム反戦運動といった時代状況を背景に、現代社会の課

レオ・シュトラウス
一五五頁参照。
ジョン・ロールズ
一九頁参照。

題に規範的な回答を示すことに成功したのである。このロールズの知的企てをきっかけに、現在に至るまで、多くの政治哲学的研究が発表され続けている。日本における「政治哲学の復権」もまた、世界における知的状況の変化に後押しされたものであることは間違いない。

フランス政治哲学の独自性

現代における「政治哲学の復権」がロールズの『正義論』から始まったことからも明らかなように、このような趨勢を主導するのは英米系の政治哲学である。なかでもとくに、分析哲学が重要な役割をはたしていることが注目される。二〇世紀前半に英米圏で発展した分析哲学は長らく政治的なテーマから距離を置いていたが、分析哲学を用いた政治哲学がロールズらによって復活して以降、経済学的な方法論とも結びつき、いまや学界の主流をなすに至っている。このような分析哲学は、「正義」や「平等」といった規範的概念について、徹底的に概念分析を施すことを通じて明晰で厳密な論証を目指す点にその特徴がある。

これに対し、本書の特徴は、むしろフランス政治哲学に着目している点にある。現代政治哲学ではしばしば、英米系と大陸系との区別が指摘されるが、本書は主として大陸系の政治哲学の一部としてのフランス政治哲学を扱っている。もちろん、本書でも論じているように、現代フランスの政治哲学は英米の政治哲学を強く意識したものであり、それとの関係抜きに論じても生産的ではないだろう。あたかも英米の政治哲学とは独立した、大陸独自の政治哲学の伝統を実体的にイメージすることは、ミスリーディングでさえある。

とはいえ、フランス政治哲学に独自の特徴があることもまた事実である。一例を挙げれば、フランス政治哲学は伝統的に、経済学よりはむしろ、社会学や歴史学との結びつきが強い。方法論的にも、英米の政治哲学が個人主義の伝統に立つのに対し、フランスの政治哲学は反個人主義の傾向が目につく。これは個人主義の価値に対して否定的であることを意味せず、むしろ個人の存在を、その社会的諸関係において捉えようとする志向を指す。

遡ればマルクス主義がそうであるが、二〇世紀フランスの知的世界において重きをなした構造主義もまた、同じ特徴を有していた。個人は社会に先立って存在する、自己完結的な存在ではない。個人は社会構造との関わりにおいて形成され、社会との結びつきにおいて自らを意味づける。それゆえに、個人を分析するにあたっては、社会構造や社会的諸関係の考察がその前提となる。結果として、フランスの政治哲学は個人の価値を重視しつつ、だからこそ社会学や歴史学と結びつき、個人をめぐる構造や関係に注目してきたのである。

マルクス主義との対抗関係の後退

このこととも関連して、現代フランス哲学におけるマルクス主義の強い存在感についても指摘しておく必要がある。しばしば指摘されるように、フランスは欧米諸国のなかでも、マルクス主義の影響が長く続いた国である。知識人や政治家の間において、マルクス主義（トロツキー派を含む）の影響は、一九八〇年代から九〇年代まで続いたと言えるだろう。あるいは今日においてなお、その影響が完全に無くなったとは言えない。

　マルクス主義それ自体の影響はもちろん、マルクス主義への対抗もまた一種のマルクス主義の影響と捉えるならば、その射程はさらに広いものとなる。本書において重要な位置を占める*クロード・ルフォールや*コルネリュウス・カストリアディスらによる「社会主義か野蛮か」のグループにしても、最終的にはマルクス主義と決別したとはいえ、その問題意識には深くマルクス主義の刻印が押されていた。ある意味で、彼らの議論はマルクス主義の強い存在感を前提にしてはじめてよく理解できるのであり、全世界的なレベルにおけるマルクス主義の退潮は、そもそもの議論の地平を大きく変化させたのである。

　ルフォールに即して言うならば、彼がフランスにおいていち早く*ハンナ・アレントの重要を強調し、アレクシ・ド・トクヴィルの復権を主導したのも、ソ連の社会主義に「全体主義」を見出し、これを批判するための模索の結果であった。またルフォールや、彼の知的影響下に政治的思索を続けた*マルセル・ゴーシェが極めて複雑な人権論を展開したのも、ソ連における人権抑圧の現実を重視したことがきっかけである。

　そうだとすれば、ソ連の社会主義体制が崩壊し、その記憶すら遠いものになりつつある今日、ルフォールの政治的著作を読み解く際にも、新たなアプローチが必要になるであろう。このことは本書を最初に刊行した二〇〇四年の段階ですでに明らかであったが、今日、状況はさらに進んでいる。いまや、良きにつけ悪しきにつけ、「マルクス主義との対抗」と言う知的営為の意味自体が、歴史的な再

クロード・ルフォール　六二頁参照。

コルネリュウス・カストリアディス　一八頁参照。

ハンナ・アレント　四三頁参照。

マルセル・ゴーシェ　八八頁参照。

検討の対象となりつつある。

ルフォールの政治哲学

このようにルフォールについてとくに論じるのも、本書において、彼の占める位置がきわめて大きいことによる。

この本では、現代フランス政治哲学の源流としてレイモン・アロン、*ルイ・アルチュセールと並べ、*ルフォールとカストリアディスを位置づけている。これはマルクス主義的伝統の強いフランスにおいて、これを継承・発展する立場と批判する立場があるとすれば、その中間にあって、マルクス主義内部でソ連の官僚制や唯物史観を批判した「社会主義か野蛮か」のグループにとくに注目したかったからである。彼らは最終的にマルクス主義に対する全面的批判に転じたとはいえ、あくまでその内在的批判を目指した知的緊張感こそが、独自の政治哲学を生み出したのである。

カストリアディスが歴史のなかで社会が自己創出する鍵として「イマジネール（想像的）なもの」に着目したとすれば、メルロ＝ポンティ*の哲学的後継者でもあったルフォールは、その独自の身体論を中心に、現象学的方法を政治哲学に導入することになる。カントーロヴィッチ*の『王の二つの身体』を参照しつつルフォールが考えようとしたのは、超越的な権威を失った近代の政治社会が、いかにして「自律」を実現できるかという問題であった。

王のいる社会において、王は人間と神との媒介者であった。王は可死的な身体と区別される超越的

レイモン・アロン
二八頁参照。

ルイ・アルチュセール
四九頁参照。

モーリス・メルロ＝ポンティ
六四頁参照。

エルンスト・ハルトヴィヒ・カントーロヴィッチ
八三頁参照。

な身体を持ち、人間としての王は死んでも、彼が体現する王国の連続性は連続するとされた。すなわち、王はその身体をもって、時間を超えた王国の一体性を具現したのである。

そうだとすれば、王のいないデモクラシーの社会はどうなるのか。ルフォールに言わせれば、デモクラシーの社会には超越的な基礎は存在しない。彼独自の用語を用いれば、「権力の場」は空虚なのである。デモクラシーの社会において、いかなる個人も集団も権力と一体化できず、真理との特権的結びつきを主張できない。それゆえに権力の担い手は交替し、権力をめぐる競争が無限に続くのである。この根源的な不確定性こそがデモクラシーの社会に固有のダイナミズムを生むのだが、権力に対する無限の異議申し立ての可能性は、つねにこの社会が安定しないことも意味する。はたしてデモクラシーの社会は、このような不安定性に耐えられるであろうか。ルフォールの問題意識は、この点に向けられたのである。

二〇世紀を生きたルフォールにとって、その最大の関心が社会主義体制における全体主義体験であったことは言うまでもない。彼によれば、全体主義とは、このようなデモクラシーの社会の不安定性に対する一つの回答であった。

全体主義的な社会において、国家と社会の一体性は「一なる人民」によって象徴され、それを特権的に代表する「党」こそが絶対的な権力を持つ。人民は一つであり、それゆえに「党」の命令は絶対である。これに異議を申し立てるものは、国家と社会の分裂を生み出す反動分子とされる。いかなる分離や差異も否定することによって、全体主義社会は、自らの不安定性を乗り越えようとしたのである。

もちろん、根源的に不確定なデモクラシーの社会において、いかなる分離や差異も否定し続けることは難しい。最終的に全体主義的な社会は維持不能になるが、だからと言って、デモクラシーの社会の不安定性が消えるわけではない。結局のところ、デモクラシーの社会は動揺を免れることができないのである。

ある意味で、このようなルフォールの議論は、マルクス主義への対抗関係と切り離しても、独自に現代的な意味を持つのではないか。このことをルフォールの議論を継承して自らの議論を構築した二人の理論家に焦点をあてて検討してみたい。

ジャン＝ピエール・ルゴフと「ポスト全体主義」

ジャン＝ピエール・ルゴフ*は、マルセル・ゴーシェらとともに、ルフォールの影響下に研究を開始した社会学者である。その特徴はアレントやルフォールに依拠しつつ、その分析対象を現代社会に向けている点にある。すなわち、彼にとっての分析対象はナチズムやスターリニズムではなく、グローバル化の進む現代資本主義社会である。

ルゴフが現代社会の特徴とするのは不確実性である。あらゆる社会的言説は、社会が複雑化し、未来が不透明なものになっていると説く。そのような社会にあって代表的なのはマネジメントの知である。未来を見通せないがゆえに、社会を完全に制御することは難しい。しかしながら、流動化した社会を相対的に管理し、適応することはなお可能である。いや、適応しなければならない。そのように

* ジャン＝ピエール・ルゴフ（Jean-Pierre Le Goff 1949-）　カーン大学でクロード・ルフォールの影響下に社会学を学ぶ。学生時代からマルセル・ゴーシェらとともに活動し、現在はフランス国立科学研究センター（CNRS）研究員として、パリ第一大学ジョルジュ・フリードマン研究所に所属している。六八年の五月革命などについての著作がある。

説くことによって、マネジメントの知は無限に適応することを個人に求める。その合言葉は「生き残るためには適応せよ」である。

そのような現代のイデオロギーは、過去の全体主義が唱えたような絶対的真理ではない。むしろ現代のイデオロギーは相対主義を好み、多様性と不透明性を強調する。そのような社会にあって、個人は無限に自律の責任を負うことになる。「自らを律し、責任を取れ」と言われ続ける諸個人は、相互に孤立しつつ、絶えず自己を評価し、社会に適応していることを証明し続けなければならない。

ルゴフの議論で興味深いのは、このような社会における言説は、多様で雑多な議論の混乱にほかならず、そこにあってすべての社会的意味が貧しいものになり無意味化する一方、人々はそのような言葉の奔流に押し流され、異論の生まれる余地がなくなるという指摘である。

「そこでは、揚げ足とりの議論が、あたかも問いという刺激剤に対する反応［応答］のようにしてはじまり、熟慮のために必要な距離や論証的な対話を不可能にする言葉の洪水によって敵を溺れさせるのである（中略）。こうしたイメージや言葉の充満によって生み出される深淵によって、現実的なものの指標が霧散し、社会は無分別な背景のなかで溺れる。映像や情報の大量のすばやい回転によって空間と時間が飽和し、大量の野卑なこと、紋切り型や出来あいの表現など、指針を失った世界の膨大なパッチワークが開陳されるために、視聴覚メディアが求める可視性と透明性によって人の目がくらんでしまう」［Le Goff 2002: 176–177, 邦訳 229–230］。

ルゴフの著作は二〇〇二年のものであるが、あたかもネット上で「炎上」が続き、フェイクニュースが横行する時代を予言しているかのように見える。このような社会には、かつての全体主義のように絶対的な「党」や、目に見える「ビッグブラザー」のような人物は見当たらない。しかしながら、社会の根源的な不確定性ゆえに生じる不安が個人を圧迫し、結果として無意味化された大量の言葉によって個人は押し流される。個人と個人の間に公共的な対話は成立せず、民主主義的な意味も生じない。ルゴフの描き出す「ポスト全体主義」のデモクラシー社会の姿は、ルフォールの全体主義論の一つの現代版と言えるかもしれない。

ツヴェタン・トドロフと「民主主義の内なる敵」

ツヴェタン・トドロフ*もまた、ルフォールの問題意識を継承する現代の理論家である。トドロフの本来の専門は文芸理論にあるが、バンジャマン・コンスタン*をはじめ、フランス自由主義についての研究を発表している。その意味で、トドロフは本書で言うところの「フランス自由主義復権」の担い手の一人であり、ルフォールとも通底する問題意識を共有していると言えるだろう。

そのトドロフが近年になって発表した興味深い政治哲学的考察が『民主主義の内なる敵』［Todorov 2012］である。この本でトドロフは、移民排斥を訴える極右政党の台頭を目の当たりにして、時代の変化を指摘する。かつてトドロフらがブルガリアを脱出してパリに向かったのは、「自由」を求めてであった。ところが現在では、ヨーロッパ各地の極右政党がしばしば「自由党」を名乗る。「自由」の意味が根本的に転換してしまったのである。

このような変化に言及しつつ、トドロフはいまや民主主義の敵はその「外」にではなく、「内」に

ツヴェタン・トドロフ　一八六頁参照。

バンジャマン・コンスタン　三一頁参照。

あると指摘する。すなわち、二〇世紀において民主主義のライヴァルが全体主義であったとすれば、現代においてその脅威となるのは、民主主義それ自身であるという。これはどういうことか。

トドロフは民主主義を三つの要素から説明する。第一は「権力が人民に属する体制」である。民主主義国において、少なくとも理論的には、すべての国民は権利において平等な存在である。権力はかつての君主制のように、歴史的伝統や神によって与えられるのではなく、政治の正統性は、人民がその代表者を通じて自らを統治することに基づく。第二は「個人の自由」である。近代民主主義は自由主義的である。主権者である人民であっても個人の権利を侵害することは許されない。権力は個人の境界で立ち止まるのである。第三は「進歩」である。民主主義社会は、その集団的意志により社会秩序を改善していく。それゆえに、民主主義国家の住民は、その現状にどれだけ不満があるとしても、他の国の住民より正しい世界に住んでいると考えることができるのである。

トドロフによれば、民主主義の危機は、この「人民」、「自由」、「進歩」という民主主義の三つの要素がそれぞれ暴走することによって生じる。「人民」が行き過ぎれば「ポピュリズム」になるし、「自由」が行き過ぎれば「極端な新自由主義」になる。そして、「進歩」が行き過ぎれば「政治的メシア主義」に行き着く。このうち、個人の経済的自由と選択が過剰に強調され、結果として社会の公共的意味や連帯が喪失する「極端な新自由主義」や、イラク戦争などに見られる、自らを道徳的に正当化し、相手を悪とみなす「政治的メシア主義」についての分析も興味深いが、本論ではトドロフの「ポピュリズム」批判に着目してみたい。

トドロフによれば、不安定な民主主義には、内なる不安を対象化する上でライヴァルが必要である。

その意味で、かつて冷戦下で共産主義がはたしていた役割を今日の社会で担っているのが外国人、ヨーロッパの場合、とりわけイスラム教徒である。ここに排外主義的なポピュリズムが台頭するが、その本質は住民のうちの一部を切り離し、異質なものを排除することにある。個人主義化が進み、グローバル化が加速する現代にあって、伝統的な人々の社会的アイデンティティは解体の危機にある。家族もまた解体しつつある。根本的な文化喪失の危機にあって、自らの実存の不安に苛まれる個人に、わかりやすい答えを示すのが排外主義的なポピュリズムである。それはある意味で、民主主義の根幹にある「一なる人民」の理念の行き着いた先にある。人民を一体のものとして表象し、そのために内なる異質性を排除するポピュリズムもまた、ルフォールが考察したデモクラシー社会の不安定性の現在形と言えるだろう。

フランス政治哲学の未来

このように、ルフォールのデモクラシー社会の分析は、狭くナチズムやスターリニズムの全体主義の射程を超えて、現代の資本主義社会やポピュリズムの分析にも応用可能である。その意味で、「マルクス主義への対抗」という問題設定が過去のものになりつつある今日、なおもその思想的意義を保持していると言えるだろう。

現代フランス政治哲学は、いまだその光を失っていない。このことは、本書においてやはり重要な位置を占める*ピエール・ロザンヴァロンが、コレージュ・ド・フランス教授となり、さらにフランス

*ピエール・ロザンヴァロン　二一二頁参照。

を超えて世界各地で活躍していることにも示されているだろう。また、マルセル・ゴーシェも、日本を含む各国のメディアで積極的に発言を行っている。現代世界における数少ない公共的知識人を、フランス政治哲学が生み出しているのである。

しかしながら、現代フランス政治哲学を真に活かすためには、ここであげたルゴフやトドロフのように、フランス政治哲学が築き上げてきた内容をさらに現代社会の分析へと応用することが重要である。本書の復刊を機に、現代フランス政治哲学のさらなる「現代化」が進むことに期待したい。

あとがき

政治哲学への思いを込めて、本のタイトルを『政治哲学へ』とした。欧文タイトルは *Pour la philosophie politique* にしようと思う。文字どおりに訳せば、ルイ・アルチュセールの『マルクスのために（*Pour Marx*）』ではないが、『政治哲学のために』、あるいは『政治哲学に向けて』ということになるだろう。それらの含意をすべて込めて、『政治哲学へ』としたい。

政治哲学に対する筆者の思いについては、本書の中で何度も述べたので繰り返さない。ここで一言だけ付け加えるとしたら、政治哲学とは私たち一人ひとりの生き方とけっして無縁ではないということだ。私たちは、それぞれの暮らしの中で、それぞれの問題を抱えて生きている。それでも、私たちは等しく、自分のしたいことを自分で確認し、自分の生活を自分で整えていきたいと思っている。またその権利を持っていると思っている。しかしながら、そのような思いは、様々な現実の困難にぶつかる。多くの場合、そのような困難は自分に固有なものであるように思われるが、ときには、必ずしも自分だけの問題ではなく、ある地域住民に共通の問題、ある組織に属している人に共通の問題、ジェンダー、エスニシティ、階級に共通の問題、そして政治社会に共通の問題であるように思えてくる。どこまでが自分の問題で、どこからが自分だけの問題ではないのか、明確に線を引くことはつねに難しい。おそらく両者ははっきりと分離できるものではなく、複雑に絡み合っているのだろう。自分に固有であるはずの問題の中に、実は社会的要因が隠されていることもあれば、ある社会的とされる問題が、実は一人ひとりの心の中に根を下ろしていることもある。第七章で触れたレオ・シュトラウスの言葉を借りれば、「よき人間」であることと「よき市民」であることの間には、つねに緊張関係がある。この緊張関係こそ、つねに政治哲学の出発点なのである。

このような一人ひとりの思いを、明確な言葉に表現することは難しい。まして政治哲学へと結晶化することはさらに難しい。自分のあり方と社会のあり方とを、両者の結びつきと同時に緊張関係をおさえつつ表現していくための、有効な語り口を紡いでいく必要があるからである。たしかに、無理に語ろうとすると、どうしても嘘臭さ、あるいは建前臭さを免れない。かといって、言葉にならない思いを心の内に飲み込んで、言葉を孤立させたままにしておくわけにもいかない。言語化しうるのはつねに問題の一部分であり、そこからこぼれ落ちていくものがあることを認めつつ、それでも一歩一歩進んでいくしかない。本書が、そのようなとなみに少しでも貢献できればと思う。

この本の原型となったのは、筆者が二〇〇〇年秋から二〇〇二年夏までの二年間のフランスでの在外研究期間中に作成した研究ノートである。フランスの様々な政治哲学の研究書を読み、また講義やゼミに参加し、さらには個人的にいろいろな研究者と議論し、その中から、「どうしてもこれは書いておきたい」と思ったことを、とくに出版の計画もないままに愛用のコンピュータ、i-Book に書きためたものである。

帰国後、このノートはしばらくの間、放りっぱなしにしてあった。しかし、やはりこれをなんとか形にしたいという思いは捨て切れず、何度かこれを読み直し、断片的な文章の書き直しにも着手した。この作業はしばしば中断し、全体の構想も何度か大きく変更した。しかしながら、最終的には、様々な議論は自ずと一冊の本の姿にまとまることになった。それが本書である。書き終えてみて、現代フランス政治哲学の輪郭を読者の方々に伝える機会を持てたことをうれしく思っている。この本が機縁になって、日本で現代フランス政治哲学への関心が高まるとすれば、これ以上の喜びはない。ちなみに本書を脱稿する直前に、三浦信孝編『来るべき民主主義—反グローバリズムの政治哲学』(藤原書店、二〇〇三年)も出版されたことを付記しておきたい。

本書は、かなり筆者流の現代フランス政治哲学の概説である。もう少しはっきり言うと、筆者の視点からの偏りというか、傾斜が強い本だと思う。たとえば、第二章で現代フランスの政治哲学を三つの潮流に区分しているが、それで言うと、この本の大きな特徴は、その第三の潮流、つまり社会科学高等研究院(EHESS)のレイモン・アロン政治研究センターに拠るグループの研究者を非常に重視している点にある。つまり創設期におけるコルネリュウス・カストリアディスやクロード・ルフォール、現役世代ではマルセル・ゴーシェ、ピエール・ロザンヴァロンやピエール・マナンらの議論の比重が、他の潮流と比べ大きい構成になっている。その背景の一つには、筆者自身が所属したのがこのセンターであり、これらの研究者と直接話したり、その著作を読む機会が相対的に多かったということがあるが、それだけが理由ではない。

むしろ、筆者の現代フランス政治哲学のヴィジョンそのものが、これらの研究者との直接・間接の対話によって形成されたものであり、筆者を現代フランス政治哲学へと誘ってくれたのが、これらの研究者であったことの方がはるかに重要である。筆者はアレクシ・ド・トクヴィルの研究から、研究者生活を開始した。当然、様々なトクヴィル研究書を渉猟したわけだが、そこでつねに気になったのが、ルフォールやマナンの本であった。正直言って、後に『デモクラシーを生きる―トクヴィルにおける政治の再発見』（創文社、一九九八年）と題して上梓されることになる博士論文の執筆中に、彼らの著作の奥行きをどれだけ理解していたかは心もとない。とはいえ、彼らがどのような研究者であり、どのような文脈と射程において思考しているのか、よくは知らないままに、彼らの研究に魅力を感じていたのも確かである。彼らが近い関係にあり、ともに社会科学高等研究院レイモン・アロン政治研究センターに所属する（あるいは所属していた）研究者であることを知ったのは、かなり後になってのことであった。これが機縁となって、在外研究の受け入れ機関として同センターを選んだ後、カストリアディスやゴーシェといった研究者についても知ることとなった。本書は彼らの議論を軸に、他の潮流にも議論を拡大し、結びつけていくという構成をとっている。したがって、本書は筆者なりの現代フランス政治哲学観であり、さらにいえば、現時点における筆者の政治哲学観でもある。

最後に、筆者にこの本を書く勇気を与えて下さった方々に感謝したい。

まず、在外研究でお世話になったピエール・マナン教授である。帰国の直前、食事をご一緒したときに、「現代フランス政治哲学を日本に知らせたい、まずご著書のうちどれか一冊を翻訳したい」、という話をしたところ、マナン教授は、「それよりも、あなた自身が書けばいい」とおっしゃった。そのときは、そういう考えもあるかなと思っただけであったが、結局、ご示唆に従うことになった。教授からの学恩とともに、本書執筆のはげましをいただいたことに対し感謝したい。

次に、筆者がフランスで研究をしていたときのカマラード（仲間たち）に感謝したい。フランス社会科学高等研究院に在籍中、年齢が近く、関心からいっても共感できる部分の大きかった友人たちがいた。前川真行さんとリム・ウォンヒー（林元憘）さんである。この二人とはよく集まって勉強会をした。心もとないフランス語で口角泡を飛ばして議論した後、前川さんのパートナーの麻弥さんと私の妻の麻子を加え、夜遅くまでよく話し続けたものである。このパリの仲間たちにも感謝したい。

さらに、政治思想史研究から出発した筆者が、フランスにおいて政治哲学と「出会う」ための下地を作っていただいた方々のお名前をあげさせていただきたい。筆者は現在の職場である東京大学社会科学研究所に異動する前に千葉大学法経学部に所属していたが、そこは奇しくも多くの政治哲学（法哲学）研究者を擁する、いわば日本における政治哲学研究のインキュベーター（孵化器）であった。前田康博、嶋津格、小林正弥ほかの諸先生と、関谷昇さん（現在は同大学助教授）をはじめとする当時の大学院生のみなさんに感謝したい。また公刊に先立ち、同大学を拠点とする公共哲学研究会において、本書の構想を発表する機会を与えていただいた。同研究会に出席し、重要な指摘、質問を次々に投げかけて下さった皆さんと、ともに報告者として議論に加わっていただいた三浦信孝先生にお礼を申し上げたい。その場での議論は、できる限り本書に盛り込んだつもりである。

また、フランスでの在外研究を行うにあたってご支援いただいた、国際交流基金・新渡戸フェローシップ関係者のみなさまにも感謝したい。同フェローシップからは単なる金銭的支援にとどまらず、研究者派遣事業を通じての文化的・知的な交流の場を提供していただいた。ここではとくに小林善彦先生（日仏会館）と加藤幹雄さん（国際文化会館）のお名前をあげさせていただきたい。

なお、頁下の人名・事項説明の執筆にあたっては、各種事典、翻訳書の解説等を参照している。煩雑になるため、一つひとつ出典をあげないが、学恩に感謝したい。

最後に、この本の刊行にあたってご尽力いただいた東京大学出版会の竹中英俊さんに感謝したい。最初にこの本の企画を持っていったとき、竹中さんにご快諾いただいてどれだけ励まされたかわからない。また、本の構成からタイトルに至るまで、つねに相談にのっていただいた。具体的な編集の労をとっていただいた同編集部の白崎孝造さんにもお礼を申し上げたい。みなさまありがとうございました。

本書を刊行したらまっさきに読んでいただきたいと思っていた大切な友人二人が、本書の脱稿を前後して次々に急逝した。一人は大学院の同期であり、もう一人は先輩であり同僚でもあった。同じ学問を志す仲間であり、そして信頼する友人であった二人の死は私をたたきのめした。野村真紀さんと福田有広さんの御霊前に本書を捧げたい。

最後に、執筆を支え励ましてくれた家族、妻の麻子と、フランスからの帰国直後に生まれ、おそらくは心のどこかにフランスの記憶をとどめているはずの長男大地への感謝の思いを付け加えることをお許しいただきたい。

二〇〇四年三月
早咲きの桜を眺めつつ

宇野重規

――増補新装版のための追記

本書の旧版を刊行してから、早くも一五年が過ぎた。このたび「書物復権２０１９」の一環として、本書が新装版として復活するにあたり、合わせて補論を付して世に送り出すことにした。

この間の変化は著しい。いつしか世界はグローバル化の矛盾、格差の拡大、テロ事件の連続、ポピュリズムの台頭、フェイクニュースの横行といった話題でいっぱいになってしまった。このような状況に対し、一五年前に刊行したこの本が、今なお何らかのメッセージを発することができるのか。そのことを思いながら、本を読み返し、補論を執筆した。政治哲学とは、時代を超えてこそ、その意義が問われる。今はただ、本書が再び多くの読者の元に届くことを祈るばかりである。

旧版を刊行するにあたってご尽力いただいた東京大学出版会の竹中英俊さんはすでに退職され、白崎孝造さんはこの世を去られている。あらためて感謝したい。さらに、『未来をはじめる――「一緒にいること」の政治学』に続き、この増補新装版刊行についてもご担当いただいた神部政文さんにもお礼を申し上げたい。

二〇一九年四月
桜が散るのを惜しみつつ

宇野重規

著者略歴

1967 年　東京生まれ.
1991 年　東京大学法学部卒業.
1996 年　東京大学大学院法学政治学研究科博士課程修了.
　　　　千葉大学法学部助教授，フランス社会科学高等研究院
　　　　客員研究員を経て
現　在　東京大学社会科学研究所教授．博士（法学）

主要著作

『デモクラシーを生きる―トクヴィルにおける政治の再発見』創文社，1998 年.『〈私〉時代のデモクラシー』岩波新書，2010 年.『民主主義のつくり方』筑摩選書，2013 年.『西洋政治思想史』有斐閣，2013 年.『政治哲学的考察―リベラルとソーシャルの間』岩波書店，2016 年.『保守主義とは何か―反フランス革命から現代日本まで』中公新書，2016 年.『未来をはじめる―「人と一緒にいること」の政治学』東京大学出版会，2018 年.『トクヴィル―平等と不平等の理論家』講談社学術文庫，2019 年など.

［増補新装版］
政治哲学へ――現代フランスとの対話

2004 年 4 月 20 日　初　版
2019 年 5 月 16 日　増補新装版第 1 刷

［検印廃止］

著　者　宇野重規《うのしげき》

発行所　一般財団法人　東京大学出版会
　　　　代表者　吉見　俊哉
　　　　153-0041 東京都目黒区駒場 4-5-29
　　　　電話　03-6407-1069　Fax　03-6407-1991
　　　　振替　00160-6-59964

印刷所　大日本法令印刷株式会社
製本所　牧製本印刷株式会社

ISBN 978-4-13-030167-1　Printed in Japan

人名索引

(ゴチックは脚注で説明がある頁)

ナ行

ハ行

マ行

ヤ行

ラ行

事項索引

(ゴチックは脚注で説明がある頁)

タ行

ナ行

ハ行

マ行

ラ行

引用・参考文献

Agamben, Giorgio (tr. de l'italien par Danièle Valin *et al.*), 1995, *Moyens sans fins: Notes sur la politique,* Paris, Rivages.（高桑和巳訳『人権の彼方に－政治哲学ノート』，以文社，2000年）

Agamben, Giorgio (tr. de l'italien par Marilène Raiola), 1997, *Homo sacer. Le pouvoir souverain et la vie nue,* Paris, Seuil.（高桑和巳訳『ホモ・サケル－主権権力と剝き出しの生』，以文社，2003年）

Althusser, Louis, 1959, *Montesuquieu. La politique et l'histoire,* Paris, Presses Universitaires de France.（西川長夫・阪上孝訳『政治と歴史－モンテスキュー・ルソー・ヘーゲルとマルクス』，紀伊國屋書店，1974年）

Althusser, Louis, 1965, *Pour Marx,* Paris, Francois Maspero.（河野健二・田村俶・西川長夫訳『マルクスのために』，平凡社，1994年）

Althusser, Louis et Étienne Balibar, 1965, *Lire le Capital,* Paris, François Maspero.（権寧・神戸仁彦訳『資本論を読む』，合同出版，1974年）

Arendt, Hannah, 1951, *The Origins of Totalitarianism,* New York, Harcourt Brace & Company.（大久保和郎他訳『全体主義の起源』，1，2，3，みすず書房，1972-1974年）

Aron, Raymond, 1967, *Les étapes de la pensée sociologique,* Paris, Gallimard.（北川隆吉他訳『社会学的思考の流れ』 I, II, 法政大学出版局，1974-1984年）

浅田彰 1983,『構造と力－記号論を超えて』，勁草書房.

Bailyn, Bernard, 1967, *The Ideological Origins of the American Revolution,* Cambridge, Massachusetts, Harvard University Press.

Bailyn, Bernard, 1968, *The Origins of the American Politics,* New York, Alfred A. Knopf.（田中和か子訳『アメリカ政治の起源』，東京大学出版会，1975年）

Balibar, Étienne, 1992, *Les frontières de la démocratie,* Paris, La Découverte.（大森秀臣訳（部分訳）「「人権」と「市民権」－現代における平等と自由の弁証法」『現代思想』27巻5号，青土社，1999年，54-70頁）

バリバール，エチエンヌ（松葉祥一訳）1996,「市民主体」『主体の後に誰が来るのか？』，現代企画室，1996年.

Balibar, Étienne, 1997, "Trois concepts de la politique: Émancipation, transformation, civilité" in Étienne Balibar, *La crainte des masses. Politique et philosophie avant et après Marx,* Paris, Galilée.（水嶋一憲・安川慶治訳「政治の三概念－解放，変革，市民性」（上）『思想』904号，岩波書店，1999年10月，73-94頁，（下）『思想』905号，岩波書店，1999年11月，144-164頁）

Balibar, Étienne, 1998, *Droit de cité. Culture et politique en démcratie,* Paris, Aube.（松葉祥一訳『市民権の哲学－民主主義における文化と政治』，青土社，2000年）

Baron, Hans, 1966, *The Crisis of the Early Italian Renaissance,* Princeton, Princeton University Press.

Blais, Marie-Claude, 2000, *Au principe de la République. Le cas Renouvier,* Paris, Gallimard.

Bonnafous-Boucher, Maria, 2001, *Un libéralisme sans liberté: Du terme《libéralisme》de Michel Foucault,* Paris, L'Harmattan.

Burke, Edmund, 1790, *Reflections on the Revolution in France (Selected Works of Edmund Burke v. 2),* Indianapolis, Liberty Fund, 1989.（半澤孝麿訳『フランス革命の省察』，みすず書房，1978年）

Castoriadis, Cornelius, 1975, *L'institution imaginaire de la société,* Paris, Seuil.（江口幹訳（第一部）『社会主義の再生は可能か－マルクス主義と革命理論』，三一書房，1987年，江口幹訳（第二部）『想念が社会を創る』，法政大学出版局，1994年）

Castoriadis, Cornelius, 1978, *Les carrefours du labyrinthe,* Paris, Seuil.（宇京賴三訳『迷宮の岐路－迷宮の岐路 I』，法政大学出版局，1994年）

Castoriadis, Cornelius et Daniel Cohn-Bendit, 1981, *De l'écologie à l'autonomie,* Paris, Seuil.

Castoriadis, Cornelius, 1986, *Domaines de l'homme. Les carrefours du labyrinthe, II,* Paris, Seuil.（米山親能他訳『人間の領域－迷宮の岐路 II』，法政大学出版局，1998年）

Castoriadis, Cornelius, 1990, *Le monde morcelé. Les carrefours du labyrinthe, III,* Paris, Seuil.（宇京賴三訳『細分化された世界－迷宮の岐路 III』，法政大学出版局，1995年）

Castoriadis, Cornelius, 1996, *La montée de l'insignifiance. Les carrefours du labyrinthe, IV,* Paris, Seuil.（江口幹訳『意味を見失った時代－迷宮の岐路 IV』，法政大学出版局，1999年）

Castoriadis, Cornelius, 1997, *Fait et à faire. Les carrefours du labyrinthe, V,* Paris, Seuil.

Castoriadis, Cornelius, 1999, *Figures du pensable. Les carrefours du labyrinthe, VI,* Paris, Seuil.

Clastres, Pierre, 1974, *La société contre l'État. Recherches d'anthropologie politique,* Paris, Minuit.（渡辺公三訳『国家に抗する社会－政治人類学研究』，水声社，1987年）

Constant, Benjamin, 1819, "De la liberté des anciens comparée à celle des modernes" in Marcel Gauchet éd., *Écrits politiques,* Paris, Gallimard, 1997.

Deleuze, Gilles et Félix Guattari, 1972, *L'Anti-Œdipe. Capitalisme et schizophrénie,* Paris, Minuit.（市倉宏祐訳『アンチ・オイディプス－資本主義と分裂症』，河出書房新社，1986年）

Deleuze, Gilles et Félix Guattari, 1980, *Mille plateau. Capitalisme et schizophrénie,* Paris, Minuit.（宇野邦一他訳『千のプラトー－資本主義と分裂症』，河出書房新社，1994年）

Deleuze, Gilles, 1986, *Foucault,* Paris, Minuit.（宇野邦一訳『フーコー』，河出書房新社，1987年）

Derrida, Jacques, 1994, *Politiques de l'amitié,* Paris, Galilée.（鵜飼哲他訳『友愛のポリティックス』１・２，みすず書房，2003年）

Durkheim, Émile, 1895, *Les règles de la méthode sociologique,* Paris, Flammarion, 1988.（宮島喬訳『社会学的方法の規準』，岩波文庫，1978年）

Eagleton, Terry, 1991, *Ideology: An Introduction,* London, New York, Verso.（大橋洋一訳『イデオロギーとは何か』，平凡社，1996年）

Ferry, Luc, 1984a, *Le droit. La nouvelle querelle des anciens et des modernes* (*Philosophie politique 1*), Paris, Presses Universitaires de France.

Ferry, Luc, 1984b, *Le système des philosophies de l'histoire* (*Philosophie politique 2*), Paris, Presses Universitaires de France.

Ferry, Luc, 1992, *Le nouvel ordre écologique. L'arbre, l'animal et l'homme,* Paris, B. Grasset.（加藤宏幸訳『エコロジーの新秩序－樹木，動物，人間』，法政大学出版局，1994年）

Ferry, Luc et Alain Renaut, 1985a, *Des droits de l'homme à l'idée républicaine* (*Philosophie politique 3*), Paris, Presses Universitaires de France.

Ferry, Luc et Alain Renaut, 1985b, *La pensée 68. Essai sur l'anti-humanisme contemporain,* Paris, Gallimard.（小野潮訳『68年の思想－現代の反-人間主義への批判』，法政大学出版局，1998年）

Finkielkraut, Alain, 1987, *La défaite de la pensée,* Paris, Gallimard.（西谷修訳『思考の敗北あるいは文化のパラドクス』，河出書房新社，1988年）

Finley, M. I., 1973, *Democracy Ancient and Modern,* London, Chatto and Windus.（柴田平三郎訳『民主主義－古代と現代』，刀水書房，1991年）

Finley, M. I., 1983, *Politics in the Ancient World,* Cambridge, Cambridge University Press. (tr. en français, *L'invention de la politique,* Paris, Flammarion, 1985)

Foucault, Michel, 1975, *Surveiller et punir. Naissance de la prison,* Paris, Gallimard.（田村俶訳『監獄の誕生－監視と処罰』，新潮社，1977年）

Foucault, Michel, 1976, *L'histoire de la sexualité I. La volonté de savoir,* Paris, Gallimard.（渡辺守章訳『性の歴史 I　知への意志』，新潮社，1986年）

Foucault, Michel, 1978, "La《gouvenementalité》" in *Dits et écrit,* II, Paris, Quarto, Gallimard, 2001.

Foucault, Michel, 1979, "Omnes et singulatim: Vers une critique de la raison politique" in *The Tanner Lectures on Human Values II,* Salt Lake City, University of Utah Press, 1981.（北山晴一訳「全体的なものと個的なもの－政治的理性批判に向けて」『フーコーの〈全体的なものと個的なもの〉』，三交社，1993年）

Foucault, Michel, 1982, "Technologies of the Self" in L. H. Martin *et al.* eds., *Technologies of the Self: A Seminar with Michel Foucault,* Amherst, University of Massachusetts Press, 1988.（田村俶・雲和子訳「自己のテクノロジー」『自己のテクノロジー－フーコー・セミナーの記録』，岩波書店，1990年）

Foucault, Michel, 1984a, *L'histoire de la sexualité II. L'usage des plaisirs,* Paris, Gallimard.（田村俶訳『性の歴史 II　快楽の活用』，新潮社，1986年）

Foucault, Michel, 1984b, *L'histoire de la sexualité III. Le souci de soi,* Paris, Gallimard.（田村俶訳『性の歴史 III　自己への配慮』，新潮社，1987年）

Foucault, Michel, 1997, *《Il faut défendre la société》. Cours au Colllège de France* (*1975-1976*), Paris, Gallimard/Seuil.

Foucault, Michel, 1999, *Les anormaux. Cours au Colllège de France (1974-1975)*, Paris, Gallimard/Seuil.（慎改康之訳『異常者たち－コレージュ・ド・フランス講義1974-1975年度』，筑摩書房，2002年）

Foucault, Michel, 2001, *L'herméneutique du sujet. Cours au Colllège de France (1981-1982)*, Paris, Gallimard/Seuil.

福田歓一 1988,『国家・民族・権力－現代における自由を求めて』，岩波書店.

Fukuyama, Francis, 1992, *The End of History and the Last Man*, New York, Free Press.（渡辺昇一訳『歴史の終わり』（上）（中）（下），三笠書房，1992年）

Furet, François, 1978, *Penser la Révolution française*, Paris, Gallimard.（大津真作訳『フランス革命を考える』，岩波書店，1989年）

Furet, François, 1995, *Le passé d'une illusion. Essai sur l'idée communiste au XXe siècle*, Paris, Robert Laffont.

Gauchet, Marcel, 1985, *Le désenchantement du monde. Une histoire politique de la religion*, Paris, Gallimard.

Gauchet, Marcel, 1989, *La Révolution des droits de l'homme*, Paris, Gallimard.

Gauchet, Marcel, 1992, *L'inconscient cérébral*, Paris, Seuil.

Gauchet, Marcel, 1994, "L'État au miroir de la raison d'État: La France et la chrétienté" in Yves Charles Zarka dir., *Raison et déraison d'État*, Paris, Presses Universitaires de France.

Gauchet, Marcel, 1995, *La Révolution des pouvoirs. La souveraineté, le peuple et la représentation 1789-1799*, Paris, Gallimard.（富永茂樹他訳『代表制の政治哲学』，みすず書房，2000年）

Gauchet, Marcel, 1998, *La religion dans la démocratie. Parcours de la laïcité*, Paris, Gallimard.

Gauchet, Marcel, 2002, *La démocratie contre elle-même*, Paris, Gallimard.

Gauchet, Marcel et Gladys Swain, 1980, *La pratique de l'esprit humain. L'institution asilaire et la révolution démocratique*, Paris, Gallimard.

Habermas, Jürgen, 1981, *Theorie des kommunikativen Handelns*, Bde. 1-2, Frankfurt am Main, Suhrkamp.（河上倫逸他訳『コミュニケイション的行為の理論』（上）（中）（下），未來社，1985-87年）

半澤孝麿 2003,『ヨーロッパ思想史における〈政治〉の位相』，岩波書店.

Hartz, Louis, 1955, *The Liberal Tradition in America: An Interpretation of American Political Thought Since the Revolution*, New York, Harcourt, Brace & World.（有賀貞訳『アメリカ自由主義の伝統』，講談社学術文庫，1994年）

早川誠 1994,「ミシェル・フーコーと権力論」『国家学会雑誌』107巻11・12号，1994年12月，169-222頁.

Hughes, H. Stuart, 1968, *The Obstructed Path: French Social Thought in the Years of Desperation 1930-1960*, New York, Harper & Row.（荒川幾男・生松敬三訳『ふさがれた道－失意の時代のフランス社会思想 1930-1960』，みすず書房，1970年）

Jaume, Lucien, 1990, *Échec au libéralisme. Les Jacobins et l'État*, Paris, Kimé.（石崎学訳『徳の共和国か，個人の自由か－ジャコバン派と国家　1793年-94年』，勁草書

房，1998年）

Jaume, Lucien, 1997, *L'individu effacé. ou le paradoxe du libéralisme français,* Paris, Fayard.

Jay, Martin, 1993, *Force Fields: Between Intellectual History and Cultural Critique,* New York & London, Rowtledge.（今井道夫他訳『力の場－思想史と文化批判のあいだ』，法政大学出版局，1996年）

Kant, Immanuel, 1784, *Was ist Aufklarung? Ausgewahlte kleine Schriften. Bd. 512-Philosophischen Bibliothek,* Hamburg, Felix Meiner, 1999.（篠田英雄訳『啓蒙とは何か』，岩波文庫，1950年）

Kantorowicz, Ernst H., 1957, *The King's Two Bodies: A Study in Mediaeval Political Theology,* Princeton, New Jersey, Princeton University Press.（小林公訳『王の二つの身体－中世政治神学研究』，平凡社，1992年）

北川忠明 1995,『レイモン・アロンの政治思想』，青木書店.

北川忠明 2001,『現代フランス「国家」の変容と共和主義・市民社会論争』，平成11-12年度科学研究費補助金研究成果報告書.

Kriegel, Blandine, 1979, *L'État et les esclaves,* Paris, Calmann-Lévy; 2e éd., 1980; 3e éd., Payot, 1989; 4e éd., Payot, 1995.

Kriegel, Blandine, 1998a, *La Cité républicaine. Les Chemins de l'État 4,* Paris, Galilée.

Kriegel, Blandine, 1998b, *Philosophie de la République,* Paris, Plon.

Lacoue-Labarthe, Philippe, 1986, *L'immitation des modernes,* Paris, Galilée.（大西雅一郎訳『近代人の模倣』，みすず書房，2003年）

Lacoue-Labarthe, Philippe, 1988, *La fiction du politique. Heidegger, l'art et la politique,* Paris, Christian Bourgeois.（浅利誠・大谷尚文訳『政治という虚構－ハイデガー，芸術そして政治』，藤原書店，1992年）

Lefort, Claude, 1972, *Le travail de l'oeuvre Machiavel,* Paris, Gallimard.

Lefort, Claude, 1981, *L'invention démocratique. Les limites de la domination totalitaire,* Paris, Fayard.

Lefort, Claude, 1986, *Essais sur le politique. XIXe-XXe siècle,* Paris, Seuil.（本郷均訳（部分訳）「民主主義という問題」『現代思想』第23巻第12号，青土社，1995年，40-51頁）

Lefort, Claude, 1992, *Écrire. A l'épreuve du politique,* Paris, Calmann-Lévy.（宇京賴三訳『エクリール－政治的なるものに耐えて』，法政大学出版局，1995年）

Le Goff, Jean-Pierre, 2002, *La démocratie post-totalitaire,* La Découverte & Syros, Paris.（渡名喜庸哲・中村督訳『ポスト全体主義時代の民主主義』，青灯社，2011年）

Lilla, Mark, 1994, "The Legitimacy of the Liberal Age" in Mark Lilla ed., *New French Thought: Political Philosophy,* Princeton, New Jersey, Princeton University Press.

Logue, William, 1983, *From Philosophy to Sociology: The Evolution of French Liberalism, 1870-1914,* Dekalb, Northern Illinois University Press.（南充彦他訳『フランス自由主義の展開　1870～1914－哲学から社会学へ』，ミネルヴァ書房，1998年）

MacIntyre, Alasdair, 1981, *After Virtue: A Study in Moral Theory,* Notre Dame, Indiana, University of Notre Dame Press.（篠崎榮訳『美徳なき時代』，みすず書房，1993年）

Maistre, Joseph de, 1797, *Considération sur la France* in *Ecrits sur la Révolution,* Paris, Presses Universitaires de France, 1989.

Manent, Pierre, 1977, *Naissance de la politique moderne. Machiavel, Hobbes, Rousseau,* Paris, Payot.

Manent, Pierre, 1982, *Tocqueville et la nature de la démocratie,* Paris, Fayard.

Manent, Pierre, 1987, *Histoire intellectuelle du libéralisme. Dix leçon,* Paris, Calmann-Lévy. （高橋誠・藤田勝次郎訳『自由主義の政治思想』，新評論，1995年）

Manent, Pierre, 1994, *La cité de l'homme,* Paris, Fayard; rééd. Paris, Fayard, 1997.

Manent, Pierre (ed. and tr. by Daniel J. Mahoney and Paul Seaton), 1998, *Modern Liberty and Its Discontents,* Lanham, Maryland, Rowman & Littlefield.

Manent, Pierre, 2001, *Cours familier de philosophie politique,* Paris, Fayard.

Mansfield, Harvey, 2001, "Bruni, Machiavel et l'humanisme civique" in Gérald Sfez et Michel Senellart dir., *L'enjeu Machiavel,* Paris, Presses Universitaires de France.

丸山眞男 1961,『日本の思想』，岩波新書.

Marx, Karl, 1843, "Zur Judenfrage" in *Marx/Engels Gesamtausgabe* (*MEGA*), 1/2, Berlin, Dietz Verlag, 1982. （城塚登訳『ユダヤ人問題によせて』，岩波文庫，1974年）

Marx, Karl, 1852, "Der achtzehnte Brumaire des Louis Bonaparte" in *Marx/Engels Gesamtausgabe* (*MEGA*), 1/11, Berlin, Dietz Verlag, 1985. （植村邦彦訳『ルイ・ボナパルトのブリュメール一八日』，太田出版，1996年）

松本礼二 1991a,「フランソワ・フュレのフランス革命論」日本政治学会編『18世紀の革命と近代国家の形成―1990年度日本政治学会年報』，岩波書店.

松本礼二 1991b,『トクヴィル研究－家族・宗教・国家とデモクラシー』，東京大学出版会.

Mauss, Marcel, 1968, *Sociologie et anthropologie,* Paris, Presses Univrsitaires de France. （有地亨他訳『社会学と人類学』Ｉ・II，弘文堂，1973-76年）

三浦信孝編 2001,『普遍性か差異か－共和主義の臨界，フランス』，藤原書店.

三浦信孝 2003,「世紀転換期の共和国－多文化主義とポスト植民地主義の試練」中央大学仏語仏文学研究会編『仏語仏文学研究』，第35号.

Montesquieu, Chareles Louis de Secondat, Baron de la Brède et de, 1748, *De l'Esprit des lois.* （野田良之他訳『法の精神』，岩波文庫，1989年）

森政稔 1997,「言語／政治学－その回顧的な序論」『ライブラリ相関社会科学4 言語・国家，そして権力』，新世社，226-253頁.

森政稔 2002,「社会主義」福田有広・谷口将紀編『デモクラシーの政治学』，東京大学出版会.

Morin, Edgar, 1965, *Introduction à une politique de l'homme,* Paris, Seuil. （古田幸男訳『政治的人間』，法政大学出版局，1974年）

Morin, Edgar, 1994, *Mes Démons,* Paris, Stock. （菊地昌実・高砂伸邦訳『E.モラン自伝－わが雑食的知の冒険』，法政大学出版局，1999年）

Nancy, Jean-Luc, 1992, *Corpus,* Paris, Metailie. （大西雅一郎訳『共同-体』，松籟社，1996年）

Nancy, Jean-Luc, 1999, *La communauté désœuvrée,* Paris, Christian Bourgois. （西谷

修・安原伸一朗訳『無為の共同体－哲学を問い直す分有の思考』，以文社，2001年）

Nancy, Jean-Luc et Jean-Christophe Bailly, 1991, *La Comparution. Politique à venir,* Paris, Christian Bourgois.（大西雅一郎・松下彩子訳『共出現』，松籟社，2002年）

Nancy, Jean-Luc et Philippe Lacoue-Labarthe, 1981, Ouverture in *Rejouer le politique,* Paris, Galilée.（立川健二・長野督訳「〈政治的なるもの〉と〈哲学的なるもの〉」『現代思想』第14巻第８号，青土社，1986年，50-63頁）

Nancy, Jean-Luc et Philippe Lacoue-Labarthe, 1983, *Le retrait du politique,* Paris, Galilée.

Negri, Antonio (tr. de l'italien par François Matheron), 1982, *L'anomalie sauvage. Puissance et pouvoir chez Spinoza,* Paris, Presses Universitaires de France.

Negri, Antonio (tr. de l'italien par Etienne Balibar et François Matheron), 1997, *Le pouvoir constituant: Essai sur les alternatives de la modernité,* Paris, Presses Universitaires de France.（杉村昌昭・斉藤悦則訳『構成的権力－近代のオルタナティブ』，松籟社，1999年）

Negri, Antonio et Michael Hardt, 2000, *Empire,* Cambridge Massachusetts, Harvard University Press.（水嶋一憲他訳『帝国－グローバル化の世界秩序とマルチチュードの可能性』，以文社，2003年）

Nicolet, Claude, 1976, *Le métier de citoyen dans la Rome républicaine,* Paris, Gallimard; 2e éd. 1988.

Nicolet, Claude, 1982, *L'idée républicaine en France (1789-1924),* Paris, Gallimard.

Nicolet, Claude, 1992, *La République en France. État des lieux,* Paris, Seuil.

Nicolet, Claude, 2000, *Histoire, nation, république,* Paris, Odile Jacob.

Nisbet, Robert, 1986, *Conservatism: Dream and Reality,* Milton Keynes, Eng., Open University Press.（富沢克・谷川昌幸訳『保守主義－夢と現実』，昭和堂，1990年）

小熊英二 2002,『〈民主〉と〈愛国〉－戦後日本のナショナリズムと公共性』，新曜社．

Padis, Marc-Olivier, 1996, *Marcel Gauchet. La Genèse de la démocratie,* Paris, Michalon.

Pocock, J.G.A., 1975, *The Machiavellian Moment: Florentine Political Thought and the Atlantic Republican Tradition,* Princeton, New Jersey, Princeton University Press.

Pocock, J.G.A., 1999a, *The Enlightenments of Edward Gibbon, 1737-1764 (Barbarism and Religion, v.1),* Cambridge, Cambridge University Press.

Pocock, J.G.A., 1999b, *Narratives of Civil Government (Barbarism and Religion, v.2),* Cambridge, Cambridge University Press.

Pocock, J.G.A., 2003, *The First Decline and Fall (Barbarism and Religion, v.3),* Cambridge, Cambridge University Press.

Poltier, Hugues, 1997, *Claude Lefort. La découverte du politique,* Paris, Michalon.

Rawls, John, 1971, *A Theory of Justice,* Cambridge, Massachusetts, Harvard University Press.（矢島鈞次監訳『正義論』，紀伊國屋書店，1979年）

Renaut, Alain, 1989, *L'ère de l'individu: Contribution à une histoire de la subjectivité,*

Paris, Gallimard.（水野浩二訳『個人の時代－主観性の歴史』，法政大学出版局，2002年）

Renaut, Alain, 1993, *Sartre, le dernier philosophe,* Paris, Grasset.（水野浩二訳『サルトル，最後の哲学者』，法政大学出版局，1995年）

Renaut, Alain, dir., 1999, *Histoire de la philosophie politique* (*v.1 La liberté des anciens, v.2 Naissances de la modernité, v.3 Lumières et romantisme, v.4 Les critiques de la modernité politique*), Paris, Calmann-Lévy.

Renaut, Alain, 2000, "Républicanisme et modernité" in *Libéralisme et républicanisme. Cahiers de philosophie de l'Université de Caen 34,* Caen, Presses Universitaires de Caen.

Rousseau, Jean-Jacques, 1762, *Du Contrat social, ou, Principes du droit politique.*（桑原武夫・前川貞次郎訳『社会契約論』，岩波文庫，1954年）

齋藤純一 2000,『公共性』，岩波書店.

佐々木毅 1989,「国家論の系譜－プラトンから，マルクス，レーニンまで」岩波講座 転換期における人間第 5 巻『国家とは』，岩波書店.

佐々木毅 1993,『アメリカの保守とリベラル』，講談社学術文庫.

佐々木毅 1999,『政治学講義』，東京大学出版会.

佐々木毅 2003,『よみがえる古代思想－「哲学と政治」講義 I』，講談社.

Schmitt, Carl, 1932, *Der Begriff des Politischen,* München, Duncker & Humblot.（田中浩・原田武雄訳『政治的なものの概念』，未來社，1970年）

Schnapper, Dominique, 1991, *La France de l'intégration. Sociologie de la nation en 1990,* Paris, Gallimard.

Schnapper, Dominique, 1994, *La communauté des citoyens. Sur l'idée moderne de nation,* Paris, Gallimard.

Schnapper, Dominique, 1998, *La relation à l'autre. Au cœur de la pensée sociologique,* Paris, Gallimard.

Schnapper, Dominique avec la collaboration de Christian Bachelier, 2000, *Qu'est-ce que la citoyenneté,* Paris, Gallimard.

Schnapper, Dominique, 2002, *La démocratie providentielle. Essai sur l'égalité contemporaine,* Paris, Gallimard.

関良徳 2001,『フーコーの権力論と自由論－その政治哲学的構成』，勁草書房.

Siedentop, Larry, 1979, "Two Liberal Traditions" in Alan Ryan ed., *The Idea of Freedom: Essays in Honour of Isaiah Berlin,* Oxford, Oxford University Press.

Skinner, Quentin, 1978, *The Foundations of Modern Political Thought* (*v.1 The Renaissance, v.2 The Age of Reformation*), Cambridge, Cambridge University Press.

Skinner, Quentin, 1998, *Liberty before Liberalism,* Cambridge, Cambridge University Press.（梅津順一訳『自由主義に先立つ自由』，聖学院大学出版会，2001年）

Strauss, Leo, 1959, *What is Political Philosophy and Other Essays,* Illinois, The Free Press of Glencoe.（石崎嘉彦訳『政治哲学とは何か－レオ・シュトラウスの政治哲学論集』，昭和堂，1992年）

杉田敦 2000,『権力』，岩波書店.

鈴木正幸編 1998,『王と公—天皇の日本史』，柏書房.

田中治男 1970,『フランス自由主義の生成と展開』, 東京大学出版会.

Tocqueville, Alexis de, 1835, *De la démocratie en Amérique, tome I, Œuvres complètes,* I-1, Paris, Gallimand, 1951.（井伊玄太郎訳『アメリカの民主政治』（上）（中）, 講談社学術文庫, 1987年）

Tocqueville, Alexis de, 1840, *De la démocratie en Amérique, tome II, Œuvres complètes,* I-2, Paris, Gallimand, 1961.（井伊玄太郎訳『アメリカの民主政治』（下）, 講談社学術文庫, 1987年）

Todorov, Tzvetan, 1982, *La conquete de l'Amérique. La question de l'autre,* Paris, Seuil.（及川馥他訳『他者の記号学－アメリカ大陸の征服』, 1986年）

Todorov, Tzvetan, 1989, *Nous et les autres. La réflexion française sur la diversité humaine,* Paris, Seuil.（小野潮・江口修訳『われわれと他者－フランス思想における他者像』, 2001年）

Todorov, Tzvetan, 1998, *Le jardin imparfait. La pensée humaniste en France,* Paris, Grasset & Fasquelle.（内藤雅文訳『未完の菜園－フランスにおける人間主義の思想』, 法政大学出版局, 2002年）

Todorov, Tzvetan, 2012, *Les ennemis intimes de la démocratie,* Robert Laffront/Versilio, Paris.（大谷尚文訳『民主主義の内なる敵』, みすず書房, 2016 年）

宇野重規 1994,「フランス自由主義の諸相とアレクシス・ド・トクヴィル－個・政治・習俗」『国家学会雑誌』107巻 5 ・ 6 号, 1994年 6 月, 153-202頁.

宇野重規 1998,『デモクラシーを生きる－トクヴィルにおける政治の再発見』創文社.

宇野重規 1999,「『自由主義－共同体論論争』の行方」『千葉大学法学論集』14巻 2 号, 1999年10月, 19-49頁.

宇野重規 2002,「保守主義」福田有広・谷口将紀編『デモクラシーの政治学』, 東京大学出版会.

宇野重規 2003,「フランスでの政治哲学の復権をどう捉えるべきか」『創文』450号, 2003年 1 - 2 月, 創文社, 41-45頁.

Weber, Max, 1917/1919, "Wissenchaft als Beruf" in *Max Weber Gesamtausgabe,* 1/17, Tubingen, J.C.B. Mohr, 1992.（尾高邦雄訳『職業としての学問』, 岩波文庫, 1936年）

Wolin, Sheldon S.1960, *Politics and Vision: Continuity and Innovation in Western Political Thought,* London, George Allen & Unwin Ltd.（尾形典男・福田歓一他訳『西欧政治思想史』Ⅰ-Ⅴ, 福村出版, 1975-83年）

米谷園江 1994,「ミシェル・フーコーの統治性研究」『思想』870号, 1996年, 岩波書店, 77-105頁.

吉岡知哉 1992,「マルクス的批判－『ユダヤ人問題によせて』をめぐって」『モダーンとポスト・モダーン－政治思想の再発見 I』, 木鐸社.